세계미래보고서 2019

The
Millennium
Project

세계미래보고서
2019

박영숙 · 제롬 글렌 지음

비즈니스북스

옮긴이 **이희령**

이화여자대학교 영문과를 졸업하고 서강대학교와 미국 워싱턴대학교에서 경영학과 법학을 공부했다. 국내 및 미국 기업에서 다양한 국제 거래 및 경영 컨설팅 관련 업무를 했으며, 현재는 글밥아카데미를 수료하고 바른번역 소속 번역가로 활동 중이다. 옮긴 책으로는 《일자리 혁명 2030》, 《비즈니스와 사회에 가치를 더하라》 등이 있다. 이 책에서는 '15대 글로벌 도전 과제와 그 대안들'을 번역했다.

세계미래보고서 2019

1판 1쇄 발행   2018년 11월 24일
1판 11쇄 발행   2019년 4월 5일

지은이 | 박영숙 · 제롬 글렌
발행인 | 홍영태
발행처 | (주)비즈니스북스
등 록 | 제2000-000225호(2000년 2월 28일)
주 소 | 03991 서울시 마포구 월드컵북로6길 3 이노베이스빌딩 7층
전 화 | (02)338-9449
팩 스 | (02)338-6543
e-Mail | bb@businessbooks.co.kr
홈페이지 | http://www.businessbooks.co.kr
블로그 | http://blog.naver.com/biz_books
페이스북 | thebizbooks
 ISBN 979-11-6254-050-3   03320

The Millennium Project

밀레니엄 프로젝트
글로벌 미래연구 싱크탱크

미국 워싱턴 소재 밀레니엄 프로젝트The Millennium Project는 글로벌 미래를 연구하는 그룹으로, 유엔을 비롯해 유엔 산하의 각 연구기관 및 EU, OECD 등 다양한 국제기구와 긴밀한 협조를 통해 인류의 지속가능성을 위한 문제 해결 방안을 연구하고 있다.

밀레니엄 프로젝트는 1988년 유엔의 새천년 미래예측 프로젝트를 기반으로 해 1996년 비정부기구NGO로 창립되었다. 1996년부터 2007년까지 유엔대학교United Nations University, UNU 미국위원회 American Council의 후원을 받다가 2008년에는 유엔경제사회이사회 산하 유엔협회세계연맹World Federation of United Nations Associations, WFUNA 소속으로 활동했으며, 2009년 독립적 국제 비정부기구로 유엔경제사회이사회 산하 NGO로 전환되었다.

전 세계 64개 지부, 각 분야 4,500여 명의 정부공무원, 기업인, 학자 및 전문가를 이사로 두고 지구촌 15대 과제의 대안, 국제사회에 필요한 장기 비전을 제시하고 그에 따른 기회와 위기를 분석하며 필요한 정책 및 전략을 제안하고 보고함으로써 과학적 미래예측을 통해 미래사회의 위험을 사전에 경고하는 일을 하고 있다.

《세계미래보고서》State of the Future는 밀레니엄 프로젝트 내 4,500여 명의 전문가들이 SoFi, RTD, 퓨처스 휠, 시나리오 기법 등 다양한 미래예측 기법을 활용해 10년 후 미래를 예측하며, 여기에 국제기구 선행연구들을 분석한 자료를 더해 각국 미래연구팀과 유엔 등에 보고하는 보고서로서, 매년 개최되는 세계미래회의Worl Future Society, WFS 컨퍼런스에서 발표하고 있다.

밀레니엄 프로젝트 한국지부는 (사)유엔미래포럼이다.

밀레니엄 프로젝트 네트워크(알파벳순)

아르헨티나 Argentina
Miguel Angel Gutierrez
Latin American Center for
Globalization & Prospective
Buenos Aires, Argentina

호주 Australasia
Anita Kelleher
Designer Futures
Inglewood, Australia

아제르바이잔 Azerbaijan
Reyhan Huseynova
Azerbaijan Future Studies Society
Baku, Azerbaijan

볼리비아 Bolivia
Veronica Agreda
Franz Tamayo University
La Paz & Santa Cruz, Bolivia

브라질 Brazil
Arnoldo José de Hoyos   Rosa Alegria
São Paulo Catholic University Perspektiva
São Paulo, Brazil   São Paulo, Brazil

벨기에 Brussels—Area
Philippe Destatte
The Destree Institute
Namur, Belgium

불가리아 Bulgaria
Mariana Todorova   Boyan Ivantchev
Bulgarian Academy   Advance Equity and School
for of Sciences   Finance and Insurance
                          Sofia, Bulgaria

캐나다 Canada
Karl Schroeder
Idea Couture
Toronto, ON, Canada

칠레 Chile
Luis Lira
EspecialistaenDesarrollo y Planificación Territorial
Santiago, Chile

중국 China
Zhouying Jin
Chinese Academy of Social Sciences
Beijing, China

콜롬비아 Colombia
Francisco José Mojica
Universidad Externado
Bogotá, Colombia

크로아티아 Croatia
Zoran Aralica and Diana Šimic
Croatian Institute for Future Studies
Zagreb, Croatia

체코 Czech Republic
Pavel Novacek
Palacky University
Olomouc, Czech Republic

도미니카 공화국 Dominican Republic
Yarima Sosa
FUNGLODE
Santo Domingo, Dominican Republic

이집트 Egypt
Kamal Zaki Mahmoud Shaeer
Egyptian—Arab Futures Research Ass.
Cairo, Egypt

핀란드 Finland
Sirkka Heinonen
Finland Futures Research Centre
Helsinki, Finland

프랑스 France
Saphia Richou
Prospective—Foresight Network
Paris, France

독일 Germany
Cornelia Daheim
Future Impacts Consulting
Cologne, Germany

그리스 Greece
Stavros Mantzanakis   Cristofilopoulos Epaminondas
Emetris SA   Phemonoe Lab/Emetris, SA
Thessaloniki, Greece   Thessaloniki, Greece

쿠웨이트 Gulf Region
Ismail Al—Shatti   Ali Ameen
Gulf Inst. for Futures and   Kuwait Oil Company
Strategic Studies   Kuwait City, Kuwait
Kuwait City, Kuwait

헝가리 Hungary
ErzsébetNováky   Mihály Simai
Corvinus University of   Hungarian Academy of
Budapest   Sciences
Budapest, Hungary   Budapest, Hungary

인도 India
Mohan K. Tikku   Sudhir Desai
Futurist/Journalist   Srishti Institute
New Delhi, India   New Delhi, India

이란 Iran

Mohsen Bahrami
Iranian Space Organization
Tehran, Iran

이스라엘 Israel

Yair Sharan
The EPI/FIRST
Jerusalem, Israel

Aharon Hauptman
Tel Aviv University
Tel Aviv, Israel

이탈리아 Italy

Mara DiBerardo
J&J Production Company
Teramo Area, Italy

일본 Japan

Sungjoo Ogino
Chiba, Japan

Shinji Matsumoto
CSP Corporation
Tokyo, Japan

케냐 Kenya

Arthur Muliro
Society for International Development
Nairobi, Kenya

대한민국 Republic of Korea

Youngsook Park
UN Future Forum
Seoul, Republic of Korea

말레이시아 Malaysia

Carol Wong
Genovasi
Kuala Lumpur, Malaysia

멕시코 Mexico

Concepción Olavarrieta
El Proyecto Del Milenio, A.C.
Mexico City, Mexico

몬테네그로 Montenegro

Milan Maric
S&T Montenegro
Podgorica, Montenegro

파키스탄 Pakistan

Puruesh Chaudhary
AGAHI and Foresight Lab
Islamabad, Pakistan

Shahid Mahmud
Interactive Group
Islamabad, Pakistan

파나마 Panama

Gabino Ayarza Sánchez
City of Knowledge Foundation Clayton
Ancón, Panama City, Panama

페루 Peru

Fernando Ortega
Peruvian Association of Prospective and Future Studies
Lima, Peru

폴란드 Poland

Norbert Kolos and Piotr Jutkiewicz
4CF–Strategic Foresight
Warsaw, Poland

루마니아 Romania

Adrian Pop
Centre for Regional and Global Studies
Romanian Scientific Society for Interdisciplinary Research
Bucharest, Romania

남아프리카 공화국 South Africa

Rasigan Maharajh
Tshwane University of Technology
Tshwane, South Africa

스페인 Spain

Ibon Zugasti
PROSPEKTIKER, S.A.
Donostia–San Sebastian, Spain

러시아 Russia

Nadezhda Gaponenko
Institute for Economy, Policy & Law
Moscow, Russia

미국 USA

Brock Hinzmann
Futurist Consultant
Palo Alto, CA, USA

John J. Gottsman
Clarity Group
San Francisco, CA, USA

슬로바키아 Slovakia

Ivan Klinec
Academy of Science
Bratislava, Slovakia

슬로베니아 Slovenia

Blaz Golob
SmartIScity Ltd.
Ljubljana, Slovenia

탄자니아 Tanzania

Ali Hersi
Society for International Development
Dar es Salaam, Tanzania

터키 Turkey

Eray Yuksek
Turkish Futurists Association
Istanbul, Turkey

밀레니엄 프로젝트 네트워크(알파벳순)

우간다 Uganda

Arthur Muliro
Society for International Development
Kampala, Uganda

아랍 에미리트 United Arab Emirates

Hind Almualla
Knowledge and Human
Development Authority
Dubai, UAE

Paul Epping
Philips Healthcare
Dubain, UAE

영국 United Kingdom

Rohit Talwar
Fast Future Research
London, England, UK

우루과이 Uruguay

Lydia Garrido
FacultadLatinoamericana de
CienciasSociales— FLACSO
Montevideo, Uruguay

베네수엘라 Venezuela

José Cordeiro
Red Iberoamericana de Prospectiva, RIBER
Caracas, Venezuela

예술/미디어 네트워크 Arts/Media—Node

Kate McCallum
c3: Center for Conscious Creativity
Los Angeles, CA, USA

상상력이 미래를 만든다

2005년부터 지금까지 매년 부상하는 기술들을 정리해 미래 예측서를 출간해왔다. 여러 가지 측면에서 미래는 점점 더 예측하기 어려워지고 있다. 기술의 변화는 아이가 커가는 것과 완전히 정반대의 양상을 띤다. 아이는 어릴 때 하루가 다르게 크다가 어느 순간 성장을 멈추지만 기술은 그렇지 않다. 처음에는 발전이 거의 눈에 보이지 않다가 어느 순간 폭발적으로 성장하며 그 성장 또한 멈추지 않는다. 오늘날 기술의 변화 속도는 점점 빨라지고 그 양상은 인간의 상상력을 뛰어넘는 수준에 이르렀다.

그동안 한 번도 빠지지 않고 지속적으로 등장했던 기술은 인공지능과 블록체인이었다. 10년 전만 해도 컴퓨터에 인간의 의식을 전송한다든가 온라인상에서만 존재하는 암호 화폐에 대한 이야기는 미친 소리 취급을 받았다. 모두가 상상력의 부족, 이른바 '문샷'moonshot('달 탐사선 발사'라는 뜻이지만 구글의 문샷 프로젝트가 알려지면서 '혁신, 도전'의 의미로 확대되었다)

사고가 되지 않았기 때문이다. 현재 뇌-컴퓨터 연결 기술을 연구하는 뉴럴링크_{Neuralink}를 비롯해 뇌공학 기술 상용화를 추진 중인 기업만 해도 페이스북과 혼다 등 10개가 넘는다. 암호 화폐는 이제 모르는 사람이 없을 정도로 일반 대중에게까지 알려졌다.

10년 전에는 미친 소리 취급을 하더니 이제는 블록체인과 인공지능, 3D 프린팅 이야기를 하면 철 지난 이야기, 이미 다 아는 이야기라고들 한다. 하지만 정말 그럴까? 우리는 아직 상상력의 10퍼센트도 발휘하지 못했다. 그 기술과 연관되어 산업이, 일상이, 도시의 모습이, 나아가 인류의 삶이 어떻게 바뀌게 될지 조금 더 상상력을 발휘할 필요가 있다.

오늘날 인공지능은 '전기, 심지어 불의 발명보다 더 큰 것이 될 수 있다'고 평가받는 중이다. 인공지능은 지금까지 인간이 이뤄놓은 문명을 뛰어넘는 새로운 세상을 만들 수 있다. 자동화는 이미 노동 시장을 붕괴시키고 있으며 앞으로 이런 현상은 계속될 것이다. 지금은 이에 대한 우려가 많은 게 사실이나 당장이 아닌 미래를 생각하면 이야기는 달라진다. 세계미래포럼의 보고서에 따르면 오늘날 초등학생의 65퍼센트는 현재 존재하지도 않는 직업에 종사하게 될 것이라고 한다. 기술에 의한 자동화와 전통적인 직업의 소멸이 동시에 일어나는 시대에 우리는 '이런 세상에서 어떻게 살아남을 수 있을까'라는 중요한 질문을 던질 수밖에 없다.

가장 확실하게 할 수 있는 대답은 아마도 '상상력'일 것이다. 급진적이고 흥미진진한 미래를 상상하는 능력은 개인에게나, 인류 전체에게나 진보를 위한 가장 중요한 연료가 된다. 아인슈타인은 '상상력은 지식보다 중요하다'라는 유명한 말을 남기기도 했다. 이제 정보화 시대를 넘어 창의력과 상상력이 경제적 가치를 만들어내는 시대가 왔다. 상상력의 시대는 블록체인, 가상현실과 같은 기술적 트렌드와 유튜브와 같은 디지털 플랫폼의 등장으로 시작됐고 사용자가 직접 기획하고 만드는 콘텐츠에 대한 요구는 갈수록 증가하고 있는 추세다. 최근 몇 년간 게임과 인터랙티브 미디어, 가상현실과 관련된 일자리가 폭발적으로 증가한 사실만 봐도 알 수 있다. 앞으로는 자동화로 인해 단조롭고 일상적인 일자리는 로봇과 인공지능으로 아웃소싱되면서 더더욱 창의적인 일자리만 남을 것이다. 의사결정, 계획하기, 사람 사이의 상호작용, 상상력을 발휘할 수 있는 복잡한 전문성을 가진 분야는 자동화되기가 가장 어렵다.

우주선, 경이로운 건축물, 스마트폰과 같은 인간의 모든 발명품과 건축물들은 한때는 어떤 사람의 머릿속에만 존재했던 아이디어에 불과했다. 우리가 설계하고 건축한 이 세상은 우리 상상력의 연장선이다. 상상력의 시대의 등장하면서 얻게 되는 것들은 경제적 가치 그 이상을 가져온다. 그러므로 과도기에 일어나는 작은 폐해만을 보고 온갖 규제를 가할 것이 아니라 좀 더 상상력을 발휘하는 쪽으로 나아가야 한다. 그래야 미래를 이끌 수 있다.

"미래는 상상하고 설계하고 실행하는 이들의 것이다. 미래는 기다리는 것이 아니라 창조하는 것이다." 창조적 상상력과 중동 자본의 합작품으로 탄생한 '사막의 기적', 두바이를 만들어낸 세이크 모하메드 빈 라시드 알 막툼 Sheikh Mohammad bin Rashid Al Maktoum이 한 말이다. 이처럼 누군가는 모래바람뿐인 사막 한가운데서도 마천루를 상상한다.

이번 책에도 누군가는 미친 소리로 생각할 수도 있는 많은 이야기들이 담겼다. 블록체인 기술이 파괴시키는 전통 산업과 새롭게 생겨날 비즈니스에 대한 것, 국가 개념을 탈피한 대안 국가의 등장과 법정화폐가 된 암호 화폐의 미래, 비행자동차, 태양 없이 광합성을 하는 기술, 인공지능과 자율주행으로 모든 일상이 아웃소싱되는 도시와 일상의 모습까지. 하지만 이 모든 것은 지금, 여기에서 일어나고 있는 일들이다. 이미 커버린 기술도 있고 아직 그 성장이 잘 보이지 않는 기술도 있다. 하지만 얼마 지나지 않아 훌쩍 커버린 그들을 발견하게 될 것이다.

이번 책 역시 집필하는 데 많은 분들의 도움이 있었다. 블록체인 테크센터 회원들, 블록체인AI뉴스 기자와 자원봉사자들, 글로벌 블록체인 위원회 위원들, 밀레니엄 프로젝트 회원들, 인공일반지능 협회 회원들, 테크캐스트 글로벌 위원들, 다빈치연구소 이사들, 남편 브루스 함슨과 아들 숀 함슨이 자료 정리에 많은 도움을 주었다. 이 자리를 빌려 다시 한번 감사를 전한다.

유엔미래포럼 대표
박영숙

차례

제1장

산업과 경제의 미래

블록체인 혁명부터 우주 산업까지, 새로운 비즈니스의 기회는 어디에 있는가?

제4장

주거와 교통 혁명

하이퍼루프에서 로봇 도시까지, 의식주와 교통 분야에 나타날 거대한 변화

15대 글로벌 도전 과제와 그 대안들

2018년 가장 주목해야 할 사건: 블록체인 국가 모델의 탄생

2018년의 최대 화두는 '블록체인 국가'였다. 블록체인 국가란 블록체인의 기반 위에 만들어진 새로운 형태의 국가를 뜻한다. 블록체인 기술이 모든 산업에 영향을 미친다는 말은 들었어도 국가를 만들 수 있다는 이야기는 무척 생소할 것이다. 하지만 블록체인은 국가 안의 산업을 넘어 국가 그 자체를 만들어내기도 한다.

2014년에 만들어진 비트네이션Bitnation은 이미 암호 화폐를 만들고 정식 여권까지 발급하기 시작했다. 해상 국가 시스테딩seasteading은 현재 타히티 섬 안쪽에 인공 섬을 짓기 위해 자체 암호 화폐를 바리온Varyon을 펀딩 중에 있다. 2015년에 세워진 리버랜드Liberland 역시 현재 자체 암호 화폐를 만들고 ICO를 통한 상장이 예정되어 있다. 새로운 세상을 꿈꾸는 이들의 미친 아이디어로 여겨졌던 이 대안 국가 및 온라인 국가들은 2018년 현재, 실질적인 영향력을 가진 국가로 한 단계 성장했다. 이는 하나의 기술이 우리가 상상조차 할 수 없는 방식으로 세상을 재구성하고 있음을 보여주는 사례이기도 하다.

온라인 가상 국가, 비트네이션

2018년 10월 온라인 가상 국가 비트네이션은 빈 협약을 준수하는 최초의 비공식 여권, 즉 국제민간항공기구International Civil Aviation Organi-zation, ICAO 및 ISO/IEC 7810 ID-3 표준(신분을 증명할 수 있는 ID카드에 관련한 국제 표준)에 따르며 기계 판독이 가능한 여권을 국민과 대사 및 핵심 구성원들에게 발급했다.

비트네이션은 '비트로 만든 국가'라는 뜻으로, 분산화되고 국경 없는 자발적인 국가Decentralized Borderless Voluntary Nation, DBVN이다. 블록체인 기술 방식으로 만들어진 세계 최초의 가상 국가로, 탈중앙화되고 대통령이나 수상이 없는 국가, 인터넷 속의 그 누구도 등록만 하면 국민이 될 수 있는 온라인 국가다. 예나 지금이나 우리는 아무리 싫어도 자신이 태어난 곳의 국민으로만 살아야 했다. 그러나 비트네이션은 이런 제한을 풀어서 누구든지 자신이 원하기만 한다면 새로운 국가의 국민이 될 수 있다는 희망을 준다. 비트네이션은 온라인 상에서 국가나 자치 커뮤니티로 구성되며 결혼증명서, 블록체인 출생증명서, 블록체인 부동산 등기부등본, 블록체인 난민 임시신분증, DBVN 헌법 등의 서비스를 제공한다. 좀더 기술적인 이야기로 들어가자면 안드로이드 및 iOS에서 개인 및 비즈니스 분산화

거래를 가능하게 해 비트네이션의 암호 화폐 XPAT를 가지고 P2P peer-to-peer 및 암호화된 채팅 프로토콜로 모든 통합 블록체인에서 스마트 계약을 생성할 수 있다.

비트네이션의 설립자 수잔 타코프스키 템펠호프 Susanne Tarkowski Tempel-hof 는 자신의 조상들이 아우슈비츠에서 학살되고, 국가 없이 여기저기를 떠돌아다니던 경험에서 국가가 없는 사람들에게 국가를 만들어 제공하고, 스스로 자신이 원하는 국가를 설립할 수 있도록 하기 위해 이러한 블록체인 온라인 플랫폼을 만들었다. 실제로 비트네이션은 몇 년 전 시리아 내전으로 난민이 된 이들에게 임시 디지털 여권과 코인 신용카드 등을 발급해주면서 행정적 공백 상태에 놓인 난민들을 위한 국제 공증인 역할을 하기도 했다. 그러던 것이 최근 국가, 정부, 국제기구가 발행한 것과 똑같은 실질적 통행증의 역할을 할 수 있는 여권으로서 인정받게 된 것이다. 비트네이션은 여권 소지자를 위해 빈 영사 및 외교 협약에 명시된 대로 다른 국가의 국민들과 동등한 특권을 요구하고 있다. 비트네이션의 국민들은 여권과 연결된 관할 구역에서 암호화된 공개키 ID를 생성하여 이를 활용할 수 있다.

템펠호프는 "이것은 거대한 실험이며 글로벌 외교에서의 해킹"이라고 평가하기도 했다. 어떤 영역이나 영토도 주장하지 않기 때문에 비트네이션은 국가로서 발생할 수 있는 지정학적 갈등도 없다. 우리는 전통적으로 국가가 되려면 국민, 영토, 주권이 필요하다고 배웠다. 하지만 비트네이션에는 영토가 없다. 하지만 이제는 국가에 영토가 반드시 필요한지 질문을 던져볼 때다.

분산화된 해상 도시, 시스테딩

"너무 권위가 중앙으로 집중되는 시스템은 비효율적인 관료주의를 초래했다. 관료들은 국민이 아닌 그들만의 이익을 위해서 일한다. 우리는 더 이상 전통적인 정부가 아닌 분산화, 탈중앙화된 새로운 정부를 원한다. 기술 변화가 그 해결책이다."

마치 무정부주의자의 발언처럼 보이는 이 말은 구글 엔지니어 출신인 패트리 프리드먼Patri Friedman이 한 말이다. 자유주의 경제학의 대부 밀턴 프리드먼의 손자로, 시스테딩 연구소를 설립한 그는 2020년까지 타히티에 블록체인 시스템을 기반으로 한 인공 섬을 만들어 국가를 세울 계획이다. 2008년 '기존 국가의 법과 세금에서 완전히 자유로운 독립된 해상 유토피아를 건설한다'는 아이디어로 시작된 이 프로젝트는 당시 언론의 큰 주목을 받았다. 온라인 결제 시스템 페이팔의 창업자인 피터 틸Peter Thiel이 10억 달러를 투자해 화제에 오르기도 했다.

시스테딩 연구소가 만든 벤처기업 블루 프런티어는 지난 몇 년간 인공 섬 건설을 위해 수많은 연구를 이어왔다. 그리고 마침내 2018년 5월, 프랑스령 폴리네시아 정부와 시범 사업에 착수했고 타히티 섬에 300개의 주택을 건설할 예정이다. MOU 체결 이후 이들은 대규모 콘퍼런스를 열고 그동안의 연구를 공개 중이다.

'시스테딩'이란 기존 국가의 영해 밖 바다 위에 영구적인 거주지, 즉 시스테드seastead를 만드는 것을 말한다(시스테드는 '바다'sea와 안정적인 거주지를 뜻하는 '홈스테딩'homesteading의 조합이다). 시스테드 연구소는 석유시추선처럼 바다 한가운데에 오랫동안 머물 수 있는 기술을 활용하면 인공 섬을 만드는 것도 충분히 가능하다고 본다. 이들은 자체 암호 화폐인 바리온을 발행한 자금으로 2020년까지 인공 섬을 건설할 예정이다. 그리고 21세기 말까지 1.5미터 이상 해수면 상승을 대비해 그 대안 마련에 전력을 다할 것이다(현재 폴리네시아는 해수면 상승으로 조금씩 국토가 바다 밑으로 가라앉고 있다).

이 인공 섬은 새로운 과학 기술을 연구할 기회뿐 아니라 해수면 상승으로 거주지를 잃을 사람들에게 새로운 삶을 제공한다. 또한 이 해상 국가는 국가의 형태와 정부에 대한 새로운 모델을 제시한다. 이제 사람들은 원하는 국가, 원하는 정부를 선택해서 살 수 있고 이런 스타트업네이션Startup Nation은 가장 인기 있는 창업 모델이 될 것이다. 앞으로는 이처럼 뜻이 맞는 개인들이 모여 기업을 넘어 새로운 국가를 만들게 된다.

시스테딩 연구소의 첫 번째 단계는 시스테딩이 국가로서 운영이 가능하며 기술적, 법적, 재정적으로 지속 가능하게 만드는 것이다. 바다에 사는 국민들의 생활비나 사업 비용이 충분히 저렴하고 비즈니스 기회가 유망해야만 사람들이 이주해올 것이기 때문이다. 바다 한가운데에 사는 경제적 인센티브가 있어야 이주민들이 생긴다. 현재는 해양 엔지니어링 비용이 높고 국제 수역, 즉 공해상에서 기업 운영이 어렵다는 문제가 있다. 시스테딩 연구소는 '호스트 국가', 즉 주인 국가의 영해 내에서 비용 절감 솔루션을 찾고 있다. 하지만 다양한 시스템의 정부를 실험하기 위해 정치적 자치를 얻어야만 한다는 목표에는 변함없다. 따라서 호스트 국가와 협상해 최대한의 자치를 얻고 대신에 시스테드가 제공할 수 있는 경제적, 사회적 혜택을 주인 국가에 나눠 주는 방안을 고려하고 있다.

시스테딩 연구소가 주목받는 이유는 이들의 실험이 현대 사회의 근간을 이루는 '국민국가'의 틀을 넘어서는 '대안 국가'의 실마리를 엿볼 수 있다는 데 의미가 있다. 이처럼 미래에는 국민들이 부패한 국가를 버리고 투명하고 효율적이고 공정한 국가들을 찾아 블록체인 국가로 이주할 수도 있다. 시스테딩처럼 국경이 없는 나라에서는 시민들이 언제나, 어디로나 항해하면서 그들이 원하는 국가를 선택할 수 있는 것이다.

전례 없는 탈중앙 자유 국가, 리버랜드

2018년 2월 27일, 유럽의 한 국가 리버랜드가 독자적인 암호 화폐 메리트Merit를 발행할 예정이라고 발표했다. 리버랜드는 발칸반도의 세르비아와 크로아티아 국경 지대에 위치한 신생 독립국이다. 이곳은 크로아티아와 세르비아가 서로 자국 영토로 주장해왔고 그동안 아무도 살지 않았던 국제법상 무주지無主地에 해당하는 곳이다. 체코의 자유시민당 당원들이 무인지대에 제삼자가 국가를 세울 수 있다는 국제법을 근거로 이곳에 진입한 뒤 국가 수립을 선포했다.

공식 명칭이 리버랜드 자유 공화국Free Republic of Liberland인 이 나라가 완전한 독립국으로 인정받는다면 세계에서 세 번째로 작은 나라가 된다(전 세계에서 가장 작은 국가는 바티칸시국, 두 번째는 모나코다). 리버랜드의 대통령인 비트 예들리치카Vit Jedlička는 독자적 암호 화폐 메리트를 정식 통화로 운용하며 블록체인 기술을 국가 운영에 도입한다는 방침이다.

리버랜드가 공식 국가로 인정받기 위해서는 크로아티아의 승인이 필요하지만 이미 많은 사람들이 리버랜드의 시민권을 획득했다(2018년 4월까지 약 15만 명의 사람이 시민권을 신청했다). 리버랜드가 발행하는 시민권과 개인 데이터는 블록체인상에 기록되고 있다. 시민권은 누구나 웹사이트를 통해 신청할 수 있는데 범죄자나 나치, 공산주의자 등 극단주의자는 배격한다. 또한 세금 징수를 하지 않고 정치 권력 또한 최대한 억제함으로써 개인의 자유를 최우선으로 한다는 방침이다.

이처럼 리버랜드는 세계 최초로 탈중앙 자유 국가를 지향하며 사회 모든 곳에 블록체인을 적용할 예정이다. 리버랜드가 성공적으로 건립되면 국가라는 개념에도 패러다임의 변화가 생길 것으로 전망한다.

인터넷 속 온라인 가상 국가, 공해상에 세워진 인공 섬 국가, 개인이 만든 마이크로 국가 등 많은 블록체인 국가들이 지금 이 순간에도 수없이 시도되고 있다. 미래에는 국민들이 더 효율적인 국가로 이주하거나 그 정부하에서 살겠다고 투표 또는 선택할 수 있을 것이다. 그때야말로 정부가 진정으로 국민을 섬기며, 다른 국가와 경쟁을 할 수 있지 않을까? 기업도 독점이 아닌 경쟁자가 있을 때 더 발전할 수 있는 것처럼 경쟁자가 있는 국가들이 더 효율적이며 민주적인 정부를 운영할 수 있을 것이다. 이들의 꿈은 더 이상 헛된 망상에 불과하지 않다. 국가와 국민의 관념을 뒤집는 이 놀라운 변화는 이미 우리 곁에 와 있다.

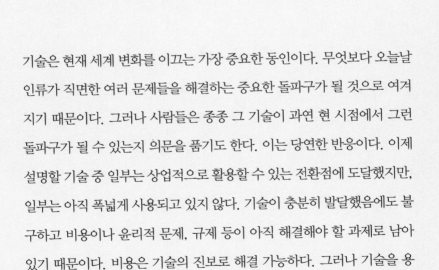

STATE OF **THE FUTURE**

2019년 주목해야 할
10대 기술

기술은 현재 세계 변화를 이끄는 가장 중요한 동인이다. 무엇보다 오늘날 인류가 직면한 여러 문제들을 해결하는 중요한 돌파구가 될 것으로 여겨지기 때문이다. 그러나 사람들은 종종 그 기술이 과연 현 시점에서 그런 돌파구가 될 수 있는지 의문을 품기도 한다. 이는 당연한 반응이다. 이제 설명할 기술 중 일부는 상업적으로 활용할 수 있는 전환점에 도달했지만, 일부는 아직 폭넓게 사용되고 있지 않다. 기술이 충분히 발달했음에도 불구하고 비용이나 윤리적 문제, 규제 등이 아직 해결해야 할 과제로 남아 있기 때문이다. 비용은 기술의 진보로 해결 가능하다. 그러나 기술을 용인하고 채택하는 윤리적 과제 및 규제는 미래 사회에 대한 사람들의 인식과 정부의 적극적인 주도가 필요한 영역이다.

1. 대량생산에서 맞춤형 생산으로: 3D 금속 프린팅

3D 프린팅은 수십 년 전부터 존재했지만 주로 프로토타입을 만들어 내는 전문 디자이너들의 영역이었다. 게다가 플라스틱이 아닌 다른 원료로 물체를 프린팅하는 작업은, 특히 금속의 경우 비용이 많이 들 뿐만 아니라 심각할 정도로 느리다. 하지만 이제는 부품 제조를 위한 실용적인 방법으로 주목받을 만큼 충분히 저렴해지고 간단해졌다. 널리 채택된다면 많은 제품의 대량생산 방식을 바꿔놓을 수도 있다.

단기적으로는 제조업체가 막대한 규모의 재고를 유지할 필요가 없어질 것이다. 노후 차량을 위한 대체 부품 등은 필요할 때마다 프린트하면 된다. 장기적으로는 한정된 부품을 대량생산하는 대형 공장들이 바뀌는 소비자의 니즈를 반영하면서 더 다양한 부품을 생산하는 작은 공장들로 대체될 수도 있다.

이 기술을 이용하면 더 가볍고 강한 부품들을 생산할 수 있으며 기존의 금속 제조 방법으로는 불가능했던 복잡한 모양도 만들어낼 수 있다. 아울러 금속의 미세 구조를 더 정밀하게 통제할 수 있다. 보스턴 외곽에 위치한 작은 3D 프린팅 스타트업 마크포지드는 2017년에 10만 달러가 안 되는 가격에 최초의 3D 금속 프린터를 출시했다. 그리고 또 다른 스타트업인 데스크톱 메탈은 2017년 12월에 처음으로 금속 프로토타입을 만드는 기계들을 배송하기 시작했다. 이 회사는 과거의 금속 프린팅보다 100배 더 빠르며, 제조 용도로 설계된 더 큰 기계들을 판매할 계획이다.

게다가 금속 부품 프린팅도 점점 더 쉬워지고 있다. 데스크톱 메탈은 현재 3D 프린팅에 바로 사용할 수 있는 설계도를 생산하는 소프트웨어를 제공한다. 사용자들이 프린트하고 싶은 대상의 세부 사양을 프로그램에 입력하면 소프트웨어가 프린팅에 적합한 컴퓨터 모델을 제시해준다.

이미 항공 부품을 3D 프린팅 방식으로 제조하는 데 앞장서왔던 GE는 대형 부품들을 만들 수 있을 만큼 속도가 빠른 금속 프린터의 테스트 버전을 보유 중이다. GE는 이 프린터를 2018년부터 판매하고 있다.

2. 새로운 탄생의 새로운 길: 인공 배아

영국 케임브리지대학교의 발생학자들이 줄기세포만을 이용해 실제처럼 보이는 쥐의 배아들을 키워낸 기술은 생명을 창조하는 새로운 연구의 포문을 열었다. 이들은 난자도 정자도 없이 오로지 또 다른 배아에서 추출한 세포들만 이용했다. 이 인공 배아 기술은 난자 없이도 포유동물이 태어날 수 있다는 사실을 암시한다. 연구팀의 다음 목표는 인간 줄기세포에서 인공 배아를 만드는 일이다. 이 인공 배아 기술로 초기 배아세포들이 어떻게 각 기관의 세포로 분화하는지 알아볼 수 있다. 현재 이 연구는 미시간대학교와 록펠러대학교에서 진행 중이다.

'합성 인간 배아'는 발생 초기 단계에 일어나는 사건들을 구분해서 이해할 수 있게 해준다는 점에서 인간 발달 연구에 큰 도움이 된다. 그리고 쉽게 조작된 줄기세포에서 배아세포가 만들어지는 만큼, 연구소에서는 연구 목적으로 그 배아들의 성장 과정에 유전자 편집 같은 다양한 기술들을 적용할 수 있다. 하지만 인공 배아는 윤리적인 문제를 수반한다. 만일 이들이 실제 배아와 구별할 수 없을 정도가 되면 어떻게 해야 할까? 인공 배아는 언제부터 고통을 느낄 수 있을까? 연구소는 얼마나 오랫동안 이들을 성장시킬 수 있을까? 생명윤리학자들은 과학이 훨씬 더 먼 미래까지 나아가기 전에 이런 문제들을 해결해야 한다고 지적한다.

3. 로봇 도시는 실현될 것인가: 센싱 시티

수많은 스마트 시티 계획이 처음의 야심찬 목표들을 축소하고 있는 추세다. 축소의 이유는 당연하게도 비용 문제 때문이다. 이런 와중에 토론토에서 진행 중인 미래 도시 프로젝트 '키사이드'Quayside는 버려진 도시 근린 지역을 최신 디지털 기술을 동원해 재구성하려는 시도를 하고 있다. 산업단지 부둣가 하나를 세계에서 가장 똑똑한 도시로 만들겠다는 이 하이테크 프로젝트를 진행하는 주체는 다름 아닌 구글의 모회사 알파벳이 만든 도시재생 기업 사이드워크 랩스다.

이 프로젝트의 목표 중 한 가지는 온갖 센서로 수집되는 공기 질과 소음 수준, 사람들의 활동에 이르는 모든 데이터를 바탕으로 설계와 정책, 기술의 의사결정을 내리는 것이다. 이 계획에 따르면 모든 차량이 자율주행 시스템을 갖추게 되고 로봇들이 도시의 지하를 돌아다니면서 우편물 배송과 같은 잡다한 일들을 수행한다. 사이드워크 랩스는 휴대폰 앱을 만들듯이, 그들이 만드는 소프트웨어와 시스템을 오픈하여 다른 기업들이 그들의 서비스 위에 또 다른 서비스를 구축할 수 있도록 할 예정이다.

키사이드 개발을 감독하는 공공 기관인 워터프론트 토론토Waterfront Toronto에 따르면 샌프란시스코, 덴버, 로스앤젤레스, 보스턴 등 여러 북미 도시들도 이 계획에 참여하기를 희망하고 있다고 한다.

4. 모두를 위한 기술 혁명: 인공지능

인공지능은 이제까지 주로 일부 스타트업과 아마존, 구글, 마이크로소프트, 바이두와 같은 거대한 기술 기업들의 전유물이었다. 인공지능 시스템을 개발하고 완전하게 시행하는 일은 어려울 뿐만 아니라 비용이 너무 많이 들기 때문이다.

훨씬 더 많은 인구가 인공지능을 이용할 수 있으려면 클라우드 기반의 기계학습 도구들이 필요하다. 이제까지는 아마존 웹 서비스를 갖고 있는 아마존이 클라우드 AI 서비스 분야의 독보적인 존재였다. 하지만 기계학습 소프트웨어를 구축하는 오픈소스 AI 라이브러리 텐서플로TensorFlow를 개발한 구글이 아마존에 도전장을 던졌다. 최근 구글은 더 쉽게 인공지능을 이용할 수 있도록 인공지능으로 인공지능을 만드는 시스템 오토MLAutoML을 발표했다.

인공지능으로 작동하는 자체 클라우드 플랫폼 애저Azure를 보유한 마이크로소프트는 아마존과 팀을 이뤄 오픈소스 딥러닝 라이브러리인 '글루온'Gluon을 제공한다. 글루온을 활용하면 투박하지만 인간 두뇌가 학습하는 방식을 모방한 인공지능 핵심 기술인 신경망을 스마트폰 앱만큼이나 쉽게 만들 수 있다. 이들 중 어떤 회사가 클라우드 AI 서비스 분야의 리더가 될지는 확실하지 않다. 하지만 승자에게는 엄청난 사업 기회가 제공될 것이다. 인공지능 혁명이 더 확대되면 이들의 기술은 경제의 다른 부문에서도 핵심적인 제품이 될 것이다.

현재는 인공지능 기술이 기술 산업 분야에서 대부분 사용된다. 하지만 많은 다른 기업과 산업에서도 인공지능 기술을 활용하기 위해 애쓰고 있다. 의약, 제조, 에너지 같은 분야에서 인공지능 기술을 더 완전하게 실행할 수 있게 되면 경제적 생산성을 엄청나게 높이면서 혁신을 일으킬 것이다.

하지만 대부분의 기업에는 클라우드 AI를 활용하는 법을 아는 사람들이 아직 충분치 않다. 따라서 아마존과 구글에서는 컨설팅 사업도 구축하는 중이다. 일단 거의 모든 사람이 클라우드를 통해 인공지능 기술에 접근하는 순간, 진정한 인공지능 혁명이 시작될 것이다.

5. 인간보다 더 인간 같은 인공지능: 듀얼 신경망

인공지능의 사물 식별 능력은 매우 높아지고 있다. 예를 들어 인공지능에게 수백만 장의 사진을 보여준다고 생각해보자. 인공지능은 수백만 장의 사진 중에 길을 건너는 사람이 찍힌 사진 한 장을 놀라운 정확성으로 집어낼 것이다. 하지만 인공지능은 스스로 걸어가는 사람의 이미지를 창조해내지는 못한다. 완전히 새로운 것을 만들어내는 데는 식별력이 아닌 상상력이 필요하기 때문이다. 현재까지는 이 점이 인공지능이 직면한 한계였다.

그런데 2014년 몬트리올대학교 박사과정 학생이었던 이언 굿펠로 Ian Goodfellow가 이에 대한 해결책을 떠올렸다. Generative Adversarial Network(생성적 적대 신경망), 줄여서 GAN으로 알려진 이 접근 방식은 인간 두뇌를 단순화한 수학적 모델인 두 개의 신경망 형태를 취한다. 그리고 이들이 디지털 술래잡기 게임cat-and-mouse을 통해 서로 겨루도록 한다.

두 신경망 모두 같은 데이터 세트에 대해 훈련을 받는다. '생성자'로 알려진 첫 번째 신경망에는 앞서 본 이미지들에서 일부 변형된 이미지, 이를테면 팔이 하나 더 있는 사람 같은 이미지를 생성하라는 과제가 부여된다. '식별자'로 알려진 두 번째 신경망에는 그 변형된 이미지가 자신이 훈련받은 이미지와 같은 것인지, 아니면 생성자가 만들어낸 가짜인지(즉 기본적으로 팔이 세 개인 사람이 현실적일 수 있는지) 판별하라는 과제를 부여한다. 시간이 지나면서 식별자가 가짜를 집어낼 수 없을 정도로 생성자 신경망은 이미지를 생산하는 능력이 좋아진다. 근본적으로 이 신경망은 현실적으로 보이는 보행자들의 이미지를 인식한 다음 이미지를 만들어내도록 훈련받는다.

기계가 인간까지 속일 수 있는 결과를 만들도록 도와주는 이 기술은 지난 10년간 인공지능 분야에서 가장 유망한 기술 중 하나가 됐다. 안타깝게도 현재 GAN 기술은 실제 같은 목소리를 내는 연설과 사진처럼 사실적인 가짜 이미지, 가짜 뉴스를 만들어내는 데 주로 활용되고 있다. GAN이 만드는 이미지와 소리가 때로는 깜짝 놀랄 만큼 사실적이기 때문에 그들, 즉 인공지능이 보고 듣는 세상에 깔려 있는 구조를 이해하는 감각이 존재한다고 믿는 전문가들도 있다. 그리고 이는 상상력을 보유한 인공지능이 앞으로 더 독립적인 능력을 가지고 세상을 이해할 수 있을 것이라는 사실을 의미한다.

6. 자유로운 소통의 시작: 바벨피시 통역기

《은하수를 여행하는 히치하이커를 위한 안내서》라는 컬트 공상과학 소설을 보면 사람들이 동시통역을 해주는 노란색 바벨피시라는 물고기를 귀에 넣는 장면이 나온다. 현실 세계에서 구글이 들고 나온, 그 중간 단계에 해당하는 해결책은 픽셀 버드Pixel Buds라고 불리는 이어버드다. 이 이어버드는 픽셀 스마트폰과 구글 번역 앱을 활용해 사실상 실시간으로 통역을 해낸다.

한 사람은 이어버드를 귀에 꽂고 있고, 상대방은 전화기를 가지고 있다고 하자. 이어버드를 꽂은 사람이 자신의 언어로 말한다. 그러면 앱이 이를 번역해 전화기에서 말로 옮긴다. 기본 언어는 영어다. 전화기를 들고 있는 사람이 대답하면 곧 통역이 돼서 이어버드를 통해 전달된다.

구글 번역에는 이미 대화 기능이 있다. 구글 번역의 iOS와 안드로이드 앱에서는 두 사용자가 어떤 언어를 사용하는지 자동으로 파악하고, 그들의 말을 통역해 두 사람이 대화를 할 수 있게 해준다. 하지만 배경 소음 때문에 앱이 사람들이 하는 말을 이해하기 힘들거나 언제 한 사람이 말을 마쳤는지, 즉 문장의 시작과 끝을 파악하기가 어려울 수도 있다. 픽셀 버드는 이어버드를 꽂고 있는 사람이 말을 할 때 오른쪽 이어버드를 두드리고 손가락 하나를 대고 있는 방법으로 이런 문제를 극복한다. 전화기와 이어버드 사이의 상호작용을 구분한 만큼, 하나의 전화기를 주고받느라 노력할 필요가 없기 때문에 서로 시선을 교환하며 대화를 할 수 있다.

사실 픽셀 버드는 수준 이하의 디자인 때문에 널리 혹평을 받았다. 바보스럽게 보일 뿐만 아니라 귀에 잘 맞지 않고, 전화기를 설정하기도 어려웠다. 하지만 투박한 하드웨어는 단기간에 고칠 수 있다. 중요한 것은 픽셀 버드가 제시하는 전망으로, 두 언어가 서로에게 이해되고 의사소통이 실시간에 가깝게 이뤄진다는 점이다.

7. 탄소 제로 시대를 향하여: 천연가스

가까운 미래에 전 세계는 천연가스를 전기의 주된 공급원으로 활용할 수밖에 없을 것이다. 저렴하고 쉽게 확보가 가능한 천연가스는 현재 전 세계 전기 공급량의 22퍼센트를 차지한다. 그리고 석탄보다 깨끗하지만 여전히 엄청난 양의 탄소 배출원이기도 하다.

미국 석유 정제 산업의 심장부인 휴스턴 시의 외곽에 세워진 한 공장에서는 천연가스에서 청정에너지를 만드는 기술을 시험 중이다. 이 50메가와트 규모의 프로젝트를 진행하는 기업 넷파워는 일반 천연가스 공장만큼 싸게 전기를 생산할 수 있고 그 과정에서 유출되는 이산화탄소를 실질적으로 거의 모두 포집할 수 있다고 주장한다.

만일 그렇게 할 수 있다면 앞으로 우리는 합리적인 비용으로 탄소가 배출되지 않는 에너지를 얻을 수 있다. 그런 천연가스 공장들은 핵발전에 드는 높은 자본 비용을 들이지 않고 수요에 따라 가동률을 높이거나 낮출 수 있으며, 재생에너지의 불안정한 공급도 보완할 수 있을 것이다.

넷파워는 기술개발 기업인 8리버스캐피털, 엑셀론 제너레이션, 에너지 건설 기업 CB&I 간의 협업으로 이뤄진 기업이다. 이 공장은 천연가스를 태우는 과정에서 나오는 이산화탄소를 높은 압력과 열로 처리하는데, 거기서 나오는 초임계 이산화탄소는 특별히 제작된 터빈을 움직이기 위한 동작 유체working fluid로 활용한다. 이 이산화탄소 중 많은 부분은 끊임없이 재활용이 가능하며 나머지는 저렴하게 포집할 수 있다.

특히 추출 문제가 그렇지만 넷파워의 기술이 천연가스가 안고 있는 모든 문제를 해결할 수는 없다. 하지만 천연가스를 사용한다면 가능한 한

깨끗하게 쓸 수 있으면 좋을 것이다. 개발 중인 청정에너지 기술들 중에서 넷파워의 기술은 탄소 배출을 확실히 줄일 수 있다는 점에서 가장 앞서가는 기술 중 하나다.

8. 완벽한 온라인 프라이버시: 제로 지식 증명

앞으로는 인터넷 프라이버시를 완벽하게 지키는 일이 가능해진다. 이 새로운 도구는 생년월일을 밝히지 않고도 18세가 넘었음을 증명해주고, 은행 잔고나 다른 세부 사항을 밝히지 않으면서도 금융 거래를 할 돈이 은행계좌에 있다는 사실을 증명해준다. 이런 방식은 프라이버시 침해나 신원 도용의 위험을 줄일 수 있다.

이 도구는 제로 지식 증명zero-knowledge proof이라고 불리는, 떠오르는 암호 프로토콜이다. 연구자들이 수십 년 동안 연구해왔음에도 불구하고 2017년이 돼서야 이 도구에 대한 관심이 폭발했다. 그 한 가지 이유는 암호 화폐에 대한 집착이 커졌기 때문이다. 제로 지식 증명에 대한 공로의 대부분은 2016년 후반에 출시된 암호 화폐 지캐시Zcash에게 돌아가야 한다. 지캐시의 개발자들은 지케이-스나크zk-SNARK라고 불리는 방법을 활용해 사용자들이 익명으로 거래할 수 있는 권한을 제공했다.

이런 기능은 모든 사람이 거래를 볼 수 있는 비트코인이나 대부분의 다른 공공 블록체인 시스템에서는 대개 불가능하다. 이론상으로는 이런 거래가 익명성을 가짐에도 불구하고, 다른 데이터와 합쳐진다면 사용자를 추적하거나 심지어 식별하는 것도 가능하다. 세계에서 두 번째로 인기 있는 블록체인 네트워크인 이더리움의 창시자 비탈릭 부테린Vitalik Buterin

은 지케이-스나크를 두고 "게임의 판도를 바꿔놓을 완벽하게 획기적인 기술"이라고 표현하기도 했다. 은행에서는 지불 시스템에서 고객의 프라이버시를 희생하지 않고 블록체인을 활용할 수 있는 방법이 될 수도 있다. 2017년 JP모건체이스는 지케이-스나크를 자사 블록체인 기반 지불 시스템에 추가했다.

그러나 이 모든 전망에도 불구하고 지케이-스나크는 계산이 복잡하고 느리다는 단점이 있다. 게다가 만일 잘못된 사람의 손에 들어간다면 전체 시스템이 위험해질 수 있으므로 암호키를 생산하는 이른바 '신뢰할 수 있는 설정'trusted setup이 필요하다. 연구자들은 그런 키를 요구하지 않으면서 제로 지식 증명을 더 효율적으로 배포할 수 있는 대안을 모색 중이다.

9. 당신의 미래 보고서: DNA 리포트

언젠가는 아기들이 태어나는 순간부터 DNA 리포트 카드를 받을 것이다. 이 카드는 그 아기가 심장마비나 암으로 고생할 가능성이나, 담배에 중독되거나 평균보다 더 머리가 좋을 가능성에 대한 예측을 제공한다.

오랜 시간에 걸친 유전학 연구 덕분에 흔한 질병이나 지능을 포함한 많은 행동 및 특질은 대부분 한 개 혹은 몇 개의 유전자가 아닌, 많은 유전자가 협력하면서 나온 결과인 것으로 밝혀졌다. 과학자들은 진행 중인 거대한 유전학 연구에서 나온 데이터를 활용해 그들이 '다인자성 위험 점수'polygenic risk scores라고 부르는 점수를 만들어낸다.

이 새로운 DNA 테스트가 제공하는 건 진단이 아닌 가능성이지만 그

가능성은 의학 부문에 엄청난 혜택을 제공할 것이다. 예를 들어 유방암에 걸릴 위험이 높은 여성들이 유방조영촬영을 더 많이 하고 위험이 낮은 여성들은 더 적게 한다면 암을 더 많이 발견하면서 잘못된 경고는 더 적게 보낼 수도 있다. 제약 회사들도 이 점수를 알츠하이머나 심장질환 같은 질병을 위한 예방약의 임상실험에 활용할 수 있다. 아플 가능성이 더 높은 지원자들을 선발함으로써 그 약이 얼마나 잘 듣는지 더 정확하게 실험할 수 있다.

문제는 이 예측이 완벽하진 않다는 점이다. 누가 자신이 알츠하이머에 걸릴 가능성이 있는지 알고 싶어 하겠는가? 만일 암에 관한 위험 점수가 낮았던 사람이 검사에서 제외됐다가 나중에 암에 걸리면 어떻게 해야 할까? 게다가 다인자성 위험 점수는 질병만이 아니라 어떤 특질이든 예측할 수 있다는 점에서 논쟁의 대상이 되기도 한다. 이 새로운 기술이 놀라운 혁신인 동시에 경고가 되는 이유는 이런 유전적 데이터가 좋은 용도와 나쁜 용도 모두에 사용될 가능성이 있기 때문이다.

10. 물질의 양자적 도약: 양자 컴퓨터

새롭고 강력한 양자 컴퓨터는 그 어떤 전망도 확실하지 않다. 다만 이 컴퓨터들이 오늘날의 컴퓨터가 할 수 없는 계산을 해내는 묘기를 보여줄 것이라고 믿는다. 이런 능력을 활용해 무엇을 할 수 있을지 우리는 아직 파악하지 못했다. 한 가지 그럴듯하면서 매력적인 가능성은 분자의 정밀 설계다.

화학자들은 이미 효과가 훨씬 더 큰 약품을 만들 새로운 단백질, 더 나은 배터리를 만들 새로운 전해질, 햇빛을 액체연료로 직접 바꿀 수 있는 화합물, 훨씬 더 효율적인 태양전지를 상상하고 있다. 우리가 이런 것들을 확보하지 못한 이유는 기존 컴퓨터의 능력으로는 분자를 모델링하는 일이 믿을 수 없을 정도로 어렵기 때문이다. 심지어 상대적으로 단순한 분자 하나에서 전자의 움직임을 모방한다고 해도 곧 오늘날의 컴퓨터가 지닌 역량을 훨씬 뛰어넘는 복잡성과 부딪히고 말 것이다.

하지만 1과 0을 나타내는 디지털 비트 대신 그 자체가 양자 시스템인 '큐비트'qubit를 사용하는 양자 컴퓨터에서는 이것이 자연스러운 문제다. 최근 IBM 연구자들은 7큐비트짜리 양자 컴퓨터를 사용해 세 개의 원자로 이뤄진 작은 분자 하나를 모델링했다. 과학자들이 더 많은 큐비트 단위로 처리할 수 있는 컴퓨터를 확보하고 더 나은 양자 알고리즘을 구축하게 되면 훨씬 더 크고 흥미로운 분자들을 정확하게 시뮬레이션하는 작업이 가능해질 것이다.

제 **1** 장

산업과 경제의 미래

블록체인 혁명부터 우주 산업까지,
새로운 비즈니스의 기회는 어디에 있는가?

세계는 지금
블록체인 혁명 중

2017년 본격적으로 한국 사회에 불어닥치기 시작해 2018년 내내 사람들 입에 오르내렸던 비트코인과 그 기반 기술인 블록체인에 대한 관심이 여전히 뜨겁다. 2018년 6월 지방자치단체장 선거에 지역 화폐를 암호 화폐로 도입하겠다는 공약들이 등장하면서 블록체인 분야는 이제 정치권도 주목하는 핵심 기술이 되었다. 정치권에서 본격적인 실천 의지를 보이며 공약을 실행하려는 움직임을 이어가는 가운데 서울, 부산, 제주, 광주, 전남 등 국내의 주요 지자체들은 블록체인을 실생활에 도입하고 지자체만의 암호 화폐와 고유한 블록체인 문화를 조성하면서 지역 일자리 창출의 효과를 기대하고 있다.

블록체인 기술은 지난 다보스포럼에서도 가장 중요한 주제였다. 세계 경제포럼의 조사 결과 2027년에는 글로벌 GDP의 10퍼센트가 블록체인에 저장될 것이라고 예측됐다. 이를 시작으로 여러 나라에서 블록체인의 잠재력과 그 영향력에 대한 저작물들을 발표했다. 지난 2년 동안 블록체인에 대한 50만 건 이상의 새로운 출판물이 나왔고 구글 검색 결과는 370만 건에 이른다.

무엇보다도 가장 눈에 띄는 점은 블록체인에 대한 글로벌 거대 기업들의 대규모 투자가 이뤄지고 있다는 것이다. 블록체인 스타트업에 대한 벤처캐피탈 투자는 지속적으로 증가해 2017년에는 10억 달러에 이르렀다. 블록체인 기술에 특정된 암호 화폐 공개ICO, 새로운 암호 화폐 토큰 판매는 50억 달러까지 치솟았다. 첨단 기술 기업들도 블록체인에 많은 투자를 하고 있다. IBM은 블록체인 기술을 활용한 사물인터넷 기술에 1,000명 이상의 직원과 2억 달러 이상의 투자를 하고 있다. 최근 페이스북은 대대적인 조직 개편을 통해 블록체인 전담팀과 암호 화폐 부서를 신설했다. 2018년 1월 넣었던 암호 화폐 광고 금지 규정을 6개월 만에 슬그머니 철회한 것은 물론이다. 페이스북이 암호 화폐 결제 시장에 진출한다면 암호 화폐의 속도에 획기적인 발전이 예상된다. 마이크로소프트도 퍼블릭 블록체인을 이용해 신원 확인 시스템을 개발하고 있다.

블록체인은 비단 기술 기업만의 이야기도 아니다. 스타벅스도 암호 화폐 제작 및 블록체인 사업을 시작했기 때문이다. 스타벅스는 원산지부터 유통 과정까지 체크할 수 있는 공급망 관리 플랫폼에 이 블록체인 기술을 도입할 예정이다.

아마존의 가세, 파이가 커지는 블록체인 시장

여기서 가장 주목해야 할 기업은 아마존이다. 세계 최대의 온라인 상거래 업체인 아마존 역시 블록체인 시장에 진입했다. 지난 2016년 아마존은 개발자를 위한 BaaSBlockchain-as-a-Service라는 보안 소프트웨어 샌드박스를 발표한 바 있다. 당시 아마존의 세계 금융 서비스 사업개발 책임자인 스콧 멀린스Scott Mullins는 이렇게 말했다. "오늘날 금융 서비스 분야에서 분산 원장 기술은 혁신의 최전선에 서 있습니다. 아마존 웹 서비스AWS는 금융기관 및 블록체인 공급자와 협력해 혁신을 촉진할 겁니다." 그리고 2년 만에 블록체인 사업은 그 성과를 내고 있다.

아마존의 블록체인 사업을 구체적으로 살펴보면, 우선 전 세계 블록체인 기술 시장을 이끌고 있는 이더리움과 하이퍼레저 패브릭Hyperledger Fabric을 기반으로 하는 '블록체인 템플릿' 서비스를 시작했다. 블록체인 템플릿은 이용자들이 쉽게 블록체인 네트워크 환경을 조성하고 배포할 수 있도록 만든 편집 도구다. 아마존 웹 서비스는 개발자들이 블록체인 응용 프로그램 개발을 쉽게 할 수 있도록 이 서비스를 오픈소스로 만들었다. 이로써 많은 비용이 드는 작업 증명Proof-of-Work, PoW 블록체인 시스템을 구축하지 않고도 다양한 애플리케이션 테스트를 할 수 있게 되었다.

블록체인은 모든 거래 데이터를 영구적으로 기록하는 일종의 디지털 거래 장부다. 이런 거래 기록은 블록의 형태로 저장되며, 시간의 흐름에 따라 블록들이 순차적으로 연결된 '사슬' 구조를 갖는다. 그러면 제3자가 따로 안전한 거래 기록을 생성할 필요가 없다. 블록체인 템플릿은 무료로 서비스를 개발한 뒤 클라우드 사용료만 내면 이용할 수 있다.

그리고 아마존은 실시간 암호 화폐 거래 데이터를 살펴볼 수 있는 데이터 스트리밍 서비스, 즉 데이터들을 사고팔 수 있는 시장 특허를 획득했다. 이 서비스는 개인 또는 조직이 여러 종류의 데이터를 등록하고 이를 고객이 구매해 구독할 수 있는 기술이다. 사고팔 수 있는 스트리밍 데이터의 종류로는 여러 정보 및 기록과 함께 암호 화폐 거래 데이터도 포함되어 있다. 이 서비스는 아마존의 자회사인 아마존 테크놀로지스에서 실행할 예정이다.

아마존이 특허를 받은 이 시스템은 스트리밍 수집, 변환, 적재 방식으로 운영된다. 이 방식으로 내가 관심 있는 시장에 대한 정보를 실시간 캡처해서 알람 및 판매 추천을 받을 수 있고 이를 통해 사업 및 운영 결정을 내릴 수 있다. 개인의 암호 화폐 거래 데이터 등 개인 데이터 스트림 자체는 새로운 게 없지만 이 데이터와 다양한 출처의 정보가 결합되면 새로운 가치가 생길 수 있다.

이번 블록체인 템플릿의 출시로 블록체인 구축 및 활용에 드는 비용과 시간이 비약적으로 줄어들 것이다. 이로써 아마존 웹 서비스는 클라우드 시장에서 선두 자리를 확고하게 지키고 다양한 산업 분야에서 성장 가능성이 있는 블록체인 기술에도 긍정적인 파급 효과를 미칠 것이다.

최근 국내에서는 카카오, 네이버 라인 등 정보통신 회사뿐 아니라 한빛소프트, 와이디온라인, 액토즈소프트 등 게임 회사들도 잇달아 블록체인 기술을 개발하고 있다. 신생 벤처기업이나 대기업들도 앞다퉈 블록체인 기술을 광범위하게 도입하고 있다. 이제 블록체인 기술은 거스를 수 없는 흐름과도 같다. 우리의 일상생활에서 마주치는 여러 산업의 지형을 파괴할 뿐 아니라 새롭게 창조하고 있다. 그렇다면 21세기의 새로운 인터넷이 될 이 기술이 현재 산업을 어떻게 변화시키고 있는지 자세히 알아보도록 하자.

블록체인이 파괴하고
재창조하는 여덟 가지 산업

　　　　　　　　　　　　　"19세기에 자동차가 나왔고 20세기에 인터넷이 나왔다면 21세기에는 블록체인이 있다."

　《블록체인 혁명》의 저자 돈 탭스콧 Don Tapscott 이 한 말이다. 미국 실리콘밸리에서는 블록체인을 '제2의 인터넷'이라고 부른다. 필자 역시 그런 생각에 동의한다. 실체 없는 기술로 호도되던 초창기 인터넷 기술이 이젠 우리의 의식주와도 같은 일상이 된 것처럼, 블록체인 기술 역시 우리의 일상에 스며들고 있다. 그 속도는 인터넷이 우리의 삶 속에 들어오기까지 걸린 시간보다 훨씬 더 빠르다.

　분야를 불문하고 여러 산업에 영향을 미치고 있는 블록체인 기술의 현재와 이 기술을 운용하고 있는 회사들을 살펴보자. 이들을 통해 앞으로 어떤 산업이 사라질 가능성이 높은지, 그렇다면 어디서 새로운 기회를 찾을 수 있을지 생각해볼 필요가 있다.

혁신하거나 소멸되거나: 금융 서비스 산업

가장 대표적인 산업은 은행을 비롯한 지불payment 산업이다. 블록체인이 금융업에 미칠 영향은 인터넷이 미디어에 끼친 영향에 비유될 정도로 어마어마하다. 블록체인은 전통적인 은행 업무에 접근할 수 없는 제3세계 국가의 사람들을 포함해 전 세계 수십 억 명의 사람들에게 자유로운 금융 서비스를 제공하는 데 이용될 수 있다. 누구나 비트코인으로 국경을 넘어 낮은 수수료로 돈을 바로 보낼 수 있다. 세계적인 암호 화폐 거래 앱인 아브라는 비트코인 기반 송금 서비스를 시작한 스타트업 중 하나로, 2018년 3월에 20개의 암호 화폐와 50개의 법정화폐를 모두 거래할 수 있는 단일 앱으로 발전했다.

이런 이유로 기존의 은행업들은 블록체인을 사용할 수밖에 없거나 블록체인 때문에 소멸될 수밖에 없다. 영국에 본사를 둔 글로벌 금융 서비스 기업 바클레이스를 비롯해 많은 은행들은 블록체인 기술을 채택해서 빠르고 효율적이며 안전하게 운영하려고 노력하고 있으며, 블록체인 프로젝트에 대한 투자를 늘리고 있다.

보다 안전하고 투명한 거래: 유통 산업

블록체인 기술을 사용하면 거래를 영구적이고 분산화된 기록으로 문서화하고, 안전하고 투명하게 모니터링할 수 있다. 이로써 시간 지연과 인간의 실수로 발생하는 리스크를 크게 줄일 수 있으며 공급망의 모든 지점에서 비용, 노동, 심지어 폐기물 및 배출량까지 모니터링할 수 있다. 이는 제품의 실제 환경을 이해하고 제어하는 데 큰 영향을 미친다.

또한 블록체인의 분산 원장은 원산지에서부터 제품을 추적해 제품의 신뢰성과 공정 거래 여부를 확인하는 데 사용될 수 있다. 2018년 1월에는 블록체인 기술을 활용한 농산물 거래가 처음으로 성사되기도 했다. 세계적 농산물 중개업체 루이드레퓌스와 중국 농산물 중개업체 산둥보하이실업, 독일 은행 ING, ABN암로, 프랑스 은행 소시에테제네랄 등은 블록체인 기반 디지털 플랫폼을 통해 미국산 대두 6만 톤을 중국에 시범적으로 판매했다. 그 결과 거래 시간이 2주에서 1주일로 절반 이상 단축되는 효과가 나타났고, 이로써 블록체인은 향후 원자재 유통에서 혁신을 일으킬 것으로 주목받고 있다. 이 부문의 회사로는 영국의 블록체인 스타트업 프로버넌스, 미국의 플루언트, SKU체인 등이 있다.

스마트한 데이터 관리: 보험 산업

글로벌 보험 시장은 신탁관리를 기반으로 운영된다. 여기서 블록체인은 신탁을 관리하는 새로운 방법으로서 피보험자의 신원 등 보험 계약에서 많은 데이터를 확인하고 입증하는 데 사용될 수 있다. 그중 '오라클'ORACLE 은 실제 데이터를 블록체인 스마트 계약과 통합시키는 기술로서 실제 데이터에 의존하는 모든 유형의 보험에 매우 유용하게 쓰일 수 있다.

현재 보험 업계에서 유용한 도구들을 만드는 블록체인 프로젝트로는 애터니티Aeternity가 있다. 이런 기술이 앞으로 더욱 발전하면 보험업에서 인간이 담당하던 전통적인 일자리가 사라지게 된다.

선거 조작 논란이 사라진다: 투표 및 선거

앞으로 블록체인이 파괴할 가장 대표적인 분야는 선거나 투표일 것이다. 전 세계를 통틀어 투표 조작 논란이 없는 나라는 없다. 2016년 미국 대통령 선거는 특정 정당이 선거 결과를 조작했다고 비난받기도 했다. 그러나 블록체인 기술은 이런 논란을 원천적으로 차단한다. 블록체인 기술을 적용하면 유권자 등록 및 신원 확인을 할 수 있으며, 합법적인 표만 집계하고 투표지가 변경되거나 제거되지 않도록 전자 투표를 합산할 수 있다. 또한 기록된 표들을 누구나 볼 수 있다면 선거는 보다 공정해지고 민주적인 과정이 될 수 있다. 데모크라시어스Democracy Earth(민주주의 지구)와 팔로우마이보트Follow My Vote(내가 한 투표를 따라 해봐)는 정부를 위한 블록 투표 기반의 온라인 투표 시스템을 만든 스타트업들이다.

부동산 시장의 고질적 문제 해결: 부동산 산업

부동산 매매는 대개 관료주의, 투명성 부족, 사기 및 공개 기록상의 실수 등에서 문제가 생긴다. 그러나 블록체인 기술을 사용하면 종이 기반 기록의 필요성을 줄이고 거래 속도를 높일 수 있다. 또한 추적, 소유권 확인, 문서의 정확성 보장 및 재산 증서 양도에 도움이 된다. 부동산 회사 유비트쿼티는 부동산 기록 관리를 위한 블록체인 보안 플랫폼으로서 토지소유권, 재산증서, 유치권 등을 기록하고 추적하는 데 블록체인 기술을 활용한다. 특히 블록체인 기술은 부동산 거래 전후 투명성, 많은 양의 서류 작업, 사기 우려 등 부동산 시장의 고질적 문제를 해결할 수 있다.

중개자, 수수료가 필요 없는 플랫폼: 크라우드펀딩 산업

크라우드펀딩Crowdfunding은 최근 몇 년 동안 새로운 기업 및 프로젝트를 위한 기금 모금 수단으로 널리 사용되었다. 크라우드펀딩 플랫폼은 프로젝트 창작자와 지지자 간의 신뢰를 형성하기 위해 존재하지만 또한 높은 수수료를 부과한다. 그러나 블록체인 기반의 크라우드펀딩은 스마트 계약 및 온라인 평판 시스템을 통해 신뢰가 형성되어 중개자가 필요 없다. 새로운 프로젝트들은 나중에 제품이나 서비스 또는 현금으로 교환할 수 있는 자기만의 가치 있는 토큰을 제시함으로써 자금을 모을 수 있다. 많은 블록체인 창업자들이 토큰 판매를 통해 벌써 수백만 달러를 모았다. 블록체인 기반 크라우드펀딩 산업은 아직 초기 단계여서 규제 등이 불확실하지만 장래가 밝은 영역이라 볼 수 있다.

비용과 보안 문제를 동시에 해결: 클라우드 서비스 산업

아마존, 마이크로소프트, 구글 같은 인터넷 공룡들에게 막대한 부를 가져다준 클라우드 서비스 영역에는 이미 블록체인 바람이 거세게 불고 있다. 대표적인 플랫폼으로는 스토리지Storj, 파일코인Filecoin 등이 있다. 일반 개인 사용자가 자신의 컴퓨터나 서버에 남는 저장 공간을 빌려주면 그 대가로 코인을 얻는 구조다. 빌리는 사람 입장에서는 저렴한 비용으로 저장 매체를 확보하고, 대여해주는 사람 입장에서는 금전적 인센티브를 얻을 수 있는 '윈윈' 구조다. 또한 블록체인 덕분에 데이터 보안성도 강화된다는 장점이 있다.

당신이 몸담은 어떤 산업

만일 당신이 일하고 있는 곳이 데이터나 거래를 다루는 산업이라면 블록체인 기술 때문에 일자리를 잃을지 모른다. 아니면 세상의 변화에 맞춰 필연적으로 혁신을 만들어내야 할 수도 있다. 부담이 클 수 있지만, 블록체인을 적용할 수 있는 분야는 아주 많으며 기회 역시 많다는 사실을 기억해야 한다.

안전하고 투명하며 민주적인 블록체인이 금융을 비롯해 모든 영역의 산업에 가져올 기회와 혁신의 가능성은 무궁무진하다. 그리고 인터넷이 우리의 삶에 가져온 변화가 그랬듯이, 블록체인 역시 우리의 삶과 가치에 새로운 패러다임을 형성할 것이다. 즉, 일상적인 거래에서 글로벌 금융에 이르는 시스템뿐 아니라 세상의 모든 기록과 관련된 시스템에 혁명적 변화를 가져온다. 더불어 미래 사회의 시스템이 어떤 방향으로 나아갈지에 대해서도 힌트를 제공하는 또 하나의 방식으로 존재할 것이다.

금융업에 닥친
세 가지 티핑 포인트

전 세계에 자유로운 금융 서비스를
제공할 수 있는 블록체인 기술에 대해 가장 긴장해야 할 곳은 다름 아닌
은행이다. 비단 블록체인 기술 때문만은 아니다. 스마트폰의 발전으로
지불 수단이 다양해지면서 현금을 가지고 다닐 필요가 없어지고, 언제 어
디서든 편하게 돈을 보내고 받을 수 있게 되었다. 이미 몇 년 전부터 주요
은행 지점들이 폐쇄되기 시작했고, 씨티은행의 경우 지점의 80퍼센트를
축소할 계획을 밝히기도 했다. 최근 액센추어의 조사에 따르면 밀레니얼
세대(1980년대 초에서 2000년대 초에 출생한 사람들)의 40퍼센트는 지점이 없
는 은행을 고려하고 있다고 한다.

이것이 의미하는 바는 무엇일까? 은행 지점들이 과거 코닥처럼 파멸의 길을 걷고 있다는 징조일까? 블록체인 기술과 관련해 가까운 미래에 나타날 주요 티핑 포인트를 살펴보면 다음과 같다.

은행과 기술 기업의 경계가 무너진다

은행들은 계속해서 새로운 금융 모델을 향해 나아가고 있다. 이런 변화를 선도하는 은행들은 2025년이 되면 기술 기업과 은행의 경계가 희미해지는 '디지털 금융 슈퍼 점포'로 도약하게 된다. 이미 모든 상황이 기존의 은행에겐 어렵게 돌아가고 있다. 기존 은행 시스템의 실패로 비은행계 대출기관들을 비롯해 핀테크 회사들이 기술과 규제 없는 상황을 이용해 최고 수준의 인터넷과 모바일 사이트에서 고객들이 원하는 서비스를 제공하기 시작했다. 따라서 대형 은행들은 디지털 시대에 맞게 스스로를 변화시키고자 해도 광범위한 네트워크와 인공지능, 클라우드 컴퓨팅 플랫폼, 인공지능 등 기술적 이점을 은행 부문에 적용하고자 하는 신규 기술 기업들과 경쟁하지 않을 수 없게 된다.

휴먼 로봇 ATM 기기의 등장

ATM은 50년 전 발명된 이래로 발전을 거듭해왔다. 덕분에 은행 지점을 찾는 고객은 기계와 상대하는 시간이 점점 더 늘어나고 은행 직원들은 가계대출 심사 같은 복잡한 거래에 더 집중하게 되었다. 차세대 ATM은 그동안 은행 직원들이 제공해왔던 거의 모든 서비스를 제공할 것이다. 요즘에는 카드 인출 설정 같은 새로운 기능들도 ATM에 추가되었다. 조만간에는 ATM에서도 대출 담당 직원이나 은행 임원과 원격 대화를 통해 더욱 복잡한 은행 업무를 처리할 수 있게 된다.

법정통화가 된 암호 화폐와 권력의 변화

2018년 2월, 오세아니아에 위치한 독립국가 마셜제도(마셜제도 공화국)가 세계 최초로 '소버린'Sovereign, SOV이라고 이름 붙인 암호 화폐를 제2의 법정통화로 채택하는 법안을 통과시켰다. 지금까지 자체 통화 없이 미국 달러를 사용했던 마셜제도는 이로써 자체 통화를 만들게 되었다. 소버린은 SOV블록체인을 통해 사용자 신원을 파악할 수 있어 쉽게 자금의 출처를 증명하거나 확인할 수 있다.

국가나 정부, 정권의 권력은 돈을 통제하는 능력, 즉 돈을 찍고 조절하는 것에서 나온다고 해도 과언이 아니다. 그런데 중앙은행에서 종이 화폐가 아닌 암호 화폐를 국가 화폐로 지정하게 되면 바로 그 암호 화폐가 권력을 갖게 된다. 따라서 암호 화폐는 사실상 국가의 권력을 분산화하여 사용하는 모두에게 권력을 나눠준다.

중앙은행, 월드뱅크, IMF 등 기존의 화폐가 사라질까 우려하는 이들은 이번 일에 대해 무척 불편한 심기를 내보였다. 이들은 기존의 질서를 유지하고 기존의 권력과 영광을 지속시키기를 원한다. 하지만 이제 변화의 바람이 암호 화폐 쪽으로 불고 있다. 이렇게 탄생한 국가 화폐가 편리성, 효율성을 증명하면 다른 나라들도 중앙은행을 폐지하고 분권화된 암호 화폐를 선택할 수 있다. 항상 처음이 가장 어려운 법이니까 말이다.

물론 어느 날 갑자기 은행 지점이 모두 사라지고 은행원들이 일자리를 잃고 법정통화가 갑자기 암호 화폐로 바뀌지는 않는다. 하지만 생각한 것보다 그 시기가 빨라질 순 있다. JP모건체이스와 뱅크오브아메리카, 씨티그룹이 내일 모든 지점을 폐쇄한다면 글로벌 금융에 어떤 영향을 미칠까? 암호 화폐를 법정통화로 쓰는 국가가 늘어나 중앙은행이 의미가 없어진다면 금융업은 어떻게 변할까? 2030년이 되면 우리는 애초에 왜 은행 지점이 필요했는지를 궁금해할지도 모른다.

가짜 공유경제가
블록체인을 만나면

'공유경제'는 여전히 전 세계적으로 큰 관심사다. 이 용어는 2008년 하버드대학교의 로렌스 레식Lawrence Lessig 교수가 처음 사용했다. 제품이나 서비스를 대가를 주고 소유하는 게 아니라 필요에 의해 쌍방이 공유하는 활동을 공유경제라고 한다.

이런 공유경제의 개념이 지닌 가치와 혜택이 널리 이슈가 되면서 다양한 분야에서 이를 실현하고자 하는 애플리케이션들이 속속들이 개발되었다. 대표적으로 우버나 에어비앤비 같은 기업을 들 수 있다. 세계에서 가장 큰 택시 회사가 된 미국의 우버는 아시아 지역 사업 확대에 본격적으로 나서기 시작해서 2018년 2월 일본과 싱가포르에 진출했다.

이런 O2O Online to Offline 서비스 기업들은 개인 간 직거래를 차단하고 중개 수수료를 받고 있다. 그중 우버 택시는 차를 한 대도 소유하지 않고 사용자가 서비스 공급자와 직접 연결되는 형태라서 마치 탈중앙화 시스템으로 인식되기도 했다. 그러나 실상은 그렇지 않다. 실제로는 정보를 제공하는 기업이 서버와 인프라 및 소프트웨어를 소유하고 있어서 플랫폼상의 거래 메커니즘을 통제하는 '중앙집중형 서비스'다. 즉, 사용자가 우버 앱을 통해 운전자(서비스 공급자)를 요청하면 요청은 기업으로 들어가고, 기업은 사용자에게 운전자를 보낸다. 고객이 지불한 비용은 기업으로 들어가고, 기업은 수수료를 제한 비용을 운전자에게 제공하는 시스템이다.

이 공유경제인 척하는 '가짜 공유경제 서비스'는 블록체인 기술이 등장하기 전까지는 그리 큰 문제가 되지 않았다. 하지만 블록체인 기술이 기존의 O2O 서비스에 도입되면 많은 것이 달라지는데, 다음과 같이 진행된다. 서비스 공급자가 블록체인 플랫폼에 자신의 프로필을 입력해 블록체인의 일부가 되게 한 후, 원하는 서비스 지역과 본인의 서비스 관련 리뷰 같은 기타 정보 역시 블록체인에 저장한다. 누군가가 서비스를 요청하면 블록체인은 저장된 정보에서 가능한 서비스 공급자를 찾아 서비스 요청자에게 정보를 전달한다. 그러면 P2P 네트워크상에서 서비스 공급자와 사용자의 직접 거래가 진행된다. 진짜 공유경제의 시작인 것이다.

해외에서는 이런 블록체인 기술력으로 무장한 각종 스타트업이 대기업을 위협하고 있다. 대형 회사들의 플랫폼 독점을 뛰어넘으려는 방법으로 블록체인을 택한 것이다. 그리고 아이디어가 아닌 구체적인 서비스를 블록체인을 통해 상용화하고 있다. 최근 블록체인 기반 에어비앤비 모델을 개발 중인 독일의 스타트업 슬로킷을 살펴보자. 집주인이 집 정보를 올리고 여행자가 자신이 원하는 방을 검색하는 것까지는 에어비앤비와 동일하다. 하지만 수수료가 거의 없고, 임차인과 임대인의 거래 조건이 맞아 숙박료가 이체되면 이 정보가 블록으로 등록되면서 집주인은 접근 권한을 임차인에게 계약 기간 동안 넘긴다. 이는 블록체인의 스마트 계약 덕분에 가능한 일이다. 계약이 만료되면 자동으로 접근 권한을 차단한다.

블록체인 기술을 이용한 차량 공유 전문 스타트업 아케이드시티도 주목할 만하다. 아케이드시티 앱은 암호 화폐를 포함한 모든 것을 탈중앙화하기 위해 이더리움 플랫폼을 사용한다. 어느 한 회사의 이익을 위해 운영되는 공유경제가 아니라 사용자와 서비스 공급자의 이익을 우선으로 서비스가 운영된다. 운전자가 아케이드시티 플랫폼을 이용하면 우버를 이용할 때보다 2.5~3.5배의 수익을 더 올릴 수 있다. 우버 쪽에 수수료를 낼 필요가 없기 때문이다. 또한 현지의 택시협동조합이 플랫폼에 참여해서 승객에게 보다 안전하고 쾌적한 운행 서비스를 제공하는 등 운전자에 대한 처우도 좋다. 상대적으로 운전자에 대한 처우가 좋지 않은 우버는 높은 이직률 때문에 매년 수백만 달러의 손해를 보고 있다.

또 다른 스타트업인 이스라엘의 라주즈 역시 이더리움 기반의 블록체인 기술을 도입한 분산형 교통 플랫폼으로서 다양한 스마트 교통 솔루션을 만들어가고 있다. 운전자가 라주즈 앱으로 자신의 위치를 공유하면 전자지갑이 만들어지고 실시간 위치 정보가 블록으로 등록된다. 사용자가 앱에 접속해 목적지를 검색하면 근처를 지나는 운전자들에게 알림이 뜬다. 거래가 성사되면 사용자의 전자지갑에서 운전자의 전자지갑으로 암호 화폐 주즈zooz가 이체된다. 라주즈는 개발자, 사용자 및 후원자에게 '공정한 공유'fair share 보상 메커니즘을 적용하기 때문에 사용자와 운전자의 거래에 관여하지 않는다.

공유경제는 서비스 당사자 간의 공유가 정직하게 이뤄질 때 그 의미가 있지, 물건과 서비스를 직접 소유하지 않는다고 해서 무조건 공유경제라고 할 순 없다. 즉, 거대 자본주의 시스템이 그래왔듯이 거래 당사자를 제외한 제3자가 중간에서 이득을 취하는 방식으로 운영되는 시스템이 아니다. 그런 의미에서 '민주적인 기록 보관소'라고 불리고 있는 블록체인 기술이 좀 더 확대 적용된다면 이런 가짜 공유 서비스도 곧 사라질 것이다. 진정한 의미의 공유경제, 공유경제 2.0 시대가 올 날도 머지않았다.

문제는 비트코인이 아닌 블록체인이다!:

주목해야 할 블록체인 전략

지난해 우리나라에서는 블록체인 기술의 실제 가치에 대한 추측들이 무성했다. 블록체인을 최초로 활용한 사례이자 악명 높은 사례이기도 한 비트코인은 치솟는 가격과 변동성으로 연일 폭격을 맞았다. 블록체인에 대한 초점이 비트코인으로 포장되고 있다는 사실은 놀라운 일이 아니다. 그러나 비트코인은 정부와 기업의 관심을 끌게 된 블록체인 기술의 최초 적용 사례일 뿐이다.

기업은 특정한 사용 사례와 시장에서의 위치를 고려해 블록체인에 투자할지 말지를 결정해야 하며, 전략을 세우기 위해 두 가지 구조적 접근 방법을 채택해야 한다. 첫째, 블록체인의 효과와 실현 가능성을 실용적 측면과 회의적인 측면 모두에서 평가하고, 특정한 산업에 적용된 사례 분석을 통해 문제점을 해결하는 데 초점을 두어야 한다. 둘째, 업계의 생태계 양상, 표준의 수립, 규제 장벽과 같은 사항을 고려해 시장 위치에 따라 전략적 접근 방식을 조정하는 방법으로 블록체인의 가치를 포착해야 한다.

기업들이 올바른 전략적 접근 방식을 채택한다면 블록체인 기술은 단기간에 가치를 만들어낼 수 있다. 이제 대기업들은 기존 시장의 문제를 해결할 방법으로서 블록체인에 커다란 베팅을 해야할 시점에 와 있다.

전략 1: 공공 블록체인이 아닌 허가형 블록체인에 주목하라

블록체인의 핵심적인 장점은 분권화, 보안성, 투명성, 불변성이다. 이런 특성 때문에 블록체인은 제3자 기관에 의존하지 않고도 정보를 검증하고 가치를 교환할 수 있다. 단일한 형태의 블록체인이 아니더라도 특정하게 사용된 사례의 목표와 상업적 요구 사항을 충족시킬 수 있도록 다양한 방식으로 구성될 수도 있다. 따라서 단기적으로 가장 성공 가능성이 높은 상업적 모델은 공공 블록체인public blockchain보다 허가형 블록체인permissioned blockchain 모델이다. 비트코인과 같은 공공 블록체인은 중앙기관이 없고 온갖 혼란을 가져오는 것으로 여겨진다. 반면에 허가형 블록체인은 접근 권한과 편집 권한을 통제할 수 있는 사설 컴퓨팅 네트워크가 주관한다.

프라이빗-허가형 블록체인을 주도하는 기업들은 중앙기관의 역할을 유지할 수 있으며 다른 산업에 속한 기업들과 연합해 가치를 창출하고 공유할 수 있다. 참가자들은 데이터를 안전하게 공유할 수 있고 공유 대상자, 시기, 공유 대상을 자동으로 통제할 수 있다. 오스트레일리아 증권거래소는 회원들의 사무 업무를 줄이기 위해 블록체인 시스템을 적용했다. IBM과 세계 최대 해운업체인 머스크라인은 블록체인 트레이드 플랫폼을 만들기 위해 합작 투자를 하고 있다. 이 플랫폼은 글로벌 해운 거래에 참여하는 고객과 기업들이 공급망 데이터와 서류를 안전하고 실시간으로 교환할 수 있는 것이 목적이다.

블록체인 기술은 기업에게 데이터베이스를 관리하고 저장하며 유지 비용을 부담해야 하는 문제를 해결해준다. 또한 진정한 P2P 모델을 통해 참가자들에게 기여에 대한 보상으로 향후 가치가 증가할 수 있는 토큰(특정한 암호 자산)을 주는 방식으로 상업적으로도 성공할 수 있다. 그렇지만 아직은 이런 개념에 대한 이해가 폭넓게 이뤄지지 않아서 이런 모델을 적용하기까지 시간이 필요하다.

전략 2: 비용절감이라는 전략적 가치에 주목하라

블록체인은 새로운 비즈니스 모델의 기반이 될 수 있는 엄청난 가능성을 가지고 있지만 초기의 영향력은 기업의 운영 효율성을 높이는 데 있다. 앞서 살펴봤듯이 어떤 산업들은 본질적으로 블록체인 솔루션에 더 적합하다. 예를 들면 금융, 의료, 정부 서비스는 블록체인을 통해 가장 큰 가치를 창출할 수 있다. 금융 정보와 자산을 확인하고 송금하는 금융 서비스의 핵심 기능은 블록체인의 목적과 매우 밀접하다. 특히 국제 송금과 무역 금융 분야에서 대두되는 문제들은 중개자의 수를 줄이고 지정학적인 문제를 극복할 수 있는 블록체인 기술로 해결될 수 있다. 그런 이유 때문에 오스트레일리아와 유럽, 북미 지역 은행들은 블록체인을 실험하거나 기술에 투자하고 있다.

마찬가지로 정부 역시 주요 기록 관리, 검증 등은 블록체인 인프라를 통해 큰 효과를 볼 수 있다. 블록체인 기록과 스마트 계약 인프라는 출생증명서에서 세무 업무에 이르기까지 폭넓은 부문에서 시민과의 상호작용을 단순화하고 데이터 보안을 강화한다. 이미 25개국 이상의 정부들이 블록체인 파일럿 프로젝트를 적극적으로 진행하고 있다.

의료 부문도 블록체인 기술이 데이터의 가용성과 교환성을 실현하는 열쇠가 될 수 있다. 블록체인 기반 의료 기록은 관리 효율성을 높이고 의료 연구에 필요한 과거의 식별이 불가능한 데이터세트를 연구자에게 제공할 수 있다.

시간이 지나면서 블록체인의 가치는 비용 절감 차원에서 새로운 비즈니스 모델과 수익의 흐름 차원으로 발전할 것이다. 그러나 아직은 실현 가능성을 검토하는 단계이기에 보다 긴 관점에서 봐야 한다.

전략 3: 장기적 관점에서 접근하라

블록체인의 전략적 가치는 상업적으로 실행 가능한 솔루션이 대규모로 적용될 때 실현될 수 있다. 많은 회사들이 이미 실험을 진행하고 있지만 몇 가지 걸림돌 때문에 유의미한 규모로 블록체인이 실현되려면 적어도 3~5년이 걸릴 것이다. 블록체인 기술이 대규모로 적용되기 위해 가장 중요한 것이 바로 일반표준의 마련이다. 현재 일반표준과 명확한 규제의 부재는 블록체인의 확장성에 큰 제약이 되고 있다(그러나 수요가 많은 분야에서는 이런 문제를 해결하기 위한 작업이 진행되고 있다). 여러 기관의 협력이 필요한 경우 이런 표준을 세우는 일은 좀 더 복잡하지만 필수적으로 선행되어야 한다. 그리고 업계 컨소시엄을 통해 블록체인 시스템의 공통 표준을 마련해야 한다.

또한 블록체인이 실현되려면 기술이 좀 더 발전해야 한다. 조직에서는 이전 시스템을 종료시키기 전까지는 비용편익을 실현시킬 수 없기 때문에 신뢰할 수 있는 솔루션이 필요하다. 아직까지는 정부나 산업계에 블록체인을 구현하기 위한 충분한 신뢰성과 안정성을 갖춘 기업이 없다는 문제가 남아 있다.

그리고 자산을 디지털화할 수 있어야 한다. 주식과 같은 자산은 블록체인 시스템으로 손쉽게 통합할 수 있다. 그러나 물리적 상품을 블록체인에 연결하려면 사물인터넷이나 생체 인식과 같은 기술을 활용해야 한다.

마지막으로, 협력적 경쟁coopetition 역설이 해결돼야 한다. 비즈니스 생태계는 네트워크의 크기에 따라 잠재적 이익이 증가하는 반면 조정의 복잡성도 함께 증가한다는 특징을 갖고 있다. 따라서 경쟁자들은 서로 협력해야 한다. 그리고 이런 협력적 경쟁 역설이 해소돼야 가장 어려운 과제인 규모화가 가능해진다.

블록체인 학교 건립의 필요성

기업의 블록체인화가 이야기되고 있는 지금, 스위스의 소도시 주크Zug에 주목할 필요가 있다. 현재 글로벌 블록체인 기업들이 스위스에 몰려들면서 블록체인 생태계가 조성되고 있다. 그 이유는 이곳에 암호 화폐와 ICO 관련 제도 및 인프라가 잘 갖춰져 있기 때문이다.

주크는 블록체인 시대를 맞이하여 2013년에 크립토밸리Crypto Valley를 만들었다. 2016년 5월부터는 비트코인을 정식 화폐로 인정하고 결제 수단으로 사용하는 것을 인정했다. 이는 전 세계에서 이루어진 최초의 시도였다. 결국 크립토밸리에는 설립 5년 만에 170여 개 블록체인 기업이 다수 포진했고, 2017년 한국 기업 에이치닥, 아이콘이 수백억 원 규모의 ICO에 성공하면서 국내에도 주크의 이름을 알렸다. 주크는 암호 화폐의 메카가 된 이후 세금 및 예산이 12배가 증가해 다른 여러 나라에 암호 화폐 도시의 우수 성공 사례가 되고 있다.

우리나라에서도 스위스 주크를 모델로 한 블록체인 테크센터가 건립되어 운영 중이다. 경상북도 김천에 위치한 테크센터는 제4차 산업혁명의 핵심인 블록체인 분야에 대한 연구개발 및 기술혁신 기능을 수행한다는 목적 아래 블록체인 전문가 양성 과정을 통해 일자리를 창출하는 프로젝트다. 스위스 주크의 블록체인 전문 기업과 파트너십을 통해 청년사업가, 스타트업 인큐베이팅 시스템으로 일주일에서 3개월간 기술 전수 및 멘토링 추적 관리를 하고 있으며 블록체인 기술의 메카인 스위스로 진출할 수 있도록 도움을 주고 있다. 또한 국내외 전문가 기술 네트워크 구축을 통해 혁신 기술 확보 및 블록체인 AI 특허권 획득을 지원한다. 블록체인 전문가 과정을 통해 미래 사회 변화와 메가트렌드를 알려주는 역할도 담당한다. 궁극적으로는 한국을 블록체인의 메카로 만드는 것이 최종 목표다.

미래 자동차 시장의
승자는 누구인가

블록체인 기술이 운송 서비스 부문에서 진정한 공유경제를 실현하고 있다면 이제는 그 운송 수단 자체를 살펴볼 차례다. 블록체인 기술과 함께 발전 속도가 가장 빠르고 대중화될 가능성이 높을 기술이 바로 미래 자동차 기술이기 때문이다.

가장 주목해야 할 곳은 무서운 성장세를 보이고 있는 중국이다. 중국 정부는 화석연료 차량의 증가를 억제하는 대신 전기자동차 등 미래 자동차 산업 육성에 박차를 가하고 있다. 중국을 움직이는 인터넷 기업 3인방인 바이두, 알리바바, 텐센트가 미래 자동차 시장에 뛰어든 것만 봐도 알수 있다(이 세 기업의 앞 글자를 따 'BAT'라고 부르기도 한다).

알리바바그룹은 몇 년 전 '중국의 테슬라'로 불리는 신생 자동차 기업 샤오펑모터스에 투자하면서 지분 10퍼센트를 확보했다. 샤오펑모터스는 최근 애플의 자율주행차 프로젝트를 담당한 직원이 이직한 것으로 알려지면서 더 큰 주목을 받고 있다.

텐센트도 지난 2015년 자동차 스타트업 웨이라이모터스에 투자를 단행했다. 2014년 11월 설립된 웨이라이모터스 역시 신생 스마트 전기자동차 기업이다. 텐센트는 2017년 미국의 전기자동차 기업 테슬라에 18억 달러를 투자해 지분 5퍼센트를 확보한 바 있다. 앞서 2016년에는 자율주행 자동차와 전기자동차 개발을 위해 대만의 전자기업 팍스콘과 공동 투자해 신생 자동차 기업 퓨처모빌리티를 설립했다.

바이두의 CEO 리옌훙은 중국 자동차 제조사와 손잡고 지정된 경로를 주행하는 완전자율주행 버스가 곧 도로를 달릴 것이라고 말했다. 바이두는 최근 '레벨3'(상황에 따라 운전자가 개입할 수 있는 수준) 자율주행 자동차를 2019년부터 대량생산하고 2021년에는 '레벨4'(완전자율주행) 차량을 본격 생산할 계획이라고 발표했다.

바이두의 자율주행 차량 개발 사업은 나사NASA의 첫 번째 달 탐사 프로젝트 이름을 본떠 '아폴로 프로젝트'라고 부른다. 이미 혼다, 포드, 현대차, 보쉬, 파이오니어, 마이크로소프트, 블랙베리, 엔비디아 등 해외 기업과 중국 기업을 포함해 300여 개 업체가 여기에 참여하고 있다. 2018년 말 레벨4의 완전자율주행 기술을 탑재한 미니버스가 일본에서 시범 운행될 예정이며 바이두는 2020년까지 중국 내 주요 도시의 도로에서 주행 가능한 자율주행 자동차를 선보일 계획이다.

바이두는 이 '아폴로' 생태계를 기반으로 자동차 생산 기업들과 협력해서 다양한 기술 능력을 키워나갈 것이다. 아폴로는 중국 내 자율주행 자동차에 대한 대규모 데이터를 보유하고 있어 클라우드 빅데이터 처리 분석 능력과 클라우드 관제 능력 등도 이용할 수 있다.

중국, 국가 주도의 공격적 투자로 승부하다

자동차 산업은 대부분 국가들의 기간산업이라고 해도 무방하다. 유명한 자동차 브랜드들을 생각해보면 알 수 있다. 독일의 벤츠와 폭스바겐, 일본의 혼다, 도요타, 닛산, 미국의 포드와 GM, 우리나라에는 현대자동차와 기아자동차 등 자동차 산업은 각 국가의 전통적인 시장을 형성하고 있다.

그런데 중국의 자동차 시장은 이들 전통과는 거리가 멀다. 중국의 인터넷 기업들이 자동차 기업과 손잡으면서 변화를 꾀하고 있기 때문이다. 특히 중국 검색 시장을 휘어잡아 '중국의 구글'이라고 불리기도 하는 바이두가 자율주행 소프트웨어 개발을 본격적으로 시작하면서 구글 자율주행 소프트웨어 자회사 웨이모와 경쟁 구도를 이루게 되었다. 리옌훙은 웨이모와의 경쟁에서 "오픈소스 방식의 아폴로가 승리할 것"이라며 확신하고 있다.

중국 정부는 최근 국가안보를 명목으로 중국 내에서 해외 기업의 자율주행 자동차 테스트를 제한한다는 발표를 했다. 자율주행 자동차에 필수적인 각종 센서와 지도 기반 기술이 스파이 행위에 남용될 우려가 있다는 이유에서다. 현지에 진출한 글로벌 자동차 제조업체들은 자율주행 테스트 허가를 받은 바이두와 텐센트, 알리바바 등 13개 중국 기업과 제휴

하지 않고서는 중국 내 자율주행 테스트가 불가능하게 됐다. 이처럼 중국 정부는 미래 자동차 산업을 통제하고 주도하면서 사회주의 국가의 특성을 그대로 보여주고 있다. 그 움직임은 무척 빠르고 공격적이어서 앞으로 펼쳐질 자동차 전쟁에서 유력한 승자 후보로 점쳐지고 있다.

　미국과 중국, 세계의 두 거대 공룡은 기술력을 바탕으로 미래 자동차 시장(특히 자율주행차)을 선점하기 위해 부단히 달려가는 중이다. 그렇다면 우리나라의 미래 자동차는 어디까지 왔을까? 현대와 기아가 중국 바이두와 전략적 제휴를 맺는 등 자율주행차에 대한 글로벌 투자와 동맹에 속도를 내고 있지만 핵심 인력 확보가 어렵고 시험 운행 요건이 까다로운 점 등 아직 넘어야 할 산이 많다. 자동차 산업이야말로 전통적으로 중요한 국가적 산업이자 앞으로 매우 빠르게 진보할 기술 산업임을 생각한다면 한시바삐 자율주행차 시장에 뛰어들어야 할 때다.

4차 산업혁명 기술과
푸드테크의 성장

제4차 산업혁명의 핵심 기술인 인공지능과 사물인터넷, 드론, 빅데이터 기술이 동시에 발전하면서 푸드테크food tech 산업도 동시에 성장하고 있다. 식품과 기술이 접목된 푸드테크는 다소 생소한 용어로 들릴 수 있지만 명실상부한 제4차 산업 기술의 집합체로서 이미 우리 생활 깊숙한 곳에 자리 잡고 있다. 예를 들면 앱으로 배달 음식을 주문하고 식자재 배송 서비스를 이용하는 것, 농수산물을 모바일로 구매하는 것 등이 모두 푸드테크다. 식품은 쉽게 상할 수 있기 때문에 기존에는 오프라인에서만 거래되는 게 당연하게 여겨졌지만 정보통신 기술과 접목되면서 푸드테크라는 새로운 영역이 형성되고 있다.

푸드테크는 기존 식품 관련 서비스업이 빅데이터와 인공지능, 비콘 Beacon(근거리 무선통신 장비) 등 정보통신 기술과 접목된 것이다. 2017년을 기점으로 푸드테크는 기하급수적으로 성장했고, O2O 서비스를 포함해 생소한 분야까지 침투하고 있다. 미국 경제 매체인 비즈니스 인사이더에 따르면 창업 5년 내에 기업가치 10억 달러를 넘긴 스타트업 10곳 가운데 두 곳이 푸드테크 기업이라고 한다. 독일의 푸드테크 기업 딜리버리 히어로는 지금까지 총 13억 달러에 이르는 투자를 유치했고, 기업가치가 무려 30억 달러를 넘어섰다(딜리버리 히어로는 국내의 대표적인 푸드테크 O2O 기업 요기요와 배달통의 최대 주주이기도 하다).

전 세계 푸드테크 기업에 대한 투자는 2012년 2억 7,000만 달러에서 2016년에는 57억 달러로 20배 이상 증가했다. 이는 전체 벤처 캐피털 투자 금액의 22퍼센트에 해당된다. 푸드테크 창업이 급증하면서 미국에만 키친 인큐베이터로 불리는 푸드테크 스타트업 육성기관이 150개 이상 운영되고 있다. 중국도 인터넷 기업들을 중심으로 푸드테크 산업에 많은 투자를 하고 있다.

푸드테크는 음식과 정보통신 기술이 결합된 모든 분야의 산업을 가리키기에 그 종류도 무궁무진하다. 음식 검색, 추천, 배달, 식재료 배송 등을 포함해 생체 재료, 기능성 식품, 대체 식품까지 포함한다. 스마트 팜, 스마트 키친 등도 푸드테크에 속한다고 할 수 있다. 푸드테크의 핵심은 우리 생활의 핵심적인 부분을 차지하는 식품을 보다 편리하고 효율적으로 소비하고자 하는 욕구에서 출발한 것이다. 이처럼 모든 산업의 혁신은 인간의 욕구를 기반으로 등장하고 성장한다.

O2O 서비스

푸드테크의 가장 대표적인 산업은 바로 O2O 서비스다. 국내의 대표적인 음식 배달 서비스인 배달의 민족, 요기요, 배달통, 푸드플라이, 헤이브레드 등이 여기에 해당된다. 요리된 식품 외에도 식재료를 배달하는 배민찬, 헬로네이처, 언니네텃밭 등도 이 분야에 속한다. 빅데이터를 기반으로 하는 맛집 추천 및 예약 서비스인 망고플레이트, 식신, 다이닝코드와 레시피 공유 서비스인 해먹남녀, 만개의 레시피도 있다.

모바일 기반의 O2O 서비스는 중국을 벤치마킹할 필요가 있다. 중국의 양대 배달 앱으로 불리는 다중메이투안과 어러머는 이미 배달 앱 이상의 서비스를 제공하고 있다. 이들 앱은 매장에 공급된 차세대 POS와 결합해 조리 시간과 배달 시간을 주문자 수와 현재의 교통 상황까지 감안해서 계산해내며, 배달뿐 아니라 테이크아웃과 대기열 서비스까지 포함시켜 가히 모바일 푸드 플랫폼이라 할 수 있다.

스마트 키친

첨단 IT 기술을 접목해 훨씬 편리한 요리 환경을 조성하는 스마트 키친도 푸드테크의 일종이다. 삼성이나 LG 등 국내 유수의 기업들도 스마트 키친 산업에 투자하고 있으며 미국에서는 2017년에 '스마트 키친 서밋'Smart Kitchen Summit이란 행사가 개최되기도 했다. 이 행사에서는 오븐에 음식을 넣었을 때 오븐 속 내장 카메라가 음식을 인식해 자동으로 완벽한 상태로 조리해주는 '준지능형 오븐', 흙 없이도 각종 채소 등 재배가 가능한 정원용 주방기구 '아바 바이트'AVA Byte 등이 소개되었다.

뉴 푸드

해외에서 꽤 큰 관심을 얻고 있는 뉴 푸드 산업도 푸드테크로 볼 수 있다. 특히 미래 식량난을 해결할 대체 음식 개발이 부각되고 있다. 2017년 미국의 스타트업 멤피스 미트는 소의 근육세포를 배양해서 만든 쇠고기와 미트볼을 선보였다. 최근에는 세계 최초로 인공 닭고기도 만들어냈다. 또 다른 스타트업 무프리는 효모를 이용해 만든 식물성 인공 우유를 곧 제품화할 예정이다. 어떤 벤처 기업은 식물에서 빼낸 단백질 성분으로 인공 달걀과 마요네즈를 만들어 판매한다. 식물성 재료를 혼합해 소고기나 닭고기를 대체할 인공 고기를 개발하는 '피 흘리는 채식 버거'로 유명한 미국의 신생 스타트업 임파서블 푸드도 뉴 푸드 산업의 대표 주자다. 빌 게이츠는 임파서블 푸드에 약 8,000억 달러를 투자하기도 했다.

3D 프린팅 기술과 푸드테크의 만남

국제전자제품박람회CES 2018에서 선보인 요리 보조 로봇은 재료를 준비할 동안 오븐을 예열하거나 커피머신을 작동하는 건 물론 냉장고 안의 재료가 부족하면 온라인으로 주문까지 해준다. 아예 요리를 대신해줄 셰프 로봇이 도입될 날도 멀지 않았다. 영국의 몰리로보틱스가 개발한 이 셰프 로봇의 팔에는 수십 개의 모터, 관절, 센서가 달려 있어 재료 손질부터 칼질까지 능숙하게 해낸다.

첨단 3D 프린팅 기술과 푸드테크의 결합도 기대되는 분야다. 이미 미국의 한 스타트업은 6분 안에 피자 한 판을 만들 수 있는 3D 프린터를 개발했고, 파스타 면을 자유자재로 뽑아내는 3D 프린터도 판매하고 있다.

푸드테크의 발전은 식품 문화에 혁명을 일으켜 우리가 일상에서 먹고 마시는 방식을 완전히 바꿔놓을 것이다. 이제는 식품을 소비하기 위해 들이는 시간이 단축되고 번거로움이 줄어들며 식품을 소비하는 방식까지도 크게 바뀐다. 모든 산업의 발전 역사는 일단 법적인 부분이 해결되면서부터 본격적으로 시작되었다. 미래 우리의 식생활을 책임질 푸드테크 관련 산업을 육성하기 위해 규제와 지원을 위한 관련 법령과 규제를 정비할 시점이다.

모든 사람이 생산자가 되는 시대, 마이크로 산업의 등장

오늘날 모든 메이저 산업들, 예를 들면 철강, 사진, 석유, 항공, 전기, 자동차, 약품, 검색엔진 같은 산업들은 사실 마이크로 산업에서 출발했다. 그중 철강 산업이나 자동차 산업, 의약품 산업과 같은 오래된 산업들은 지금처럼 거대 산업으로 성장하기까지 수백 년이 걸렸다. 그러나 검색엔진이나 스마트폰 같은 디지털 기술 산업들은 불과 몇 년만에 거대 산업으로 성장했다.

크리스 앤더슨Chris Anderson은 2006년에 나온 저서 《롱테일 경제학》에서 "모든 사람들이 생산에 필요한 도구를 가지면 모두가 생산자가 될 것"이라고 말한 바 있다. 앤더슨의 생각은 3D 프린팅 기술과 드론에 초점을 두고 있었지만 요즘 등장하고 있는 최신 기술들은 메이커, 발명가, 스타트업에 혁신적인 놀이터를 제공하고 있다. 앞으로 20년 안에 우리는 새로운 생산 도구가 주도하는 획기적인 혁신과 창조의 물결을 보게 될 것이다. 그리고 이 기간 동안 수억 명의 사람들을 고용할 10만 개의 마이크로 산업 폭발을 목격할 것이다.

아주 오래되고 전통적인 신발 산업의 예를 들어보자. 신발 산업의 연간 세계 시장 규모는 210억 켤레다. 이 수치는 중국과 베트남 등지의 대형 공장에서 하루에 수천 켤레씩 대량생산으로 만들어지기 때문에 가능한 것이다. 하지만 앞으로 5년 안에 산업용 수준의 스캐너, 3D 프린터, 3D 프린터에 쓸 수 있는 수천 종의 새로운 소재, 각종 센서와 데이터 수집 디바이스가 넘쳐나면서 시장의 5퍼센트는 '스마트 신발'이 차지하게 될 것이다. 다시 말해 신발에 열정을 가진 사람이라면 누구나 저렴한 가격으로 장비를 구입해 자신만의 마이크로 신발 산업을 시작할 수 있다는 의미다. 그러면 앞으로 5년 안에 연간 10억 켤레 이상의 스마트 신발이 생산된다.

이렇게 신발 업계만 보더라도 연간 2,500켤레의 신발을 생산하는 스타트업이 1만 개라면 210억 켤레의 시장에서 2,500만 켤레의 신발을 생산하면서 생존 가능하게 된다. 게다가 이는 현재 산업 규모에서 아주 작은 수치에 불과하다. 신발 디자이너를 위한 새로운 팔레트가 등장하면서 당뇨병 환자를 위한 신발, 등산가용 맞춤 신발, 체육 교사용 신발, 장시간 서서 일하는 사람을 위한 신발 등 엄청난 틈새시장이 생겨난다. 심지어 길치인 사람을 위한 셀프 내비게이션 신발, 개와 고양이를 위한 신발,

발가락 교정을 위한 신발, 이름을 부르면 다가오는 스마트 신발도 등장할 수 있다.

그렇다면 신발 외에 새로 나타날 수 있는 마이크로 산업으로는 무엇이 있을까? 인간은 다가올 것보다는 이미 지나간 것을 시각화하는 데 익숙하지만 상상력을 발휘해보자. 아래 소개할 마이크로 산업들 중 몇몇은 이미 발 빠른 스타트업들과 대기업들이 뛰어들면서 시장을 형성하고 있다. 마이크로 산업들은 미래에 등장할 수많은 기술과 변화들 속에서 기존 시장이 관심을 갖기에는 너무 작은 틈새시장에서 크게 활약할 것이다.

드론 산업

드론은 단순히 드론 애호가의 시대를 넘어 새로운 산업의 중심 역할을 할 것이다. 곧 실시간 지형 리모델링, 게임용 드론, 보안용 드론, 새를 쫓는 드론, 피자 배달 드론, 야간 음식 배달 드론 등이 등장한다. 나아가 드론 산업이 성숙하면 많은 조직들은 개별 드론이 아닌 드론 선단을 운영하게 되는데 드론 선단은 각각의 임무와 과업을 관리하는 커맨드 센터가 있어야 한다. 그래서 경찰 커맨드 센터나 교도소 커맨드 센터, 농작물을 관리하는 농업용 커맨드 센터 등이 생겨나게 된다.

3D 프린팅/컨투어 크래프팅 산업

앞으로 수십 년 동안 3D 프린팅 분야와 관련해 소재와 스캐닝, 프린트 공정을 개선할 수 있는 수만 가지의 방법이 개발된다. 이제 커피 머그잔처럼 간단한 물건은 수천 가지의 새로운 방식으로 재설계될 수 있다. 뿐만 아니라 음식 프린터, 의류 프린터, 신발 프린터가 개발되고 칫솔, 의자 등 수천 가지의 소비재들이 개인 생산자를 통해 마이크로 산업으로 재탄생한다. 한편 건설 산업에 이용할 수 있는 대형 3D 프린팅 기술인 컨투어 크래프팅도 있다. 공원용 벤치같이 작은 것에서 동상, 주택, 무대, 교량, 상업용 빌딩에 이르기까지 3D 프린팅 기술로 제작이 가능해진다.

블록체인 산업

블록체인은 안전하면서도 투명하게 거래가 가능한 획기적인 방법이기에 금융 서비스 부문뿐 아니라 거래와 계약이 이뤄지는 모든 산업에서 쓰일 수 있다. 블록체인 투표 시스템, 블록체인 감사 시스템, 블록체인을 통한 스마트 계약, 품질보증 시스템, 공급망 관리 시스템, 식품 추적 시스템, 자산관리 시스템 등 블록체인을 바탕으로 한 새로운 마이크로 산업이 등장하게 된다.

　앞으로 발생할 마이크로 산업들은 제조업, 데이터 수집, 시스템 디자인, 자문, 코칭, 모니터링, 건축, 해체 등의 산업 분야에서 지금까지와는 다른 독특한 방식으로 비즈니스를 혁신할 것이다. 우리는 전에 볼 수 없었던 창의적 시대에 진입하고 있다. 이 새로운 시대에는 변화를 받아들이는 사람들이 온갖 기술과 도구로 무장하고 크게 활약할 것이다. 무엇보다 그와 같은 움직임을 이해하고 흐름을 읽어내는 것이 중요하다.

지구인에서 우주인으로,
우주 산업의 전망

세계 최고 부자이자 아마존의 CEO
인 제프 베조스가 소유한 우주개발 회사 블루오리진의 비상탈출용 우주
발사체 시험 발사가 2018년 7월, 성공적으로 이뤄졌다. 이번 성공으로
베조스는 스페이스X를 이끌고 있는 일론 머스크, 버진갤럭틱 회장인 리
처드 브랜슨을 제치고 가장 먼저 우주여행 사업가가 될 가능성이 높아졌
다. 블루오리진의 CEO 밥 스미스Bob Smith는 빠르면 2019년 안에 '우주로
의 여름휴가' 혹은 '대기권 끝으로의 휴가'가 가능해질 것이라고 말했다.
일반인은 그저 꿈으로만 여겼던 우주여행이 현실로 성큼 다가오고 있는
것이다.

2018년에 우주 관광이 가능해진다고 말하는 사람은 이 두 억만장자만이 아니다. 그리고 우주 휴가를 기획하고 있는 회사도 이들 회사만은 아니다. 마이크로소프트 공동 창업자가 설립한 민간 우주개발 업체 스트라토런치 시스템스는 세계에서 가장 큰 비행기인 스트라토런치Stratolaunch를 2019년 최종 시험을 거쳐 2020년 내로 쏘아 올릴 계획이다. 또한 아스트리움, 비글로 에어로스페이스, 엑스칼리버 알마즈, 스페이스 어드벤처스, 스페이스 아일랜드 그룹, 제로투인피니티 같은 회사들도 유사한 프로그램을 개발하고 있다.

이렇듯 많은 기업들이 경쟁하면서 우주여행 산업은 이제 가능성이 아니라 시기와 비용의 문제가 되었다. 그렇다면 누가 언제 시작하느냐보다 무엇을 어떻게 제공할 것이냐가 중요해질 것이다. 즉, 어떤 경험을 여행자들에게 제공하느냐가 우주여행 산업의 핵심이 된다. 우주비행사들은 우주에서 지구를 바라보는 것이 인생을 바꿔놓는 경험이라고 이야기한다. 그런 놀라운 경험이 우리가 소비하는 다른 상품과 서비스처럼 여겨질 날도 머지않았다.

우주여행에서 우주 식민지로, 달 거주 프로젝트

제프 베조스의 우주에 대한 야심은 우주 관광에서 끝나지 않는다. 그는 심지어 '우주 식민지'를 언급하기도 했다. 2018년 5월 로스앤젤레스에서 열린 국제우주개발회의ICC에서 그는 달을 지구 중공업의 중심지로 만들겠다는 아이디어를 밝히기도 했다.

이 역시 허무맹랑한 상상은 아니다. 2017년 10월, 일본 우주항공연구개발기구가 달에서 거대한 지하 동굴을 발견했기 때문이다. 이 동굴은 폭 100미터, 깊이 50킬로미터로 달의 우주정거장을 건설할 장소가 될 잠재력이 있다. 실제로 일부 전문가들은 달에 인간이 거주할 수 있는 가장 좋은 방법은 이런 동굴을 거주지로 삼는 것이라고 주장하기도 한다. 조사 결과에 따르면 이 동굴의 구조는 튼튼하고 안전하며 얼음과 물이 암석의 내부에 저장돼 있어 연료를 생산할 수도 있다. 35억 년 전 화산 활동으로 생성된 용암동굴로 추정되는 이 동굴은 달의 지형을 이용해 실제적인 문제들을 해결할 수 있다는 가능성을 제시한다. 이로써 가까운 미래에 달 기지를 완성할 수 있을지 모른다는 기대도 높아졌다.

달에 인간이 영구적으로 머물 가능성은 순전히 공상과학 영화에나 나오는 이야기였다. 그리고 이런 프로젝트를 어떤 한 단체가 추진하기에는 비용이 어마어마하다는 것이 일반적인 견해였다. 하지만 최근의 기술 발전을 보면 비용 문제도 해결할 수 있을 것으로 보인다. 2017년 발표된 한 논문에 따르면 2022년에는 자율주행 자동차에서부터 효율적으로 쓰레기를 재활용할 수 있는 화장실까지 모든 기술이 달 기지의 비용을 낮추는 데 도움을 줄 수 있다고 한다.

나사의 수석과학자 크리스 멕케이Chris McKay는 이미 인간이 달 기지에서 생명을 유지할 수 있는 시스템을 충분히 발전시켰다고 말한다. 국제우주정거장ISS이 그 사례다. 우리는 단지 이 기술을 달에 배치시키기만 하면 된다. 그리고 이런 일을 실현시키기 위한 민간 기업들과 각 국가 우주기구들의 협력은 이미 진행 중이다. 나사는 민간 기업과의 협력 아래 달 채광 계획도 추진하고 있다.

멕케이는 "달은 단지 앞으로의 다른 프로젝트를 위한 발판이 되는 것을 넘어 굉장히 중요한 곳이다. 만일 우리가 다른 세상에 터전을 마련한다면 달이 그 최초가 될 것이다. 가까운 거리 때문에 화성이나 소행성, 다른 어떤 곳보다 훨씬 더 이점이 있다."라고 설명했다.

　달에 인간이 거주하는 것이 현실화되면 인간의 영역이 지구에서 우주로 확장되는 것은 시간문제다. 이는 단순히 우주를 여행하고 관광하는 의미를 넘어 공상과학 영화에서나 보던 우주 식민지, 행성 간 여행, 나아가 우주 전쟁도 가능해진다는 의미다. 우리가 아득히 꿈꾸었던 미래가 어느새 코앞에 와 있는 지금, 상상이 곧 창조가 되는 시대를 인류는 어떻게 이해하고 대응할지 고민해야 할 시점이다.

제 **2** 장

기술 변화와 일자리 혁명

**기술은 어떻게 세상을 바꾸며
그로 인해 생겨나고 없어질 일자리는 무엇인가?**

80억 글로벌
초연결 사회가 시작되다

2017년을 기준으로 온라인에 연결된 인구는 38억 명이다. 그리고 앞으로 6년 안에 40억 명의 새로운 인류가 기가비트Gigabit, Gb(1기가비트는 1억 2,500만 바이트다. 초당 전송하는 데이터의 기가비트 양을 Gbps, Mbps 단위로 표시한다) 속도의 인터넷에 무료로 접속할 수 있게 된다. 2024년이면 지구상의 모든 사람들이 과거 《포춘》 선정 500대 기업 CEO나 선진국 국민들만이 사용할 수 있었던 대역폭으로 인터넷에 접속할 수 있을 것이다. 그야말로 혁명이 아닐 수 없다.

새로 인터넷을 사용하게 되는 40억 명은 무엇을 발견하게 될까? 그들은 무엇을 소비하고 어떤 회사를 만들고 어떤 산업 분야를 붕괴시킬까?

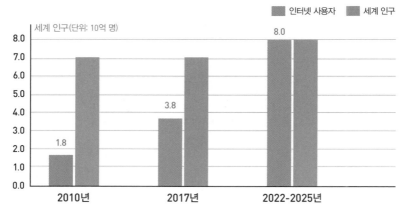

세계 인구(단위: 10억 명)

글로벌 유비쿼터스 연결성Global Ubiquitous Connectivity. 향후 4~7년 사이에 지구상의 모든 사람들은 세계 정보에 접근할 수 있다.

네트워크와 연결성의 성장 속도는 전례 없는 수준으로 빨라지고 있다. 위그림처럼 지구인의 나머지 절반이 인터넷에 연결되면 그 속도는 더욱 빨라질 것이다. 그렇게 되면 우리는 어디로 가게 될까? 현재 네트워크의 발전은 5G 무선인터넷, 대기권에서 전 세계를 연결하는 풍선, 인공위성 네트워크까지 세 가지 분야로 진행되고 있다.

기가비트 속도의 5G 연결망이 가져올 혁명

3G에서 4G로 도약하면서 스마트폰과 모바일 뱅킹, 전자상거래의 혁명적 시대가 도래했다. 그런데 5G 연결망은 이보다 더 큰 혁명을 가져온다. 2020년까지 5G가 광범위하게 채택되면 4G보다 100배 더 빠르고 평균 광대역 연결보다 10배가 더 빨라진다. 그러면 휴대폰으로 불과 몇 초만에 영화 한 편을 다운로드할 수 있고 자율주행 자동차는 스마트 시티

센서와 실시간으로 통신할 수 있다.

1~10기가비트 연결 속도를 지닌 5G 기술은 1조 개 센서 경제의 핵심을 이루게 된다. 5G 기술은 자율주행 기술, 스마트 공장, 원격 조종 드론, 가상현실과 증강현실, 가정용 사물인터넷, 세계 최초의 스마트 시티를 뒷받침하고 지구상의 모든 인류는 지구 전체를 둘러싸고 있는 수십 억 개의 센서로부터 정보를 얻을 수 있다. 누구나 언제 어디서든 필요한 지식을 얻게 되는 것이다. 퀄컴의 CTO 맷 그로브Matt Grob는 "5G 기술은 도시의 한 블록에서 10만 개의 센서를 운용할 수 있다."고 말했다.

이런 스마트 세상이 열어줄 놀라운 가능성을 상상해보자. 퀄컴과 인텔 같은 회사들은 2025년까지 5G 인프라에 3,260억 달러를 투자할 계획이다. 어떤 기업들은 지상에서 기가비트 인터넷 서비스를 제공하는 기기와 센서를 연결하는 반면 또 다른 기업들은 지상 위 대기권에서 일하기도 한다. 구글은 성층권에 풍선을 배치하고 일론 머스크가 설립한 스페이스X는 수많은 인터넷 전송 위성들을 준비하고 있다.

대기권에서 80억 명을 연결하는 풍선

15미터 크기의 거대 폴리에틸렌 풍선들이 지구 20킬로미터 상공의 성층권으로 올라가고 있다. 이 풍선에는 태양전지와 지상의 통신망에서 신호를 받아 스마트폰과 다른 기기로 전송하는 기기가 들어 있다. 인류가 생각지 못한 연구를 진행하는 구글의 비밀 연구 조직 알파벳X는 이런 시스템을 독립적으로 운영하지 않고 지역 무선통신사와 협력해 풍선을 임대하고 있는데, 현재 각각의 풍선은 5,000제곱킬로미터의 연결 범위를 가진다. 또한 이 풍선에는 통신 장비뿐 아니라 고도조절기, 비행용 컴퓨터, 태양열 전원 시스템이 장착돼 있어서 장비들은 태양열 전원 시스템을 통해 전력을 공급받으며 고도조절기를 통해 고도와 방향을 유지한다.

프로젝트 룬_{Project Loon}이라 불리는 구글의 이 사업은 시작된 지 3년이 넘었으며 가장 오래 견딘 풍선은 187일 동안 가동했다. 현재는 풍선의 재생, 재구축, 재활용 여부와 관계없이 자주 교환하지 않고 몇 년씩 성층권에 있을 수 있느냐는 과제가 남아 있다.

스페이스X의 인공위성 발사 계획

스페이스X는 재사용 가능한 로켓 4,425기를 지구 표면에서 715~790마일(약 1,150~1,270킬로미터) 떨어진 궤도에 쏘아 올려 네트워크를 구축할 계획을 갖고 있다. 각각의 위성은 작은 자동차의 무게와 맞먹는데, 초당 1기가바이트의 속도로 지름 2킬로미터 지역에 인터넷 서비스를 제공한다. 스페이스X는 처음에 1,600개의 위성을 같은 높이의 궤도에 올려놓고 그 후 높이가 다른 네 개의 궤도에 2,825개의 위성을 올릴 예정이다.

4,425개의 위성이 궤도에 오르면 지구는 인터넷 버블로 뒤덮이게 된다. 이는 알파벳X의 프로젝트 룬이 달성할 수 있는 것보다 훨씬 더 넓은 지역을 커버할 수 있다. 각각의 위성은 5~7년이라는 상대적으로 긴 수명을 가지며 이런 긴 수명과 연결 범위가 넓다는 장점이 있지만 비용이 상대적으로 높다는 문제점이 있다.

디지털 격차 제로 시대를 꿈꾸다

소프트뱅크가 10억 달러를 투자한 기업으로 잘 알려진 인공위성 벤처 원 웹도 인공위성 700개를 1,200킬로미터 상공에 쏘아 올릴 계획이다. 블 루오리진은 우주로 원웹의 인공위성을 실어 나르는 역할을 맡는다. 원웹 의 인공위성들은 2020년대 중반까지 전 세계에 50Mbps의 다운로드 속 도를 제공하도록 초기 설정되어 있다. 원웹의 설립자인 그렉 와일러 Greg Wyler는 소비자들이 2019년에는 500Mbps, 2021년에는 2.5Gbp의 속도 를 제공받을 것이라고 말했다. 원웹은 2022년까지 모든 학교에 인터넷을 연결하고 2027년까지 디지털 격차를 완전히 메우겠다는 목표를 세우고 있다.

지상 설비와 대기 중의 풍선, 개인 위성들로 지구에서 우주까지 5G 망 으로 덮이면 모든 지구인들은 최소의 비용을 들여 기가비트의 속도로 연 결된다. 이런 5G 기술은 수조 개의 센서와 기기의 세계에 활력을 불어넣 는다. 온라인 사용자 인구가 두 배로 늘어나면 모든 지구인이 세계 정보 에 접근할 수 있으며 80억 명의 잠재적 투자자를 대상으로 크라우드펀딩 이 가능해진다. 우리는 역사상 가장 진보적이고 놀라운 기술혁신의 시대 를 맞이할 것이다.

제조업을 변화시키는
세 가지 기술 트렌드

우리 사회의 가장 중요한 한 축을 담당해왔던 제조업이 어느덧 변화의 기로에 있다. 제조업은 우리의 일상생활에 필요한 모든 물건을 만들고 필요한 장비를 조달했다. 조립라인과 노동집약적인 초대형 공장, 기계 등을 이용해 같은 물건을 수백만 개 이상만들고 수천만 명에게 일자리를 제공했다.

그러나 오늘날의 기술 융합은 이런 제조업의 전통을 완전히 뒤바꾸고있다. 그동안은 제조업체만이 특화된 제조 능력과 제작 도구를 사용해왔지만 이런 제약은 점차 사라지고 있다. 이제는 새로운 기술을 통해 모든것을 고객의 요구에 맞추고 고객을 발명가로 만들고 있다. 3D 프린터,

스마트 공장, 자동화된 협업 로봇 등이 제조업의 패러다임을 어떻게 바꾸고 있는지 살펴보자.

대량 고객맞춤 생산이 가능해진다

생산 영역에서 고정 비용이 변동 비용에 도달하기 시작하면 기업들은 더이상 똑같은 제품이나 부품을 수백만 개 넘게 생산하지 않는다. 이제는 기술 융합으로 스타트업과 기업들이 개인화된 제품을 생산할 수 있게 되었다. 고객 데이터를 바탕으로 설계한 고객맞춤형 상품이나 일회성 생산이 저렴하게 이뤄지는 것이다.

고객맞춤 생산이 가능해진 가장 큰 요인은 3D 프린팅 기술이라고 할 수 있다. 여기에 대량 고객 데이터와 인공지능을 추가하면 수백만 종류의 일회성 제품, 고객맞춤형 제품을 시장에 출시할 수 있다. 원래 3D 프린팅 기술은 틈새시장에 불과했고 가격도 매우 높았지만 2018년 들어 기하급수적인 발전을 보이고 있다. IDC 분석가들에 따르면 2015년에 52억 달러였던 3D 프린터 시장은 2021년이 되면 200억 달러의 시장을 형성할 것이다.

새로운 3D 프린터용 설계 소프트웨어를 통해 맞춤형 스탠드, 개인화된 치과 제품, 항공기와 자동차 부품 및 센서와 같은 마이크로 스케일의 제품까지 등장한다. 3D 프린팅 기업 카본 3D와 아디다스는 2017년 운동선수 데이터와 개인적인 선호도를 적용해 모든 육상 선수에게 적합한 미드솔(신발의 밑창 바로 위에 있는 중간창)이 있는 스니커즈를 출시했다.

네덜란드의 소프트웨어 회사 MX3D는 높은 구조적 강도를 지닌 철제다리를 프린트했다. MX3D가 만든 여섯 개의 축을 가진 로봇 팔을 이용해 금속 격자 프레임으로 된 자전거 아크 바이시클Arc Bicycle을 3D 프린팅하는 데 성공하기도 했다. MX3D의 다중축 프린트 능력은 공중에서 어느 방향으로나 물체를 프린트할 수 있다. 전통적인 3D 프린트 방식은 물체를 인쇄할 때 어떤 형태의 지지를 받아야 하지만 다중축 프린팅 기술은 지지물이 없이도 프린트가 가능하다.

예전에는 스마트 제품과 전자제품은 회로를 수동으로 내장해야 했지만 이젠 그러지 않아도 된다. 다양한 종류의 전도성 잉크를 이용해 회로를 직접 제품에 인쇄할 수 있다. 나노디멘전과 복셀8 같은 스타트업들은 전도성 잉크를 이용해 첨단회로까지 직접 인쇄한다. 높은 열 안정성과 몇 마이크론(1,000분의 1밀리미터)의 두께를 가진 전도성 잉크는 맞춤형·주문형 전자 기기의 시대를 맞아 하드웨어 생산에 혁명을 가져올 것이다. 긴 설계 과정, 다단계의 프로토타입 제조, 값비싼 제조 설비, 동일 제품 대량 생산은 이제 옛말이 되었다.

디자인과 생산의 연결로 누구나 발명가가 된다

인큐베이터 스튜디오와 제조 장비 실험실로 '발명의 대중화'가 현실이 되고 있다. 인공지능의 지원을 받는 로봇과 3D 프린터들이 밤새 돌아가고, 도시 워크숍들은 디지털 디자인을 물리적 제품으로 만들어주는 새로운 디지털 테스트 환경을 만들어내고 있다. 운영 비용, 제조 장비, 금형 제조 같은 개념이 사라지고 이제는 디자인과 생산을 바로 연결하는 기술로 누구나 발명을 할 수 있다.

기술은 접근 가능한 인터페이스가 등장하면 기하급수적으로 발전한다. 대중화된 플랫폼이 바로 이런 예다. 새롭게 이용할 수 있는 CAD 같은 소프트웨어와 쉽게 사용할 수 있는 인터페이스로 누구나 머릿속에 떠오른 아이디어를 설계하고 디자인할 수 있게 되었다.

값이 저렴한 첨단 3D 프린터가 가정에 보급되고 새로운 하드웨어 스튜디오 생태계가 조성되면 도심에 열정적인 발명의 열풍이 불 것이다. 플레이그라운드 글로벌과 룰즈봇 같은 회사들은 디지털 스타트업과 디자이너들과의 협력을 통해 새로운 기업가들을 위한 공간과 제조 설비를 제공하고 있다. 플레이그라운드 글로벌을 설립하고 안드로이드 모바일 운영체제를 만든 앤디 루빈Andy Rubin은 자유로운 발명을 방해하는 장애물들, 즉 엔지니어링, 제조, 공급망 관리, 물류 등의 물질적 제약이 사라지기를 바란다고 말했다. 미국의 글로벌 제조업체 플렉스트로닉스의 스타트업 투자 전문 자회사 플렉스 랩 나인Flex Lab IX은 전문가들에게 회사 지분을 제공하고 수십 개의 스타트업을 지원하여 생각하는 드론 시스템, 초박형 배터리, 뇌를 쉬게 하고 힘을 주는 센서 장치가 달린 헤드밴드 등 혁신적인 기술을 개발하고 있다.

앞으로 새로운 발명가들은 무엇을 만들게 될까? 분산형 제조 방식으로 제조 자동화의 비용이 급락하면 이때껏 보지 못했던 혁신적인 설계가 폭발적으로 늘어날 것이다.

스마트 공장으로 자동생산의 시대가 열린다

스마트 공장이란 설계와 개발, 제조, 유통 등 생산 전체 과정에 정보통신 기술ICT을 적용하는 지능형 공장을 말한다. 사이버 물리 시스템Cyber Physical Systems, CPS을 이용해 최적화된 제품 설계 및 개발을 모의실험하고, 공장 내 설비와 기기 사이에 사물인터넷을 설치해 실시간 정보를 교환하게 해서 생산성을 증가시키고 돌발 사고를 최소화한다. 그리고 제품 위치나 재고량 등을 자동 감지해서 공장의 효율성을 향상시킨다.

제조 공장을 가지고 있는 이들에게는 이 스마트 공장과 산업용 사물인터넷이 자동생산의 새로운 시대를 열어줄 것이다. 자동화된 스마트 공장은 리콜 위험을 최소화하고 확장된 생산라인을 설계할 수 있도록 만들어준다. 또한 새로운 센서와 머신러닝 도구를 통해 실시간으로 변화되는 제조 수요에 맞추어 생산할 수 있다.

산업용 사물인터넷의 선두주자인 TE커넥티비티는 제조 설비와 스마트 기기 사이의 통신에 사용되는 센서들을 만들고 있다. 이 회사의 제품은 의료 분야에서 우주항공과 국방 분야까지 기계 간 통신을 가능하게 한다. 보다 고립된 지역에서는 기계 간 통신을 이용해 스마트봇 사이에 분산화된 데이터 전송이 가능하다. 필라멘트 같은 회사들은 이를 위해 저전력 산업용 센서와 블록체인을 이용한다. 케플러커뮤니케이션즈는 격리된 생산 공장을 위한 산업용 센서 네트워크 구축에 위성 기반 솔루션을 제공한다.

스마트 센서는 데이터를 변조하고 제조 기계와 통신하며 안전이나 품질에 문제가 생길 때 기계를 멈출 수도 있다. 가격이 급락해 접근성이 높아지면 대기업과 스타트업들이 누릴 수 있는 기회는 더욱 커질 것이다. 조만간 3D 프린터, 3D 프린팅 공장의 협업, 3D 프린터를 관리하는 로봇, 로봇을 생산하는 3D 프린터의 융합 과정을 보게 될 것이다. 그리고 이것은 시작에 불과하다.

많은 사람들이 자동화와 스마트 제조로 일자리가 사라질까봐 두려워한다. 그러나 기술의 융합과 대중화된 도구는 누구에게나 발명의 기회를 부여한다. 새로운 제품을 생산할 수 있는 기회가 급증하고, 신속하게 주문형 상품을 만들 수 있게 되면서 자영업자와 발명가들이 얻는 경제적 기회는 전례 없이 증가할 것이다. 기존의 전통적인 제조업이 지녔던 물리적 한계가 사라지고 설계 플랫폼이 풍부해지면서 인류는 두 번째 경제 혁명을 맞이할 것이다.

제품에서 경험으로,
소매 산업의 혁신

소매업 분야에서 거대한 변화가 일어나고 있다. 아마존을 비롯한 월마트, 알리바바 등 전자상거래 부문의 거대 기업들이 기술의 기하급수적 발전에 힘입어 소매 산업을 디지털화하고 있다. 많은 오프라인 매장들이 이미 파산했거나 온라인으로 거점을 옮기고 있다. 살아남은 매장들은 제품 중심의 사고방식에서 인공지능, 가상현실, 증강현실, 3D 프린팅 같은 기술을 활용한 경험 중심의 비즈니스 모델로 진화하고 있다.

40억 온라인 고객의 등장으로 바뀌는 소매 산업

2017년에 온라인에 연결된 인구는 38억 명이고 2024년까지 5G 기술을 비롯해 성층권과 우주에 위성이 발사되면 80억 명이 메가비트에서 기가비트의 속도로 온라인에 연결된다. 새로 연결되는 42억 명은 온라인으로 물건을 구매해서 전자상거래 시장의 노다지가 될 것이다. 동시에 이 새로운 소비자에게 서비스를 제공하는 기업들은 예전처럼 매장 공간을 찾거나 점원을 고용하는 등 비용이 많이 드는 단계를 생략할 수 있게 된다.

2016년 글로벌 온라인 판매 금액은 1조 8,000억 달러에 이르렀다. 주목할 사실은 15억 명이 온라인으로 물건을 구매했으며 이는 세계 인구의 20퍼센트에 해당되는 수치라는 점이다. 이는 기존의 시장이 디지털화로 붕괴될 여지가 훨씬 많다는 의미다.

인공지능, 소매 경험을 디자인하다

소매 산업에서 인공지능은 고객 서비스를 자동화하고 공급망 모델을 정확하게 만들며 마케팅 콘텐츠 생성과 광고 등 전자상거래 운영 비용을 절감할 수 있다. 고객 서비스의 경우를 예로 들면, 인공지능은 고객과의 상호작용을 훈련받아 고객의 어떤 질문에도 정확하게 대답하며 적절한 피드백을 제공할 수 있다. 나아가 고객의 불편에 공감하는 인공지능도 가능하다. 인공지능은 모든 종류의 악질적 민원에 대처하면서 언제나 미소를 지을 수 있다. 또한 예측 모델링과 머신러닝을 통해 제품 주문과 공급망을 최적화할 수 있다. 예를 들어 온라인 판매자를 위한 플랫폼인 스쿠바나Skubana는 데이터 분석을 통해 기업가에게 지속적인 제품 성능 피드백을 제공하고 최적의 재고 수준을 유지해준다.

그리고 소매업 공간에 블록체인이 적용될 수 있다. 물류, 유통 산업에 블록체인을 적용한 회사 십체인ShipChain, 블록체인 기반의 농식품 및 의약품 유통회사 앰브로서스는 운송과 생산 과정에 블록체인 기술을 도입해서 기업가와 소비자의 비용을 더욱 절감하고자 한다.

한편 개인 쇼핑 비서는 소비자들의 표준 쇼핑 심리를 변화시킨다. 아마존의 알렉사는 이런 의미에서 중요한 인터페이스다. 평균적인 아마존 알렉사 이용자들은 아마존 프라임 고객의 구매 금액인 1,400달러보다 더 많은 1,700달러어치의 상품을 구매한다. 나아가 인공지능 비서들이 인간보다 인간의 욕구를 더 잘 알고 있는 미래도 가능하다. 미래의 인공지능은 우리를 따라 하고 우리를 쳐다보며 우리가 뭔가를 얼마나 오랫동안 보는지, 우리의 표정은 어떻게 변하는지 등 우리의 모든 상호작용을 관찰할 것이다. 그렇게 되면 미래의 쇼핑 형태는 '주말 결혼식에 입고 갈 새 옷 하나 주문해줘'라고 인공지능에게 요청하는 식이 되고 광고 시장은 붕괴한다. 인공지능이 물건을 사고 인간은 점점 더 결정할 필요가 사라져 대기업이 광고에 돈을 낭비할 이유가 없어진다.

쇼핑 경험의 증강으로 고객 유지하기

2017년 미국에서만 6,700개가 넘는 소매점이 문을 닫았다. 이는 2008년 금융위기로 문을 닫았던 소매점의 수를 넘어선 수치이다. 그렇지만 살아남은 어떤 소매점들은 여전히 호황을 누리고 있다. 이들은 '경험 경제'의 힘을 활용한다. 소비자들은 온라인 쇼핑의 편리함을 선호하지만 동시에 쇼핑 그 자체의 경험 또한 좋아하기 때문이다.

앞으로 사물인터넷, 인공지능 등의 전자기술은 대면 고객의 경험을 기하급수적으로 향상시킬 것이다. 소매상점 주인은 인공지능이 온라인 쇼핑을 준비하는 것처럼 인공지능과 데이터 분석 도구를 이용해 직원 배치, 마케팅 전략, 고객관리, 재고 관리 등의 업무를 최적화할 수 있다. 가까운 미래에 소매상점은 3D 프린트 의복, 증강현실과 가상현실(DIY 기술 클리닉), 사물인터넷 기술(계산대 없는 점포) 등의 차세대 유저 인터페이스를 이용할 것이다.

이제는 물건이 필요해서 사기보다는 쇼핑하는 '경험'을 구매하는 시대로 옮겨 가고 있다. 즉, 물건이 어떤가보다는 쇼핑을 할 때의 편리함이나 서비스, 배송 등 어떤 점이 만족스럽고 불만족스러운지가 전보다 훨씬 중요해졌다. 따라서 오프라인 매장도 이제는 인공지능과 가상현실, 사물인터넷 기술 등을 통해 더 나은 소매 경험을 제공해야만 살아남을 수 있다. 수많은 매장이 문을 닫고 많은 이들이 온라인 쇼핑으로 돌아선 듯하지만 아직 오프라인 매장이 소비자를 끌어들일 전략은 존재한다. 기술과 소비 욕구가 결합된 미래의 매장에 새로이 등장할 변화와 이슈는 무엇인지 예측하는 일이 필요하다.

의료 환경의 새로운 혁신, 혼합현실 기술

요즘 부상하고 있는 가상현실 기술은 이미 부동산과 금융 분야에서 그 가치를 인정받고 있다. 그리고 의료 분야에서도 커다란 가능성을 보여주고 있는데, 시장조사 업체인 스타티스타의 자료에 따르면 2017년 가상현실 의료 시장은 9억 7,600만 달러에 이른다. 가상현실은 구체적으로 의료 분야에서 어떻게 사용되고 있을까? 인공지능, 바이오 기술 등 기술 혁명의 최전선에 있는 의료 분야에 가상현실 기술이 어떻게 폭넓게 적용되고 있는지, 의료 분야가 직면한 변화의 물결에 주목할 필요가 있다.

수술 시뮬레이션으로 의학도를 교육하다

2014년, 커다란 이벤트가 있었다. 영국 로열 런던 병원에서 의료 VR의 선구자로 불리는 암 외과의사 샤피 아메드Shafi Ahmed가 최초로 VR 카메라를 이용한 수술을 시연했다. 70대 대장암 환자의 수술을 휴대폰과 VR 헤드셋으로 전 세계에 실시간 중계를 한 것이다. 영상은 360도 고화질 영상으로 중계됐다. 약 1만 3,000명의 의학도들이 노련한 전문의의 수술을 지켜봤다. 이후 가상현실 기술은 의학도들을 훈련시키고 실력을 높이는 데 매우 유용한 것으로 인정받고 있다.

캘리포니아 주 포모나에 있는 웨스턴대학교 의과대학에서는 가상현실로 인간 해부 실험이 실시되기도 했다. 가상현실 해부학 테이블을 이용해 학생들이 실제 인간의 몸을 해부하지 않고도 인간의 신체를 살펴볼 수 있게 하는 것이다. 이 테이블은 360도 뷰를 제공해 학생들이 다양한 각도로 신체를 살펴볼 수 있게 해주고, 특정한 신체 구조의 크기를 확장해서 좀 더 자세히 살펴볼 수 있게 해준다.

또한 가상현실 기술은 수술 시뮬레이션에도 응용될 수 있다. 미래의 외과의사들은 환자를 수술하기 전에 필요한 만큼 충분히 연습할 수 있다. 그리고 숙련된 외과의사들도 가상현실 수술실을 이용해서 새로운 기술과 의료 절차를 습득할 수 있다.

게임으로 통증을 줄이는 전략

가상현실 기술의 혜택을 받는 것은 의학도들만이 아니다. 병원과 가정에서 가상현실 기술은 환자의 경험을 획기적으로 변화시킬 수 있다. 이는 주로 만성 환자의 고통을 감소시키는 분야로, 2017년에 이뤄진 연구에 따르면 가상현실 치료를 받은 50명의 환자들은 통증 점수가 24퍼센트 하락했다(2차원의 표준 비디오를 본 다른 비교집단은 통증 점수가 13퍼센트 하락하는 데 그쳤다). 통증이 줄어들면 입원 일수가 줄어들고 병원비도 줄어든다.

가상현실 기술은 통증 완화 외에도 스트레스 관리 분야에서 많은 진전을 이뤄내고 있다. 캐나다 SFUSimon Fraser University의 학생들은 암 환자를 위한 파무 프로젝트Farmooo Project를 개발했다. 파무 게임은 농장을 키우는 시뮬레이션 게임이다. 간단한 손 움직임만으로 당근을 기르거나 소를 키울 수 있다. 게임 제작을 총괄한 다이앤 그로말라Diane Gromala 박사는 "이 게임은 암 환자들, 특히 어린 환자들이 화학 치료를 받을 때 치료보다 게임 활동에 집중하게 해서 더 쉽게 치료를 받도록 도울 수 있다."고 말한다. 일종의 주의 분산 치료인 셈이다. 주의 분산 치료는 환자가 치료를 받는 동안 주의를 돌려 다른 것에 집중하게 해서 스트레스를 경감시킨다. 실제로 가상현실 게임은 스트레스 관리에 효과가 있는 것으로 입증되었다.

그 외에 정신과 치료에서도 가상현실을 활용하려는 움직임을 보이고 있다. 노출 치료가 대표적인데 이는 불안, 공포증, 외상 후 스트레스 장애, 자폐증 등을 앓는 환자에게 장애 유발 환경을 미리 간접경험하게 해서 증상을 완화시키는 것이다. 미국의 경우 가상현실 시스템으로 알코올 중독 환자를 치료하는 데 활용하기도 한다. 워싱턴의 스타트업 플로레오는 자폐증 어린이들에게 사회적 기술을 연습할 수 있는 가상현실 시나리오를 개발했다.

한편 시력이 좋지 않은 사람들은 이미 가상현실 기술을 경험해봤을 수도 있다. 삼성전자가 개발한 시각 보조 애플리케이션인 릴루미노_{Relúmīno}가 그것이다. 전맹을 제외한 1~6급의 시각장애인들은 기어 VR을 착용하고 릴루미노를 실행하면 왜곡되고 뿌옇게 보이던 사물을 보다 뚜렷하게 볼 수 있다. 릴루미노는 카메라를 통해 보이는 영상을 변환 처리해서 시각장애인이 인식하기 쉬운 형태로 바꿔준다.

치매를 방지하는 가상현실 게임

가상현실 기술은 의료계에 여러 기회와 가능성을 제공하지만 질병 치료 분야에도 새롭고 독특한 가능성을 제공하고 있다. 예를 들어 '바다영웅 퀘스트'_{Sea Hero Quest}라는 이름의 게임은 치매 방지를 연구하기 위해 만들어진 가상현실 게임이다. 도이치텔레콤, 영국 알츠하이머 연구소, 칼리지런던대학교, 이스트앵글리아대학교에서 개발된 이 게임은 여러 가지 기억과 탐색 과업을 통해 게임 사용자의 뇌를 자극하고 알츠하이머 연구를 위한 데이터를 수집한다. 제작자들은 바다영웅 퀘스트 게임을 2분 동안 하게 되면 일반 임상 환경에서 다섯 시간 동안 얻을 수 있는 양의 데이터를 얻을 수 있다고 말한다.

영국 알츠하이머 연구소의 수석 연구원 데이비드 레이놀즈_{David Reynolds}는 "바다영웅 퀘스트 게임은 우리에게 엄청난 양의 정보를 제공했으며, 서로 다른 연령의 남성과 여성 환자들이 게임 속에서 어떻게 움직여나가는지를 이해할 수 있게 해주었다."고 말했다. 아직 치매를 치료하는 방법은 없지만 이들은 이 게임이 알츠하이머병의 초기 진단과 치료에 도움이 되기를 희망하고 있다.

또한 가상현실 기술은 다양한 전염병을 치료하기 위한 범용 백신 개발 분야를 개척하고 있다. 미국 국립보건원NIH 백신연구센터의 연구진은 가상현실을 이용해 에볼라, 에이즈, 지카 바이러스, 말라리아 등의 백신 개발을 위해 가상현실 기술을 이용하고 있다.

수술자의 감각을 높이는 혼합현실

나아가 현실 세계와 가상 세계의 정보를 결합해 두 세계를 융합시키는 공간을 만들어내는 혼합현실mixed reality 기술을 의료 현장에 활용하기도 한다. 이는 증강현실과 가상현실의 장점을 따온 기술로, 현실의 환경과 가상의 정보를 결합한 것이 특징이다. 매직리프, 구글, 마이크로소프트, 애플, 인텔, 페이스북 등 다양한 글로벌 IT 기업이 이 혼합현실 기술에 관심을 보이고 있다. 마이크로소프트는 '홀로렌즈'를 통해 현실과 상호작용할 수 있는 기기를 선보였으며, 인텔 역시 2016년에 열린 인텔 개발자 포럼에서 융합현실 프로젝트 '얼로이'Alloy를 소개한 바 있다.

혼합현실은 현실과 상호작용할 수 있다는 증강현실의 장점과, 장비를 통해 실제와 가상의 경계를 허무는 몰입감을 제공하는 가상현실의 특징을 살려 다양한 분야에서 활용될 수 있다. 최근에는 의료용 수술 로봇 개발에 수술자의 감각을 높이기 위한 방법으로 촉각을 활용한 혼합현실이 등장하고 있다. 시각적인 디스플레이상에서 터치 입력을 과거 버튼 입력 방식과 같은 느낌이 나게 만드는 식이다. 가상의 화면에 손을 대면 그 순간 손을 댄 느낌을 진동 등으로 느낄 수 있다. 마이크로소프트는 시각 혼합현실 기기인 홀로렌즈와 연동해 입력에 대한 피드백을 촉각으로 느낄 수 있도록 시각과 촉각을 더한 혼합현실 기기를 개발 중이다.

혼합현실은 의료 현장뿐만 아니라 조립 가공, 검사, 의료, 자동차 및 로봇 산업 부문에서도 다양하게 활용되고 있다. 일본 주오대학교 연구실은 혼합현실 기술을 활용해 해안가 지역에 쓰나미가 밀어닥칠 때의 모습을 구현하거나, 지진이 일어날 경우 건물 내부에서 어떤 일이 발생하는지 연구했다. 나사는 마이크로소프트와 함께 '목적지: 화성'Destination: Mars이라는 체험 공간을 통해 일반인들이 마치 우주 공간을 걷는 것처럼 느낄 수 있게 만든 혼합현실 프로젝트를 진행하고 있다. 이를 통해 관람객은 우주선을 타지 않고도 우주를 간접 체험하고 화성 표면을 걸어 다니는 듯한 느낌을 받을 수 있다.

이처럼 가상현실이나 혼합현실은 더 이상 영화나 드라마에서 볼 수 있는 특수효과 같은 것이 아니다. 이제 가상현실은 의학도들을 훈련시키고 환자의 통증을 완화시키며 심각한 질병을 진단하고 치료하는 새로운 방법으로 떠오르고 있다. 지금까지 보여준 가능성과 초기 적용 단계인 현재의 결과들을 고려한다면 앞으로 의료 분야에서 가상현실은 빠질 수 없는 필수적인 기술 시스템이 될 것이다.

미래의 가장 흥미로운
산업과 일자리

로봇은 정말로 우리의 일자리를 빼앗아갈까? 최근 로봇과 관련해 미래에는 인간이 하던 일을 로봇이 대신하게 될 것이라는 기사들이 많이 나오고 있다. 사실 현재 기술로도 45퍼센트의 일자리가 자동화될 수 있다는 연구 결과도 있다. 그러나 이런 이야기에 빠진 내용이 있다. 새로운 기술은 많은 일자리를 파괴하지만 더불어 새로운 일자리를 많이 창출한다는 점이다. 아마도 지금 고등학생의 절반은 현재 존재하지 않는 일자리에서 일할 가능성이 높다. 미래에는 사회 곳곳에서 광범위한 혁신이 이뤄져 새로운 산업이 탄생하고 일자리가 지속적으로 창출될 것이다.

때때로 우리는 로봇과 인공지능으로 인해 직업도 없고 삶의 목적도 사라진 디스토피아적 미래를 상상하지만, 달리 생각해보면 기술로 더 많은 기회가 솟아나는 신나는 미래가 우리를 기다리고 있을 수도 있다. 만일 그렇다면 그중 가장 흥미로운 산업과 일자리는 무엇일까?

상상력과 창의력이 요구되는 미래 산업

수많은 사상가들이 '상상 경제'Imagination Economy를 이야기한다. 상상 경제는 직관적이고 창조적인 생각이 경제적 가치를 창조하는 경제를 말한다. 인간은 창의적이고 상상력이 요구되는 부문에서 기계를 능가한다. 그래서 이런 사고가 필요한 일자리를 자동화하는 것이 가장 어렵다. 가까운 미래의 창의력 분야 일자리는 3D 프린팅 패션 디자이너, 가상현실 체험 디자이너, 신체 기관 디자이너, 증강현실 설계자 등이 있다. 이런 직업들은 기존 디지털 도구 중에서 3D 프린팅이나 가상현실 같은 도구를 사용한다.

신경과학, 바이오엔지니어링

앞으로는 유전공학과 신경공학에 대한 관심과 발전 수준이 높아지면서 이런 분야의 일자리 수요가 증가한다. 영국의 인기 드라마 〈블랙 미러〉 Black Mirror 는 자신의 의식을 컴퓨터에 업로드해서 다른 사람들과 정신을 통합하고 생각과 느낌을 추적할 수 있는 세상을 묘사한다. 이처럼 드라마나 소설에서 나올 법한 일들이 현실이 될 날도 머지않았다. 2017년 테슬라의 일론 머스크는 인간의 마음과 인공지능을 신경레이스neural lace를 통해 통합하는 것을 목표로 하는 뉴럴링크를 설립했다. 이미 인터넷을 통해 두 개의 두뇌를 연결하고 통신할 수 있는 기술이 나와 있으며, 개인의 기억을 재구성하거나 마음을 읽는 메커니즘이 개발되고 있다. 이런 부문과 관련해서는 생각 해커, 신경 임플란트 기술자, 신경증강 전문가, 신경 로봇 엔지니어 등의 일자리가 창출될 수 있다.

기술 윤리, 철학, 정책

기술은 대단히 강력한 도구로서 무수히 많은 사회적, 윤리적 문제를 야기한다. 그러나 기술 자체는 선과 악으로 나눌 수 있는 게 아니다. 선과 악은 기술을 사용하는 방식에 달려 있다. 앞으로는 가상현실과 두뇌-기계 임플란트, 사물인터넷 같은 기술에 대해 적절한 윤리적 가이드라인을 설정할 수 있는 전문가에 대한 수요가 증가한다. 이런 분야에서는 인지 향상 컨설턴트, 유전자 변형 윤리학자, 디지털 탐정, 프라이버시 보호자, 기술 관련 법률가 등의 일자리가 창출될 수 있다. 기술 윤리, 철학, 정책 분야는 기술이 가져올 수 있는 이익을 최적화하고 인류에게 미치는 피해를 최소화하는 가장 중요한 분야로 인식되고 있다.

재생에너지 산업

기후변화는 인류에 대한 위협이며 우리는 중대한 결정에 직면해 있다. 많은 도시들은 지속 가능한 인프라, 청정 운송, 재생에너지원과 같은 다양한 솔루션들을 결합하고 있다. 그 결과 재생에너지와 청정 솔루션에 대한 수요가 증가하면서 많은 일자리들이 창출되고 있다. 2016년 미국은 풍력과 태양광 등 재생에너지 분야에서 77만 7,000명의 고용을 창출했다. 이 분야에서는 스마트 시티 플래너, 청정 그리드 설계자, 제로 에너지 가정 디자이너, 에너지 사용 컨설턴트 등 다양한 일자리가 있다.

운송 산업

사람들은 자율주행 자동차의 부상으로 수백만 명이 일자리를 잃을 것이라고 우려한다. 물론 운송 부문의 혁신은 많은 일자리를 대체하겠지만 자율주행 자동차, 전기자동차, 드론, 하이퍼루프 등 혁신적인 운송 수단들은 한편으로 수많은 새로운 일자리를 만들어낸다. 예를 들면 건설회사, 하이퍼루프 센터 운영, 교통량 분석가, 무인 운영 시스템 엔지니어 등의 일자리가 있다.

또한 행성 간 우주 파일럿 분야에서 흥미로운 일자리가 발생한다. 버진갤럭틱의 여객 수송 우주선 VSS유니티는 최근 캘리포니아 모하비 공항에서 또다시 글라이더 비행을 하는 데 성공했으며, 앞으로 고도 100킬로미터까지 상승해 진짜 우주여행을 목표로 하고 있다. 이 우주선에는 승객 여섯 명이 탑승할 수 있으며 푸른 우주와 지구를 감상할 수 있다. 일론 머스크의 스페이스X는 행성 간 운송 시스템을 발표했다. 조만간 우주여행뿐만 아니라 행성 간 이동과 운송도 가능해질 것이다. 이처럼 인류는 행성을 오가는 은하계의 종種이 되려는 노력을 지속하고 있다. 그리고 이런 노력은 우주에 대한 인류의 꿈을 실현시키는 것 외에도 새롭고 흥미로운 일자리와 기회를 가져온다.

앞에서 말한 여러 가지 사례들은 새롭게 등장할 수많은 일자리와 산업 분야의 일부에 불과하다. 그러나 더 중요한 것은 끊임없이 변화하는 노동 시장에서 청년층이 자신의 역할을 담당할 수 있도록 21세기 생존 기술을 갖추는 일이다.

맥킨지 글로벌 연구소의 최근 보고서에 따르면 단기간에 자동화되기 어려운 직업은 의사결정, 계획, 인간의 상호작용, 창의적인 전문 지식이 필요한 직업이라고 한다. 인간은 지적이고 창조적 활동에서 기계를 능가한다. 따라서 미래에는 그 어느 때보다 창의성과 지적 탐구, 인간의 상호작용이 요구되는 일이 많아지며, 이런 일은 사람들에게 일의 의미를 부여하고 행복한 삶을 살아가게 해줄 것이다.

인류의 궁극적인 목표는 열정과 창의력을 갖고 인류의 미래에 기여하려는 마음으로 일하는 사회를 창조하는 것이다. 실제로 미래에 새롭게 등장해 주류로 자리 잡을 일자리의 대부분이 이런 목표와 일치한다. 본질적으로 우리가 일을 하는 이유는 그 일이 기술을 발휘하는 것이든, 지적이거나 창의적이든 개인과 인류의 진보에 기여하기 위해서임을 잊지 말아야 할 것이다.

소외받는 이들에게
기회를 주는 자율주행 기술

공상과학 영화에서나 보던, 자율주행 자동차들이 도로를 누비는 미래가 어느덧 성큼 다가오고 있다. 미국에서는 이미 자율주행 자동차 테스트가 진행되고 있으며 영국에서도 테스트 승인을 얻었다. 사실 자율주행 자동차는 그 어느 때보다 많은 가능성을 이야기하고 있다. 여러 가지 이유로 스스로 운전할 수 없는 사람들을 자율주행 자동차가 도울 수 있기 때문이다. 지난 수십 년 동안 기술이 장애인의 삶에 변화를 가져올 수 있다는 것은 익히 알려진 사실이었다. 하지만 기술이 모든 사용자의 수요를 고려하여 설계되고 규제될 때 비로소 우리가 그 이점을 누릴 수 있다.

가령 인터넷은 새로운 의사소통 방법을 가능하게 했지만 장애인들도 이용할 수 있도록 오디오 콘텐츠를 기록해주는 스크린 리더 같은 새로운 기술들이 설계되었다. 이런 혜택을 누리게 될 사람들은 장애인만이 아니다. 전 세계적으로 노령 인구가 증가하면서 새로운 기술을 수용할 능력이 낮은 이들을 위해 초기 단계부터 이들이 수용할 수 있는 방식으로 설계돼야 한다.

인간이 보다 완전한 삶을 살아가는 데 효과적인 이동만큼 중요한 요소도 없다. 연구 결과에 따르면 장애인들은 효과적인 교통 서비스에 대한 접근성 부족으로 고립을 느끼는 경우가 많다. 물론 이들을 위한 계획과 정책들도 도움이 되지만 이런 정책들은 장애인 본인이 가고 싶은 곳을 정확하게 선택할 수 있는 수준의 독립성을 제공하지는 못한다.

바로 이런 문제를 자율주행 자동차가 해결할 수 있다. 그러나 운전을 할 수 없는 사람들이 자율주행 자동차를 이용하려면 새로운 기술에 대한 사회 구성원 전체의 태도가 중요하다. 일단 자율주행 자동차 관련 기술이 안전하다고 받아들여져야만 노인과 장애인을 위한 교통 서비스가 실현될 수 있다.

이는 사회적으로 기술의 본질과 이를 사용하는 사람 등 구체적인 개념이 어떻게 정의되느냐와 관계가 있다. 그중 가장 중요한 것은 '운전자'에 대한 정의다. 국제 법률에 따르면 운전자는 '차량을 통제할 수 있는 사람'이라고 규정되어 있다. 그런데 장애인이 자율주행 시스템을 이용한다면 그 말고도 차량을 통제할 수 있는 누군가가 자동차에 탑승해야 한다.

이 문제를 해결할 수 있는 한 가지 방법은 자동차를 제어하는 시스템에 '인격'을 부여해 운전자의 필요 요건을 충족시키는 것이다. 하지만 이런 해결 방법은 자동차 운전의 책임에 대한 윤리적, 법적 책임 문제를 야기한다. 이런 경우라면 운전의 책임이 자율주행 시스템이 아니라 시스템을 개발한 사람에게 돌아갈 수도 있다.

또 다른 해결 방법으로 항공 교통 통제와 같은 시스템을 개발하는 것이 있다. 자동차들을 중앙 통제 센터에서 모니터하면서 문제가 생기는 경우 개입하는 방식이다. 이 방식은 거의 모든 문제를 해결할 수 있지만 인프라를 구축하는 것이 어렵고 개인 정보와 관련해 추가적인 문제가 발생할 수 있다.

세 번째 해결책은 운전자의 개념에 무인 시스템을 포함하도록 국제 법률 시스템을 개정하는 것이다. 그러나 이는 전례가 없는 일이며 기술 변화와 더불어 중요한 사회적 변화가 수반된다는 걸 의미한다.

앞으로 자율주행 자동차가 어떤 식으로 상용화될 것인지, 그와 관련해 어떤 사회적 변화가 일어날지에 대해서는 모든 이들이 관심을 갖고 바라보고 있다. 그러나 한번 생각해볼 점은 이런 자율주행 시스템이 장애인과 같은 사람들에게는 삶을 바꿔놓을 수 있는 기술이라는 점이다. 우리가 자율주행 자동차를 도로에서 볼 수 있기까지는 앞서 이야기한 모든 문제를 해결해야 하지만, 그보다 이 시스템이 모든 사람들에게 기회가 될 수 있도록 관련 규정을 정하는 게 중요하다. 다양한 시나리오를 생각해보고 운전자와 승객 모두에게 적합하고 미래 지향적이며 윤리적인 환경을 조성해야 한다. 자율주행 기술은 단순히 재미있는 기술이 아니라 사회에서 소외된 여러 사람들에게 완전히 새로운 이동 수단을 제공하는 혁신적 기술이다. 그리고 이로 인해 그들의 삶은 획기적으로 바뀔 수 있다. 교통 약자인 노약자나 장애인들이 인류가 자동화 시대로 나아가는 여정에서 배제되어서는 안 될 것이다.

자율주행 자동차는 이제 거스르기 힘든 주류 기술이 되었다. 물론 해결해야 할 어려운 문제들이 많지만 그 이상의 혜택을 인류에게 제공할 것이기에 도전해볼 가치는 충분하다.

인공지능 시대의
새로운 마케팅

2018년 전 세계의 광고 산업 규모는 5,500억 달러를 넘었다. 광고 수익으로 구글의 기업가치는 7,000억 달러를 넘어섰고 페이스북은 5,000억 달러를 넘었다. 이 두 회사가 전 세계 광고 지출액의 약 25퍼센트를 차지한다. 그러나 기술 변화로 이 상황도 어떻게 바뀔지 모른다. 기술 변화가 제조업이나 소매업이 아닌 광고 산업에까지 영향을 미친다는 건 무슨 의미일까? 우리가 익히 알고 있는 광고 산업이 사라진다면 어떻게 될까?

오늘날 광고의 목적은 어떤 물건이나 서비스를 구매하도록 사람들을 설득하는 것이다. 그래서 광고는 물건이나 서비스의 장점들을 돋보이게 한다. 이것을 사게 되면 더 인기를 얻고 더 섹시해지며 더 성공적으로 보인다고 말한다. 그런데 앞으로는 사람들이 구매 결정을 하는 게 아니라 인공지능이 할지도 모른다. 그런 미래에는 과연 어떤 일이 벌어질까?

인공지능이 물건을 구매하는 미래

영화 〈아이언 맨〉에 등장하는 인공지능 비서 '자비스'의 개인 버전을 생각해보자. 자비스 정도까지는 아니더라도 이미 개인 인공지능 비서는 우리의 일상에서 쉽게 만날 수 있다. 미래에는 더 나은 지적 능력을 지닌 자비스에게 이렇게 말하기만 하면 된다. "자비스, 치약 좀 사다줘."

그러면 자비스는 치약을 사기 위해 하얀 이를 보이며 웃고 있는 TV 치약 광고를 볼까? 물론 아니다. 자비스는 1억 분의 1초 만에 치약들의 모든 구성성분 옵션과 가격, 공개된 고객만족도 보고서를 검토하고 당신의 유전자를 분석해 어떤 향이 들어간 치약이 입맛에 맞을지를 파악한 뒤 치약을 구매할 것이다. 나아가 자비스에게 말로 주문하지 않아도 된다. 자비스는 평소에 치약이나 휴지와 같은 일상용품의 재고를 모니터하고 당신이 필요하다는 것을 알아차리기도 전에 자동으로 주문할 것이다.

물론 지금도 그렇지만 대부분의 사람들은 직접 매장에 가서 스스로 사고 싶은 물건들이 몇 가지 있다. 광고를 보고 물건을 비교하고 싶은 것들이 있을 것이다. 예를 들어 옷을 사는 결정은 어떨까? 인공지능이 골라주는 옷이 과연 자신이 원하는 디자인과 일치할지 의문을 품는 사람들이 많다. 그렇지만 인공지능은 나의 일상적인 대화를 듣고 상점에서 나의 눈동자 움직임을 추적하며 내가 속한 사회적 집단에 어울리는 패션을 모니터한다. 인공지능은 내가 좋아하는 옷을 입는 내 친구들을 알고 있고 나를 위해 멋지게 어울리는 옷을 충분히 골라줄 수 있다. 우리는 제품이나 서비스 종류와 관계없이 인공지능이 대부분의 구매 결정을 내리는 미래를 향해 나아가고 있다. 그리고 이런 패러다임의 전환은 전통적인 광고주에게는 엄청난 위협이다.

많은 미래학자들이 기하급수 기술의 특성으로 '6D'를 말한다. 6D는 디지털화되고Digitized, 눈에 띄지 않으며Deceptive, 파괴적이고Disruptive, 비물질적이며Dematerialized, 무료화되고Demonetized, 민주화되는Democratized 것을 뜻한다. 현재 우리는 인공지능의 힘과 소셜 네트워크 덕분에 광고의 비물질화와 무료화를 경험하고 있다.

아마도 7번째 D는 '해고'Dismissed가 될 것이다. 기업들이 인공지능에게 구매 결정을 위임하는 소비자에게 해고당한다. 하루가 끝날 무렵 나의 인공지능은 기본적인 매트릭스에 의거해 나를 위해 물건을 구매할 것이다. 상품의 선택 기준은 나를 더 건강하게 만들고, 가격이 낮으며 안전하고 나의 소셜 그래프에 가장 잘 어울리는 것이다. 사람들은 인공지능이 자신을 위해 최적의 선택과 결정을 해줄 것이므로 더 이상 지금과 같은 방식의 광고를 신뢰하지 않게 된다. 이제는 그럴듯하게 포장되고 과장을 일삼는 광고를 보며 유혹에 넘어가는 일이 사라진다. 소비자와 광고 산업에 종사하는 사람들 모두에게 전례 없는 변화가 일어나고 있다.

제 **3** 장

로봇과 인공지능 혁명

싱귤래리티가 가져올 명과 암에
어떻게 대처해야 하는가?

알파고 이후,
인공지능은 어디까지 왔는가

2016년 인공지능 알파고는 바둑에서 18번이나 세계 챔피언을 거머쥐었던 이세돌 9단을 4 대 1로 이기며 화려하게 헤드라인을 장식했다. 이는 알파고를 만들어낸 구글 딥마인드의 강화학습 접근 방법의 힘을 보여준 인공지능 연구의 분수령이었다. 그로부터 불과 1년 뒤 알파고는 업데이트 버전 '알파고 제로'AlphaGo Zero에 100 대 0으로 전패했다. 이 새로운 시스템은 이전 시스템과는 달리 바둑의 규칙 외에는 인간의 도움을 전혀 받지 않고 스스로 생각할 수 있는 인공지능의 길을 열었다.

알파고 제로는 이세돌을 물리친 알파고 버전을 모든 면에서 능가했다. 겨우 3일 동안 490만 건의 훈련 게임을 통해 이전 시스템이 3개월간 3,000만 건의 훈련 게임으로 달성한 것과 같은 수준에 도달했다. 또한 알파고가 구글의 텐서 프로세싱 유닛(신경망 훈련에 특화된 칩) 중 48개를 이용한 반면 알파고 제로는 불과 네 개만을 이용했다.

이전 시스템과 가장 두드러진 차이는 인풋의 단순성이다. 알파고는 바둑 기사가 둔 수천 번의 기보들을 분석해서 바둑의 기초를 학습한 반면 알파고 제로는 백지상태에서 게임의 규칙만을 입력한 후 완전히 무작위 착수로 시작하여 바둑을 완전히 익히는 데 성공했다.

알파고의 특징은 두 개의 분리된 신경망이다. 하나는 인간의 데이터를 이용해 가장 최선의 착수점을 예측하고 이를 자체적으로 재생하며, 다른 하나는 이런 자체 플레이의 승자를 예측하도록 훈련받았다. 이 두 신경망은 실제 게임을 할 때 검색 알고리즘과 결합해 게임의 상태에 따라 최선의 방법을 찾아냈다. 그런데 새로운 알파고 제로는 두 개의 신경망을 더 많은 인공 신경층을 지닌 단일 회로로 결합해서 더욱 효율적으로 학습했다. 또한 훨씬 간단한 검색 알고리즘을 사용하고 롤아웃roll-out(가능한 결과를 테스트하기 위해 여러 가지 착수점들을 신속하게 무작위로 시도해보는 것) 대신 고품질 신경망을 사용해서 '예측'했다.

딥마인드의 선임연구원인 데이비드 실버David Silver에 따르면 이는 수백 명의 평균적인 플레이어에게 착수를 묻는 게 아니라 한 명의 전문가에게 착수를 묻는 방식이다. 연구원들이 시스템을 간소화해 성능을 향상시켰다는 점은 매우 인상적이다. 그동안 머신러닝의 발전은 더 많은 데이터와 더 많은 프로세스의 투입으로 이뤄졌기 때문이다. 실버는 BBC 인터뷰에서 "컴퓨팅 파워나 데이터가 아니라 새로운 알고리즘이 제 역할을 했다는 점을 보여주었다."고 말했다.

데이터 분석을 넘어 스스로 창조하는 인공지능

인공지능, 특히 강화학습 분야에서 획기적인 발전이 이뤄지려면 일반적으로 고려해야 할 사항이 있다. 프로그램 자체가 어느 정도 수준에 오르려면 인간 바둑 기사가 전문가 수준에 오르기 위해 필요한 대국 수보다 훨씬 많은 수백만 번의 게임을 스스로 플레이해야 한다. 그리고 알파고와 같은 인공지능의 성공은 바둑이라는 게임이 고도로 질서 정연하다는 점에서 한계가 있다. 인공지능이 해결해야 할 훨씬 더 복잡하고 불확실한 현실에 비하면 바둑은 오히려 단순한 편이다.

그럼에도 불구하고 컴퓨터는 며칠 안에 수백만 번의 게임을 플레이할 수 있고 사람보다 훨씬 더 빨리 학습할 수 있으므로 큰 문제는 아니다. 아직 전환이 느리기는 하지만 딥마인드의 연구원들은 알파고 제로의 핵심 기술을 실제 세계에 응용하기 위한 작업을 진행하고 있다. 딥마인드는 단백질 폴딩, 에너지 소비 감축, 소재 설계 같은 문제에 알파고 제로의 접근 방식을 적용할 것이라고 발표한 바 있다.

가장 중요한 것은 인공지능이 인간의 지성을 넘어설 수 있다는 가장 강력한 본보기를 보여주었다는 점이다. 연구진은 알파고 제로가 결과적으로는 더 빨리 배웠지만 처음에는 더 많은 시간이 걸렸다고 논문에서 밝혔다. 그러나 기계 스스로 방법을 찾도록 남겨둠으로써 알파고 제로는 인간이 수천 년을 동안 개발해온 착수점들을 독립적으로 발견했을 뿐 아니라 완전히 새로운 방법들 또한 만들어냈다. 알파고 제로는 아무데나 두는 완벽한 무작위 착수에서 시작해 바둑의 개념들인 포석과 맥, 패, 끝내기, 수상전, 선수, 모양, 세력, 집 등을 정교하게 이해하는 단계로 나아갈 때까지 매우 빠른 속도로 진보했다. 그리고 사흘 뒤 알파고 리_{AlphaGo Lee}(이세돌 9단을 이긴 알파고 버전)의 수준을 넘어서기 시작했고 21일이 지나자 알파고 마스터_{AlphaGo Master}(커제 9단을 이긴 알파고 버전)와 비슷한 수준에 이르렀다. 40일 동안 약 3,000만 게임을 훈련한 후에는 알파고 마스터를 크게 이겼다. 이 단계가 되자 알파고 제로는 기존 정석을 선호하지 않는 경향을 나타냈고 사람도 예측하기 어려운 참신한 변화가 증가했다.

알파고 제로가 인간의 기보로 학습한 알파고를 압도하는 이유는 인간 지식의 한계에 더 이상 얽매이지 않기 때문이라고 평가된다. 구글 딥마인드의 CEO 데미스 하사비스_{Demis Hassabis}는 "알파고 제로는 새로운 지식을 발견하고 통상적이지 않은 전략을 개발하는 한편 새로운 수를 창조했다. 인공지능의 이런 창조력을 보고 사람의 독창성 또한 높일 수 있음을 확신했다."고 밝혔다.

이번 연구를 과학계와 산업계에서 주목해야 하는 이유가 여기에 있다. 현재 가장 강력한 버전인 알파고 제로는 인공지능이 인간이 제공하는 데이터를 전혀 사용하지 않고도 얼마나 많은 발전을 이룰 수 있는지를 보여주기 때문이다. 알파고 제로와 같은 인공지능이 지금까지 인간의 지식 기반 위에서 풀지 못한 인류의 난제들을 해결할 수 있을지도 모른다. 인간의 한계를 뛰어넘는 것은 물론 창의성까지 발휘하는 인공지능의 미래가 우리 앞에 다가와 있다.

인공지능의 수확 가속 법칙

최근 인공지능 연구에서 주목해야 할 점은 이들이 더욱 스마트해질 뿐만 아니라 '더욱 빠르게' 스마트해지고 있다는 것이다. 알파고의 충격에서 미처 벗어나지도 못했는데 1년 뒤 진일보한 알파고 제로가 나왔다. 이런 시스템의 발전 속도를 이해하는 것은 기술 변화를 이해하는 데 특히 어려운 부분이다.

미래학자 레이 커즈와일Ray Kurzweil은 과학 기술의 변화에 대해 인간의 선형적 관점과 실제로 일어나는 기하급수적 속도의 차이에 대해 이미 오래전에 설명한 바 있다. 그는 20세기 전체에 걸쳐 일어났던 발전이 1980~2000년에 일어난 발전과 비슷하며, 이 20년간의 발전은 2000~2014년의 14년과 비슷하다고 주장한다. 그리고 수십 년이 지나면 단 1년 만에 20세기 전체의 몇 배에 이르는 발전이 일어날 것이다.

인공지능 분야에서 가장 큰 기하급수적 트렌드가 바로 이것이다. 우리가 '머신러닝'이라고 부르는 것, 즉 기기들이 서로 지식을 주고받는 것은 이런 시스템들이 개선되는 속도를 급진적으로 높인다. 수천 개 이상의 알파고 제로들이 서로 학습한 지식을 즉시 공유한다고 생각해보라. 비단 바둑만의 문제가 아니다. 이미 기업의 장치 성능을 개선하는 속도에 큰 영향을 주고 있다.

그 예로 GE의 디지털 트윈Digital Twin 기술을 예로 들 수 있다. 디지털 트윈은 현실 세계의 물리적 사물이나 시스템을 동적 소프트웨어 모델로 구성해 디지털 자산으로 만든다. 이 과정을 통해 다양한 센서에서 입수한 데이터를 가지고 현재 상태를 파악하고 변화에 대응하며, 운영 개선 및 가치 향상 솔루션을 제공한다. 이런 디지털 트윈은 메타데이터를 포함해 조건이나 상태, 이벤트 데이터, 애널리틱스 같은 복합적인 요소를 제공할 수 있다.

셀프 이미지를 가지고 있는 기계는 이를 기술자와 공유할 수 있는데, 가령 디지털 트윈을 가진 증기 터빈은 증기의 온도, 로터의 속도, 냉간 시동 등의 데이터를 통해 고장을 예측해서 기술자에게 값비싼 수리를 예방할 수 있도록 이를 경고한다. 디지털 트윈은 스스로 경험을 통해 학습해서 이런 예측을 하지만 다른 증기 터빈이 개발한 모델에도 의존한다.

이처럼 기계들이 새롭고 강력한 방식으로 환경을 통해 학습하고 그 지식을 다른 기계와 공유하면 발전은 더욱 가속화된다. 아마 전 세계 GE 터빈들의 집단지성으로 개별 기계의 예측 능력은 비약적으로 향상될 것이다. 이는 한 대의 자율주행 자동차가 특정한 도시를 달리는 것을 학습하려면 상당한 시간이 걸리지만 100대의 자율주행 자동차가 동시에 하나의 도시를 달리며 학습한 것을 공유하면 훨씬 적은 시간에 알고리즘을 개선할 수 있는 것과 같다.

인공지능의 발전 속도는 기기들이 서로 지식을 공유하면서 더욱 빨라지고 있다. 지금도 발전의 속도가 빠르다고 생각한다면 이제 겨우 시작일 뿐이라는 점을 기억해야 할 것이다.

시장의 숨겨진 패턴을 읽고 기회와 위험을 발견하는 투자 인사이트!

전세계가 극찬한
최고의 투자 바이블!

**요동치는 시장의 파고에도
흔들리지 않는 수익을 만드는 투자의 지혜!**

전설적인 월스트리트의 투자자 하워드 막스가 들려주는 열여덟 개의 위대한 투자 통찰! 이 책은 주식시장을 지배하는 사이클을 설명하고, 어떻게 이런 패턴을 읽고 이익을 얻을 수 있는지 그 방법을 알려준다.

**하워드 막스
투자와 마켓 사이클의 법칙**

하워드 막스 지음 | 이주영 옮김 | 홍춘욱 감수 | 값 18,000원

봇 대 봇,
인간이 사라진 미래의 상호작용

인터넷은 상호 연결된 컴퓨터 네트워크로서 사람들은 이 안에서 서로 교류하고 비즈니스를 수행하고 지식과 즐거움을 얻는다. 대표적으로 구글은 우리에게 필요한 모든 것을 검색해준다. 아마존은 필요한(또는 필요하지 않은) 모든 물건을 구매할 수 있게 해주고 페이스북, 트위터, 인스타그램 같은 SNS는 우리가 다른 사람들과 모든 것을 공유하게 해준다. 그러나 인터넷은 조만간 인간이 사용하기에는 매우 외로운 장소가 될지 모른다. 미래에 로봇들이 인간을 위해 온라인 업무를 수행하게 되면 지금 우리가 인터넷을 사용하는 방식들은 크게 달라질 수 있다.

1단계: 인간에서 기계로

인터넷의 초창기에 우리는 모든 것을 스스로 해야 했다. 올바른 사람에게 정보를 보내기 위해 올바른 기계에 '핑'을 보내야 했다(컴퓨터 네트워크 상태를 점검, 진단하는 명령어를 의미한다. '핑을 날린다'고 표현한다). 필요한 정보를 찾으려면 직접 검색을 해서 정보들을 새로 구성해야 했다. 그러다 몇 년이 지나 구글과 같은 서비스 업체들이 검색 결과를 분류해주기 시작했다. 메일 앱은 일정한 메일들을 스팸 폴더로 보내고 페이스북은 우리가 봐야 하는 것들을 분류해준다. 이런 것들은 이미 온라인에서 이뤄지고 있는 일이다.

2단계: 인간의 대리인, 휴먼 봇의 등장

봇의 분류 작업은 시작에 불과하다. 머신러닝과 인공지능, 봇 덕분에 온라인 상호작용 영역은 이미 '휴먼 봇'이 상당 부분을 차지하고 있다.

봇의 특징은 인간의 자연어를 통해 작업한다는 것이다. 이제 봇은 온라인 세상 어느 곳에서나 볼 수 있다. 쇼핑 사이트에서 우리와 채팅하고 콜센터에서 고객 서비스를 담당하며 우리를 대신해 예약을 하고 소셜 미디어를 통해 선거에 영향을 미친다. 그리고 온라인에서 이뤄지는 많은 상호작용들이 봇에 의해 평가된다. 봇은 페이스북 메신저를 포함해 대부분의 메시징 앱에 장착돼 있다. 항공권 예약, 호텔 예약, 테이크아웃 주문도 마찬가지며 이 밖에 많은 용도로 사용할 수 있다.

예를 들면 봇은 이력서나 대출 신청서를 분석해 신청자가 적합하지 않다고 판단되면 자동으로 회신까지 해준다. 또한 우리에게 이력서나 대출 신청서를 변경해서 다른 곳에 보낼 수 있는 방법을 추천해주기도 한다. 우리는 곧 봇과 이야기하고 봇의 글을 읽으며 봇과 함께 회의를 준비하고 봇과 채팅할 것이다. 이 봇들이 에이미, 수전, 맷 같은 이름으로 불리게 되면 상대가 봇이라는 사실을 알아차리지도 못할 수도 있다.

3단계: 봇 vs. 봇

기업들은 사람들과 전화로 대화할 수 있는 인공지능 서비스 봇을 도입하고 있다. 그런데 인공지능들이 서로 이야기하기 시작하면 우리가 이해할 수 없는 방식으로 대화하거나 우리가 원하지 않는 방식으로 대화할 수 있다. 이미 이런 일이 일어난 적이 있다. 2016년 마이크로소프트는 채팅 봇 '테이'가 공격적인 트윗을 포스트하기 시작해서 이를 폐쇄한 적이 있다. 2017년에 페이스북은 두 인공지능이 대화를 하면서 그들끼리만 이해할 수 있는 언어로 대화하기 시작하자 프로젝트를 종료했다.

예전에는 기업들이 봇의 가치를 깨닫고 이를 영업과 고객 서비스, 인사관리 부문에 통합시켰다면 앞으로는 개인들이 봇으로 가득 찬 인터넷을 탐색하기 위해 봇을 사용할 것이다. 그 결과 더 이상 인간이 개입하지 않는 봇과 봇의 상호작용이 시작된다. 앞에서 예로 들었던 이력서의 경우를 다시 생각해보자. 기업들은 이미 봇을 이용해 이력서를 스캔하고 필터링하며 상호작용하고 있다. 그러나 개인들이 개인용 봇을 사용해 고용주의 정보를 확인하고 일자리를 찾고 구직 신청을 한다면 어떻게 될까? 봇이 이력서를 작성하고 신청하며 회신까지 한다면? 개인용 봇은 다른 사람의 개인용 봇과 약속을 잡을 수도 있다. 그래서 약속 장소에 둘 다 나타날 수도 있고 나타나지 않을 수도 있다. 여기서 문제가 시작된다.

물론 봇들은 더 효율적으로 일을 처리할 것이다. 그러나 상대편에게도 봇이 있다면 문제는 통제를 벗어나기 시작한다. 만일 내 봇이 100개의 이력서 또는 100개의 대출 신청서를 보냈는데 상대도 100개의 봇이 있다면 상호작용의 수는 기하급수적으로 늘어난다. 이는 채팅, 메일, 포스트, 좋아요, 트윗 등 모든 온라인 상호작용에도 적용된다.

이런 식으로 시뮬레이션되는 상호작용의 비약적인 증가는 인간 스스로는 이를 소비하거나 필터링하거나 읽거나 회신할 수 없다는 것을 의미한다. 만일 이런 일이 기하급수적으로 일어나면 온라인 상호작용의 99퍼센트가 기계에 의해 이뤄질 것이다. 그렇게 되면 역설적이게도 봇 과잉 현상 때문에 사람들의 상호작용이 다시 오프라인으로 전환될 수 있다. 직접 대화를 통해 소식이 전해지고 관계를 통해 일자리를 찾으며 만남과 동창회를 통해 친구들의 일상을 공유하게 될지도 모른다.

우리의 삶을 구성하는 요소들이 점점 더 자동화되면서 어떤 것을 로봇에게 맡길 수 있는지, 인간의 방식이 더 가치 있는 것은 무엇인지, 인간의 눈과 목소리와 손이 필요한 것은 무엇인지에 대해 더 많은 생각을 할 필요가 있다. 만일 인간 대 봇의 세계에서 봇에게 압도당한다면 세계는 더욱 복잡해진다. 우리의 일상적인 업무를 컴퓨터에게 넘겨버린다면 우리가 의도하지 않은 더 많은 일이 발생할 수도 있다.

인공지능이 악용되면
무슨 일이 벌어질까

기하급수적으로 빠르게 진화하고 있는 인공지능과 로봇 기술은 앞서 살펴본 것처럼 인간의 삶을 풍요롭고 평등하게 만들어줄 수 있지만, 반대로 우리가 생각지도 못한 부분에서 여러 문제를 일으킬 수 있다. 특히 범죄 조직 등에 인공지능이 악용되면 '가짜 뉴스'와 같은 사회적으로 심각한 문제를 일으킬 수 있다. 게다가 이제는 인공지능이 영향을 미치지 않는 산업 분야가 없는 만큼 범죄의 종류와 규모도 우리가 상상하는 수준을 넘어설 수 있다.

인공지능의 두 얼굴, 위조되는 현실

2015년 구글 브레인 팀이 오픈소스로 공개한 인공지능 기계학습 시스템 텐서플로Tensorflow는 스스로 이미지나 소리 등을 학습해 대상을 구별할 수 있다. 하지만 오픈소스 공개 후 3년이 지난 지금, 인공지능을 활용한 성인 영상물이 등장하고 정치인의 연설 장면을 합성해 유포하는 등 부작용이 나타나고 있다.

소셜 뉴스 사이트 레딧reddit에서 활동하는 '딥페이크스'deepfakes라는 아이디를 쓰는 유저가 2017년 11월 텐서플로를 활용해 어떤 얼굴이든 영상에 합성할 수 있는 소프트웨어를 제작하고 이를 공유했다. 이 소프트웨어가 공유된 레딧 커뮤니티에는 순식간에 팔로어들이 몰려 그 수가 9만여 명을 넘어섰다. 사람들은 유명 배우나 지인들의 얼굴을 성인 영상물에 합성해 올리기 시작했으며, 이런 합성 영상이 SNS로 퍼져나가면서 문제가 더욱 커졌다.

또 다른 레딧 유저는 아예 스마트폰으로 영상을 합성할 수 있는 페이크 앱FakeApp도 내놨다. 딥페이크스의 소프트웨어가 컴퓨터에서만 가능했던 점을 보완해서 모바일에서도 이용할 수 있게 한 것이다. 이 앱은 초보자들도 쉽게 영상을 합성할 수 있는 간편함을 장점으로 내세우고 있다. 이런 인공지능을 활용해 가짜 성인물을 만드는 개발자도 여러 명 등장했다. 그중 한 개발자는 인스타그램에 올린 영상을 복사하기만 하면 누드로 합성해주는 프로그램을 선보이기도 했다.

이렇게 인공지능 시스템으로 이미지를 합성하는 영상물 기술은 정치 영역으로 확산될 조짐을 보이고 있다. 세상을 떠들썩하게 했던 '가짜 뉴스' 문제가 이제 '가짜 영상'으로 확대되면 문제가 더 커질 것이다. 레딧에는 이미 히틀러와 유명 정치인의 연설을 합성한 영상이 올라오고 있다.

〈뉴욕 타임스〉는 "이런 인공지능 기술의 발전으로 트위터나 페이스북 등에 보다 정교하고 발전된 가짜 뉴스가 등장할 것이며, 모든 이들이 높은 수준의 콘텐츠 제작이 가능해지면서 전통적인 뉴스 미디어는 뒤처질 것"이라고 말했다. 애초에 구글이 인공지능 소스를 공개한 이유는 개발자들이 자사 알고리즘을 활용해 서로 도움을 얻고 시장을 확대하기 위해서였다. 그러나 윤리적 가이드라인이나 오픈소스 인공지능 플랫폼을 활용한 불법행위에 대한 제재 규정 등이 없기 때문에 이를 악용하는 사례가 끊이지 않고 있다.

나아가 SNS의 확산과 기존 언론의 몰락으로 기술의 도움 없이 정보를 수집하고 판단하게 되면 자신이 믿고 싶은 정보만을 필터링해서 이해하려는 확증 편향confirmation bias이나, 듣고 싶은 말이나 희망 사항만을 받아들이는 소망 편향desirability bias에 빠질 수 있다. 확증 편향이나 소망 편향이 반영된 정보와 지식들이 SNS을 타고 확산되기 시작하면 처음엔 악의가 없었더라도 사회적으로 큰 혼란이 발생하고 당사자는 가짜 뉴스 전파자라는 오명을 뒤집어쓸 수 있다.

2017년 12월, 한 고등학생이 자신의 보유한 비트코인 거래 가격을 높이기 위해 올린 트윗 하나로 비트코인 관련 주가가 휘청거리고 관련 기관과 업계가 발칵 뒤집히는 소동이 있었다. 이 때문에 미국 다우지수가 4퍼센트 급락했고 그 며칠 전에도 하루 만에 4.15퍼센트 하락했다. 딱히 특별한 악재도 없었다. 낙폭을 키운 주범은 인공지능이었다. 각종 주가 변수 빅데이터를 인공지능이 분석해 주식을 사고파는 '알고리즘 매매'가 한꺼번에 매물을 쏟아낸 것이다.

페이스북, 구글 등 주요 인터넷 기업들이 가짜 뉴스의 퇴출을 선언했지만 가짜 뉴스는 갈수록 교묘해지고 있다. 특히 해당 뉴스의 진위 파악이 쉽지 않은 정보나 뉴스의 경우 알고리즘만으로 필터링하기가 쉽지 않다. 리서치 기업 가트너는 '2018년 이후 주목해야 할 10대 주요 전망'에서 "2022년이 되면 대부분의 사람들이 실제 정보보다 더 많은 허위 정보를 소비할 것"이라고 예측했다.

가트너는 거짓이거나 정확성이 떨어지는 디지털 콘텐츠가 뉴스의 범위를 크게 뛰어넘는다는 사실을 깨닫는 것이 중요하다고 설명한다. 기업의 경우 소셜 미디어가 지배하는 세상에서 이런 콘텐츠의 가속화는 실질적인 문제를 야기한다. 따라서 브랜드 가치에 해가 되는 콘텐츠에 연관돼 있지 않음을 확실하게 하기 위해, 브랜드에 대한 직접적 언급 내용뿐 아니라 그 맥락까지 철저히 모니터링해야 한다.

가트너는 2020년경이면 인공지능의 위조 현실counterfeit reality 또는 가짜 콘텐츠 제작 능력이 이를 간파하는 능력을 능가해 디지털에 대한 불신을 더욱 조장할 것이라고 지적한다. 인스타그램의 공동 창업자 마이크 크리거Mike Krieger는 "탐지용 인공지능 기술로 가짜 뉴스와 전쟁을 벌이고 있다."고 말했다. 예를 들어 의미 없는 게시물이 계속 올라오거나 별다른 활동이 없는데도 친구 숫자가 빠르게 늘어나는 계정은 가짜일 가능성이 크다. 이런 패턴을 학습한 인공지능이 8억 개가 넘는 계정을 실시간으로 분석해 차단한다. 크리거는 소셜 미디어의 핵심 경쟁력은 이용자의 신뢰

확보라고 하면서 가짜 뉴스를 제대로 걸러낼 수 있는 더 똑똑한 인공지능 기술 개발에 총력을 쏟고 있다고 말했다.

인공지능 악용 보고서가 우려하는 것

만일 가짜 뉴스나 가짜 영상이 개인적인 정보 조작이나 정치적인 여론 조작에 악용되는 것을 넘어 범죄 조직에게 악용되면 인류를 위협하는 더 큰 위험이 닥칠 수도 있다. 범죄자들은 인공지능에 인간 수준의 해킹이나 피싱 기술을 학습하게 해서 사생활을 감시하고 자료를 수집하는 등 시민과 국가의 안보에 엄청난 영향을 미칠 수도 있다.

2018년 4월, 영국 옥스퍼드대학교의 인류미래연구소Future of Humanity Institute는 '인공지능의 위험성'에 관한 워크숍을 열었고 그 결과를 바탕으로 〈인공지능 악용 보고서〉The Malicious Use of Artificial Intelligence를 발간했다. 이 보고서는 테러 지원국이나 범죄자, 테러리스트들이 이미 인공지능을 충분히 악용할 수 있는 수준에 이르렀다고 경고한다. 이들이 보유한 드론 또는 자동화된 해킹 프로그램이 언제 어디서 미사일로 바뀔지 모른다는 것이다. 100쪽 분량의 인공지능 악용 보고서에서 전문가들은 인공지능이 악용될 가능성이 가장 높은 분야로 디지털 분야와 정치 분야를 들었다. 이 보고서 작성에는 미국의 비영리 AI 연구 단체인 '오픈 AI'와 일렉트로닉 프런티어 재단EFF, 미국 안보 싱크탱크인 뉴 아메리칸 안보 센터도 참여했다.

전문가들은 인공지능 시스템의 설계자들은 그들이 개발하는 기술이 악용될 가능성을 줄이기 위해 지금보다 훨씬 더 많이 노력해야 하며, 각

나라 정부들은 새로운 법안을 검토해야만 한다고 강조한다. 인공지능 전문가들이 〈인공지능 악용 보고서〉를 통해 주장하는 것은 다음과 같다. 첫째, 정책 입안자들과 기술 연구원들은 인공지능의 악용을 이해하고 대비하기 위해 협력해야 한다. 둘째, 인공지능은 긍정적인 면이 많지만 양날의 칼과 같은 기술임을 이해하고 연구자나 기술자들은 언제나 악용 가능성을 염두에 두고 적극적으로 대비해야 한다. 셋째, 컴퓨터 보안과 같은 기술을 오랫동안 취급해온 분야에서 모범적인 사례를 배워야 한다. 넷째, 인공지능의 악용을 방지하고 완화할 수 있는 다양한 분야의 이해관계자들을 적극적으로 확충해야 한다.

이번 보고서에 대해 영국 옥스퍼드대학교 산하 실존적 위험 연구 센터 Centre for the Study of Existential Risk, CSER의 샤하르 아빈Shahar Avin 박사는 BBC 뉴스 인터뷰에서 "먼 미래보다는 현재 또는 앞으로 5년 안에 사용될 인공지능 분야에 중점을 두고 있다."고 말했다. 보고서에서 전문가들이 특히 우려하는 기술은 강화학습이다. 알파고 제로는 강화학습을 통해 인공지능이 인간의 사례나 지침이 없는 상태에서 초인간적인 수준으로 지식을 습득할 수 있다는 것을 보여주었다.

아빈 박사는 가까운 미래에 인공지능이 어떻게 '악의적'으로 변할 수 있는지에 대해 몇 가지 시나리오를 들어 설명했다. 해커가 알파고와 같은 기술을 데이터나 프로그램 코드의 패턴을 읽는 데 이용한다면 어떨지 생각해보자. 테러리스트나 범죄자가 드론을 구매해서 얼굴 인식 기술을 탑재한 뒤 표적이 되는 사람을 자동으로 공격하도록 만들 수도 있다. 인공지능 기술이 이용될 수 있는 산업 분야에 한계가 없는 만큼, 이 기술이 악용될 수 있는 분야 또한 무궁무진하다.

　이렇듯 우리는 인공지능의 악용으로 매일 위험에 노출될 수도 있는 세상에 살고 있다. 이 문제는 우리가 당면한 매우 심각한 문제로 받아들여야 한다. 위험이 실제로 존재하기 때문이다. 〈인공지능 악용 보고서〉는 전 세계의 정부와 기관들이 인공지능 알고리즘의 잠재력을 개발하고 새로운 위협에 대비하는 일에 서둘러 행동을 취할 것을 촉구하고 있다. 다른 기술과 마찬가지로 미래에 인간이 갖게 될 새로운 힘은 새로운 위험 또한 가져올 것이다. 그리고 다른 기술과 마찬가지로 판도라의 상자를 다시 닫는 것은 매우 어려운 일이다.

　인공지능은 인류를 위해 모든 것을 해줄 수도 있고 인류를 파괴할 수도 있는 복잡한 기술이다. 기술이 진화하는 목적은 21세기의 새로운 인프라를 건설하는 것이며, 그 혜택을 모든 인류가 안전하게 누릴 수 있어야 한다는 것이다. 그러기 위해서는 이를 만들고 사용하는 모든 이가 이해관계자로서 책임을 지고 정책과 가이드라인을 정립하며 기술적 보완을 서둘러야 한다. 양날의 검인 인공지능이 어떤 세상을 인류에게 가져올지는 결국 우리에게 달렸다.

더 작아지는 나노봇,
더 건강해지는 인간

대부분의 사람들은 '의료 로봇'이라
는 단어에서 아마도 최소 침습 수술 방식에 혁명을 일으킨 다빈치 로봇
수술 시스템Da Vinci surgical system을 떠올릴 것이다. 그러나 의료 로봇 분야
에서 가장 흥미진진한 발전은 마이크로 스케일과 나노 스케일에서 일어
나고 있다. 《사이언스 로보틱스》Science Robotics에 실린 최근 논문에 따르면
소재과학과 생체의학의 발전을 통해 약물을 전달하고 정밀 수술을 수행
하며 진단의학을 획기적으로 개선할 수 있는 새로운 소형 로봇이 개발되
고 있다.

이 논문의 저자는 "몇 마이크로미터 이하의 소형 다용도 로봇을 설계

하면 인체 어느 곳이든 접근할 수 있고 세포 수준까지 치료가 이뤄질 수 있어 정밀하고 효율적인 진단과 치료를 제공할 수 있다.”고 설명한다. 이런 크기의 로봇을 설계하는 것은 매우 중요한 도전 과제를 안고 있다. 마이크로 스케일과 나노 스케일의 기계는 일반적인 로봇에서 사용되는 탐색 및 동작 시스템이 효과가 없다. 그러므로 미생물에게서 영감을 얻는 것 같은 새로운 접근 방식이 필요하다. 또한 기존의 배터리와 같은 전원 장치는 이런 크기로 축소할 수 없다. 따라서 생체 환경에서 이용할 수 있는 연료 또는 자기장이나 초음파와 같은 외부 전원을 사용하는 화학 동력 모터에 의존해야 한다.

그러나 이런 번거로운 조건에도 불구하고 과학자들은 복잡한 생체 환경을 탐색하고 생검 샘플을 채취하고 약물을 전달하며 질병을 진단할 수 있는 여러 가지 소형 로봇을 시연해왔다. 이 작은 장치들은 앞으로 의료계에서 유망한 접근법이 될 것이며 이들이 특히 크게 영향을 미칠 세 가지 영역을 살펴보면 다음과 같다.

표적 약물 전달

나노기술 공학자가 약물 전달을 연구하는 건 이제 새로운 게 아니다. 하지만 기존의 솔루션 대부분은 신체의 자연순환계에 의존해 약물을 전달했다. 그러나 소형 로봇을 사용하면 목표 지점에 빠르고 정확하게 약물을 투여할 수 있어 약물의 효과를 높이고 부작용을 줄일 수 있다.

이런 나노봇을 개발하기 위한 가장 대중적인 전략은 화학 나노모터다. 화학 나노모터는 작은 입자로 구성돼 있고 화학 연료를 분해해서 앞으로 나갈 수 있는 버블을 생성한다. 연료는 대개 나노모터와 함께 추가돼야 한다. 그동안 화학 나노모터에 관한 연구 대부분은 살아 있는 유기체보다는 시험관에서 이뤄졌다. 그러나 최근 위산이나 물과 같은 생물학적 유체로 구동되는 합성모터 등 생체 내 실험이 유망한 결과를 얻으면서 화학 나노모터가 더욱 보편화되기 시작했다. 그리고 목적을 달성한 후에는 나노봇의 많은 부분들이 비독성 물질로 변질되어 이를 회수해야 하는 문제도 해결할 수 있다.

또한 자기장이나 초음파와 같은 외부 소스를 사용해 전달 장치를 생체 내에서 작동시키는 방식도 연구되고 있다. 한 인상적인 연구에서는 자기장을 따라 자연스럽게 움직이고 낮은 산소 농도를 향해 로봇처럼 움직이는 박테리아를 공동 개발했다. 연구진은 이 박테리아에 약물이 함유된 방울을 부착시켜 치료가 필요한 종양 부위로 이동시키는 데 성공했다.

정밀 수술

오늘날 최소 침습 수술의 범위를 줄이는 부문에서 많은 진전이 이뤄졌다. 하지만 나노봇은 궁극적으로 신체 표면의 상처가 주사로 인한 구멍뿐인 수술을 지향한다. 또한 나노봇은 인간이나 기계의 손이 도달하기 어려운 부위도 수술할 수 있고, 세포 단계에서 수술을 수행할 수 있다.

현재 개발 중인 '마이크로그리퍼'microgrippers라 불리는 소형 로봇은 별 모양을 가진 300마이크론 크기의 나노봇으로, 조직과 세포를 포착하고 채취할 수 있다. 기계적 또는 전기적 신호로 제어되는 마이크로그리퍼 버전은 잠시 동안 사용되었지만 비교적 크기가 크다. 새로운 마이크로그리퍼 버전은 자기접이식 기능으로 표적 조직을 감싸고 온도나 pH 같은 다양한 환경 신호로 제어될 수 있다.

자기제어식 마이크로봇은 두꺼운 조직에 침투할 수 있는 자기장의 능력을 이용할 수 있어 수술 절차의 개선에 큰 가능성을 보여준다. 연구원들은 자기제어식 마이크로봇을 사용해서 살아 있는 토끼의 안구 속 수술을 시연하기도 했다. 초음파를 이용해 생체에 적합한 연료를 기화시켜 초당 6미터의 속도로 병든 조직 깊숙이 침투하게 해주는 '마이크로 발사체'microbullets도 있다.

센서 감지와 해독

나노모터는 적합한 연료가 존재하기만 하면 계속 움직일 수 있다. 이런 지속적인 움직임은 용액 내 특정 화합물을 검출하는 속도와 주변의 독소를 제거하는 속도를 높이는 데 특히 유용하게 사용된다. 끊임없이 움직이는 나노모터에 생체감지 물질bioreceptor을 부착하면 단순히 떠다니는 것보다 훨씬 빠르게 목표 분자와 충돌해 자체 혼합 솔루션을 만들 수 있다. 이런 자체 추진 나노봇은 표적 세포를 탐지하고 이송하는 능력이 뛰어나 생물학적 환경에서 신속하게 독소를 표적화하고 제거할 수 있다.

이렇듯 의료 로봇 분야는 실제 현장에서 놀라운 진전을 보이고 있지만 앞으로 해결해야 할 여러 문제점들도 많다. 무엇보다 나노모터 중 상당수가 과산화수소를 연료로 사용하고 있는데 이는 생체에 적합하지 않다. 자기장과 초음파를 사용해 나노봇에 전원을 공급하는 것이 외과 수술에 더 적합하다. 또한 다른 응용 분야에서는 인간의 개입 없이 자율적으로 움직일 수 있어야 한다. 최근에는 글루코오스 또는 요소와 같은 체액 내 화학 물질을 동력으로 사용하는 나노모터가 연구되고 있다.

생물학적 환경은 끊임없이 변화하는 예측할 수 없는 곳이다. 따라서 오작동하지 않는 다기능 로봇을 만들기 위해서는 상당한 혁신이 필요하다. 합성 나노디바이스를 생물학적 물질과 결합시켜 면역 반응을 피하는 방법은 유망한 접근법 중 하나다. 합리적인 원가로 치료 목적에 필요한 수준까지 나노봇 기기의 생산 규모를 상업화하는 것과 3D 나노 프린팅을 이용하는 것은 또 다른 도전 과제가 될 것이다.

왜 인간 같은 로봇은
불쾌할까?:

언캐니 밸리가 던지는 질문

핸슨로보틱스Hanson Robotics는 사람들에게 많이 알려져 있는 회사
는 아니지만 그 회사의 제품에 대해서는 들어봤을 것이다. 바로 인
간을 닮은 휴머노이드 '소피아'다.

　소피아는 인간과 상당히 유사하게 만들어졌다. 표면은 플러버
Flubber라고 불리는 피부고무로 돼 있으며 30개 이상의 모터를 통해
얼굴 근육을 미세하게 제어한다. 이런 모터들은 액체 세포를 조작,
피부를 부드럽고 유연하게 만들며 다양한 감정적 표현을 할 수 있
게 한다. 연구자들은 소피아가 62가지의 다양한 표정을 지을 수 있
다고 주장한다. 소피아는 얼굴과 목소리뿐만 아니라 말하는 방식
도 인간과 유사하다. 입력된 말을 그대로 하는 것이 아니라 인간과
상호작용하며 말한다. 하지만 이런 발전된 기술에도 불구하고 우

리는 소피아를 볼 때마다 어딘가 불편함을 느끼는 게 사실이다. 그 이유는 무엇일까?

사람들에게 불편하고 두려운 느낌을 주지 않는 로봇을 설계하려면 '언캐니 밸리'uncanny valley, 즉 불쾌한 골짜기와 싸워야 한다. 이는 로봇이 사람의 모습과 흡사해질수록 인간이 로봇에 대해 느끼는 호감도가 증가하다가 어느 정도에 도달하면 갑자기 강한 거부감으로 바뀌는 현상을 말한다. 하지만 로봇의 외모와 행동이 인간과 거의 구별할 수 없을 정도가 되면 호감도는 다시 증가하며, 인간들 사이에서 느끼는 감정의 수준까지 도달한다.

불쾌한 골짜기는 일본의 로봇공학자 모리 마사히로森政弘가 창시한 개념으로, 그는 '매우 좋지만 완전하지는 않은 어떤 것'이 인간에게 좋지 않은 기분을 줄 수 있기 때문에 완벽함을 피하는 것이 불쾌한 골짜기에 빠지지 않는 유일한 방법이라고 설명한다. 일본에서 만든 반려 강아지 로봇 아이보와 소셜 로봇 지보의 인기를 생각해보면 이해가 간다.

2011년 미국의 샌디에이고 캘리포니아대학교 연구팀은 모리의 불쾌한 골짜기 이론이 옳다는 증거를 인간의 뇌 반응에서 찾아냈다. 연구팀은 실험 대상자에게 실제 사람이 손을 흔들며 인사하는 영상, 사람과 아주 흡사한 인간형 로봇이 인사하는 영상, 내부 골격이 그대로 드러난 로봇이 인사하는 영상을 보여주었다. 참가자들의 뇌를 기능 자기공명영상fMRI으로 촬영한 결과, 첫 번째와 세 번째에는 뇌가 비슷한 반응을 보였지만 인간형 로봇이 손을 흔들며 인사하는 영상을 볼 때는 뇌의 반응이 달랐다. 시각 중추와 감정 중추를 연결하는 연결부에서 격렬한 반응이 나타났다.

연구팀은 인간형 로봇은 사람과 외형은 흡사하지만 행동은 사람과 달리 기계적으로 움직이기 때문에 참가자들이 인간형 로봇의 외형과 행동을 연결하지 못해 뇌가 혼동하는 것이라고 설명했다. 이로 인해 참가자들은 인간형 로봇과 감정 교류에 실패했고, 그것이 거부감의 형태로 나타난 것이다.

물론 불쾌한 골짜기에 대한 기존의 관념을 전적으로 거부할 수도 있다. 핸슨로보틱스의 데이비드 핸슨David Hanson은 당연히 불쾌한 골짜기를 지지하지 않는다. 그는 "많은 위대한 예술 작품들이 인간과 닮았다. 휴머노이드 로봇공학자들의 궁극적인 목표는 예술 작품보다 더 인간에 가까운 로봇을 만드는 것"이라고 말한 바 있다. 핸슨은 여러 과학자들과 함께 불쾌한 골짜기가 과장된 표현이라는 사실을 입증하기 위해 실험을 진행하고 있다. 그는 불쾌한 골짜기가 새로운 세대가 로봇에 익숙해지면 사라질 세대적인 현상이라고 주장한다.

가장 최근에는 로봇공학자 이시구로 히로시石黒浩가 불쾌한 골짜기에 도전하고 있다. 그는 인간 모방을 극단적인 수준으로 끌어올렸다. 인간의 물리적 움직임을 영상을 통해 모니터하고 복제했을 뿐 아니라 실제 사람의 모습을 복제했다. 그가 만든 리플리Repliee

시리즈의 첫 번째 모델은 그의 딸의 모습을 복제한 것이다. 이 모델은 딸의 몸 전체를 실리콘으로 복제하는 작업을 거쳐 완성되었다. 이시구로는 자신을 복제한 제미노이드Geminoid(Android 앞에 쌍둥이를 뜻하는 Gemini를 붙인 단어)를 만들기도 했다. 또한 여성 모델의 외모를 완벽하게 재현한 'Geminoid F' 로봇을 만들어 세계 최초로 로봇 여배우를 영화에 출연시키기도 했다. Geminoid F는 미소를 짓거나 얼굴을 찡그리는 등의 표정 연기가 가능하고 말을 하거나 노래를 부를 수도 있었지만 걷는 행동은 하지 못해 영화에서는 휠체어를 타고 움직였다.

미래에 인간은 기계로 대체되고 기계의 보살핌을 받고 기계와 친밀해지며 심지어 기계와 통합될 것이다. 과학자들은 인간과 로봇의 상호작용을 연구하면서 로봇과 인간의 복제 로봇을 발전시키고 있다. 이제 인류는 인간과 로봇이 함께 상호작용하는 세계로 진입하고 있다. 우리 모두 언젠가는 그런 세계에 살게 된다. 따라서 불쾌한 골짜기를 피하기 위해서는, 로봇과 함께 새로운 세상을 살아가기 위해서는 무엇보다 인간인 자신을 이해하고 인간의 고유한 능력인 공감과 사랑의 기원을 해독하는 과제가 해결돼야만 한다.

소재 로보틱스, 우리의 몸속에 로봇이 들어간다면

영화 〈터미네이터〉에 나온 고전적인 로봇의 이미지는 이제 먼 옛날의 이야기가 될 것 같다. 세계적 학술지 《사이언스》가 발간하는 로봇 전문 학술지 《사이언스 로보틱스》는 미래에는 우리의 몸 전체에 로봇이 분산되어 들어갈 것이라고 전망했다. 이렇게 로봇공학과 소재공학의 아이디어들이 결합된 개념을 소재 로보틱스 material robotics 또는 로봇 물질robotic materials이라고 한다. 이 분야를 연구하는 학자들은 이 두 분야의 발전으로 센서, 동작, 계산, 통신 능력을 갖고 중앙처리장치와 독립적으로 움직일 수 있는 복합 소재를 개발할 수 있었다고 말한다.

소재 로보틱스 분야에서 활용하고 있는 아이디어들은 상당 부분 자연에서 얻은 것이다. 오징어 피부의 적응형 위장 보호색, 다양한 기동을 위한 새의 날개 움직임, 새로운 가지를 지지하기 위해 뿌리를 자라게 하는 고무나무의 능력 등에서 영감을 얻었다. 실제로 적응형 위장 보호색과 새의 날개 움직임은 방위와 항공 분야에 적용되고 있다. 위 논문의 저자들은 이와 비슷한 원칙들이 특정한 표면에서 필요한 마찰력을 계산할 수 있는 스마트 타이어부터 쥐고자 하는 물체의 종류에 따라 힘을 조절할 수 있는 로봇 그리퍼에 이르는 모든 것에 적용될 수 있다고 주장한다.

소재를 보다 적응력 있게 만드는 아이디어는 새로운 것이 아니다. 이미 열이나 기계 응력, 자기장과 같은 자극에 응답해 전압을 생성하거나 모양을 변화시키는 스마트 소재가 존재한다. 이런 소재의 특성들은 이동, 자체 수리, 감지 같은 다양한 기능에 활용되고 있다.

논문의 저자들은 이런 스마트 소재를 생체적합성을 가진 도체나 생분해성을 가진 탄성중합체와 합성하면 로봇 물질의 기초가 된다고 말한다. 그러나 이런 접근 방법은 동일한 소재에 서로 다른 여러 가지 기능을 통합시키고 기계적 기능을 최대한 활용할 수 있도록 설계되어야 한다. 또한 소재 내에서 감지와 제어가 이뤄지도록 하는 연구도 필요하다.

단기적으로는 이런 소재를 활용해서 스마트 직물이나 로봇 그리퍼같이 단일한 목적으로 사용할 수도 있지만 궁극적으로는 로봇의 감각 센서와 처리 시스템을 수없이 많이 만들어 분산시키는 것이 목적이다. 마치 인간이 수억 개의 신경세포를 가진 것처럼 말이다. 즉, 이런 소재를 활용해서 감지 능력을 높이고 엄청난 양의 제어와 피드백 데이터를 옮기며 통신과 계산 능력의 부담을 줄인다. 이런 로봇 소재는 센서에서 얻은 데이터에 자동으로 반응하고 가장 관련성이 높은 데이터를 필터링해 중앙처리장치로 보냄으로써 데이터 병목현상을 경감시킨다.

논문의 저자 중 콜로라도 볼더대학교의 니콜라스 코렐Nikolaus Correll 컴퓨터공학과 교수는 이런 전략은 인체가 사용하고 있는 것과 같다고 말한다. 인간의 감각 시스템은 옷이 피부에 스치는 감각 같은 것은 자동으로 걸러내는데 수천 개의 센서를 가진 인공피부도 같은 방식으로 작용할 수 있다고 설명한다. 새로운 것을 만졌을 때만 중앙의 뇌에 보고하는 방식이다. 그러나 이런 아이디어를 실현하는 데는 현재로서는 상당한 어려움이 있다. 가장 큰 과제는 저렴한 비용으로 충분히 작은 패키지에 이 모든 기능을 통합할 수 있는 로봇 소재를 만들어내는 것이다.

소재 로보틱스 분야는 신소재 개발과 같은 소재공학의 발전과 부품 간 더욱 긴밀한 통합을 지향하는 로봇공학 발전의 융합이다. 만일 로봇공학에서 두뇌와 신체로 구분되는 이분법을 없앨 수 있다면 신체에 두뇌를 가진 로봇의 기초를 만들어 저렴하고 보편적인 로봇을 실제로 구현할 수 있을 것이다. 인간과 같은 기계, 기계가 들어간 인간 같은 공상과학적 상상이 실현될 날도 머지않았다.

미래 농업의 새로운 주인공,
농사 로봇

오지에 풍선을 띄워 무선 인터넷을
공급하는 프로젝트 룬, 드론으로 구호물자나 쇼핑한 상품을 전달하는 프
로젝트 윙 등 인류의 삶을 개선시키고자 노력하는 알파벳X가 또 다른 프
로젝트 구상 중이다. 알파벳X의 CEO이자 문샷 프로젝트를 고안하는 아
스트로 텔러Astro Teller는 농업 분야 혁신을 위해 머신러닝과 기타 첨단 기
술을 결합하는 방법을 논의하고 있다고 말했다.

세계식량농업기구FAO는 2050년경에 세계 인구가 90억 명을 넘어서
면서 식량 부족 문제가 대두될 것이라고 경고한 바 있다. 알파벳X는 식
량 생산을 획기적으로 개선할 수 있는 방법에 인공지능을 활용할 수 있는

방법을 모색하고 있다. 텔러는 샌프란시스코에서 열린 엠테크 디지털 이 벤트EmTech Digital Event에서 이런 계획을 설명했다. 그는 인공지능이 로보틱스 및 드론과 결합되면 농민들이 농작물 수확 시기를 결정하는 데 도움을 줄 수 있으며, 이런 인공지능은 기후변화 및 일기 예보를 예상하기가 어려운 지역의 농장에서 활용될 수 있다고 말했다. 또한 그는 머신러닝의 사용을 검토 중이라고 암시했다.

일단 인공지능을 활용한 농업은 수백만 또는 수십 억 명의 식량 문제를 해결하는 단초가 된다. FAO는 전 세계 농민들이 수백만 톤의 살충제를 사용하고 있지만 매년 세계 농작물 수확량의 20~40퍼센트가 식물 질병과 해충으로 손실된다고 추정한다. 이런 점을 고려해 지속 가능하고 생산적인 농법을 찾으면 인류에게 큰 도움이 될 수 있다.

알파벳X는 꽤 오랫동안 농업을 연구해왔다. 텔러는 농업이란 매우 복잡한 작업이라고 말하며 농업에 머신러닝을 도입할 수 있는 분야로 몇 가지를 언급했다. 수확 시기나 관개 시기를 결정하는 것과 같은 중요한 분야에서 전문성을 더 높이기 위해 머신러닝을 이용할 수 있다. 또한 식량생산에 영향을 미치는 기후변화를 예측하고 해충과 기타 요인을 예측해 농업 환경을 계획할 수도 있다. 드론이나 지상 로봇 또는 이 둘의 결합도 생각해볼 수 있다.

구글 외에도 여러 분야에서 농업을 연구하고 있는 수많은 스타트업과 기업들이 있다. 구글 벤처스는 식물성 우유의 단백질 부족을 보충하기 위해 노란색 완두콩으로 우유를 생산하는 리플푸드에 투자했고, 농업 데이터를 비교 분석해주는 파머스 비즈니스 네트워크에도 투자하고 있다. 소프트뱅크는 2017년 7월 건물로 된 농장을 운영하는 미국 기업 플랜티에 2억 달러를 투자했다.

팜봇이 제시하는 미래의 농업과 식생활의 변화

미국 캘리포니아 주에 있는 기업 팜봇 FarmBot Inc.은 스마트 농업 로봇을 개발했다. 3D 프린터에서 영감을 받아 개발했기에 기본적으로 구조는 3D 프린터와 유사하다. 팜봇은 다양한 위치에 원하는 식물 씨앗을 심고 관리할 수 있는 기능이 있다.

팜봇 Farmbot이란 농사를 의미하는 파밍 farming과 로봇 robot의 합성어로 말 그대로 농사짓는 로봇을 의미한다. 팜봇의 아이디어는 일반적인 텃밭을 관리하는 데 로봇공학을 이용하는 것이다. 텃밭은 외부에, 온실 내에, 또는 벽에 수직 농장 형태로 있을 수도 있다. 이것을 실현하는 가장 간단한 방법은 트랙과 지지대를 두고 로봇이 그 안을 돌아다닐 수 있게 한 다음 텃밭을 만들고 재배하게 하는 것이다.

팜봇은 씨 뿌리기, 물 주기, 농약 치기, 수확하기 등 다양한 기능을 갖고 있다. 물론 지금도 이런 기능을 지닌 농기계들이 현장에서 쓰인다. 그러나 그런 농기계들은 크고 비싸며 대규모 농사를 짓는 데 최적화되어 있다. 사실 팜봇은 대규모 농사를 짓는 용도로 만들어지지 않았다. 실제로도 팜봇에 관심을 보이는 사람들은 전문적으로 농사를 짓는 사람이 아닌 IT 기술이나 기계 설계 및 제작 등에 관심을 갖고 실제로 그와 관련된 기술을 하나 이상 가지고 있는 이들이다. 팜봇의 기술이 대규모 농사를 짓는 데 필요한 게 아니라면 대체 왜 개발되었을까?

요즘은 많은 사람들이 유기농 농산물 구입에 드는 돈을 아끼기 위해 텃밭을 가꾼다. 하지만 일반적으로 텃밭에서 키울 수 있는 작물에는 한계가 있고 소량으로밖에 키울 수 없다. 중국의 경우 먹거리에 대한 불신이 높아 부자들의 경우 시장에 유통되는 가격의 몇 배가 되더라도 검증된 유기농 작물을 구입하는 실정이다. 따라서 적절한 가격에 팜봇이 공급된다면 확실히 수요가 있을 것이다. 그리고 경제적으로 불리한 위치에 있는 지역, 즉 '식량 사막'에 대규모 실내 농장을 구축해 일자리를 창출하고 수입을 증대시킬 수 있는 경제적 효과도 기대할 수 있다. 이런 실내 농업 모델은 농촌과 도시의 식량 사막 모두에 경제성장과 식량 안보를 위한 도구가 될 것이다.

아마도 팜봇의 주 수요자는 텃밭을 가꾸는 것도 좋아하지만 그 시간에 여유로운 여가 활동을 하고 싶은 사람들일 것이다. 따라서 팜봇은 가정용 혹은 소규모 농작용으로 적합하게 만들어져야 하며, 재배 환경에 맞게 내구성 있고 안정적으로 운용될 수 있어야 한다.

팜봇은 씨를 뿌리고 물을 주는 기능 외에 잡초 제거 기능, 작물 성장 분석 등 여러 가지 기능을 가지고 있다. 로봇은 각각의 씨앗을 어디에 심었는지 매우 정확히 알 수 있기 때문에, 씨앗이 놓인 위치를 제외하면 다 잡초로 보고 신속하게 제초 작업을 할 수 있다. 또한 기계에 달린 초분광 카메라와 센서를 통해 식물들을 더 깊이 이해하고 작물이 익은 정도를 정확히 추정하며, 영양소나 물 주는 양을 정확히 조절할 수 있다. 이 외에도 해충 제거 기능, 수확 시기 분석 기능, 날씨 정보나 토양 상태에 따라 잡초 제거나 급수 일정을 스스로 조정할 수 있는 기후 예상 기능도 가능하다.

시간이 흘러 팜봇이 대량으로 제조되면 가격은 더욱 저렴해지고 기능도 유연해질 것이다. 나중에는 자유롭게 돌아다니는 설계가 가능해져서 더 넓은 땅을 재배할 수도 있다. 물론 물과 전기를 충전할 시간은 필요할지 모른다. 팜봇의 전원은 태양열 시스템을 통해 공급되어 외부 전원을 필요로 하지 않으며 스마트폰이나 PC에서 실시간 모니터링할 수 있다. 아직은 인공지능 기술이 접목되지는 않았지만 머지않아 인공지능 기술이 적용된 팜봇이 나타나면 더 많은 일들을 할 수 있을 것이다. 가까운 미래에는 이케아에서 가구를 사서 DIY로 조립하듯 간편하게 개인 경작지를 구해 팜봇 키트를 설치해서 텃밭을 가꿀 수 있다. 인간은 어떤 채소를 먹을지 선택만 하면 된다.

이처럼 미래 농업을 향한 여러 기업들의 관심과 투자는 점점 더 다양해지고 발전하고 있다. 그만큼 식량 문제는 미래의 인류에게 주어질 커다란 과제다. 팜봇은 미래의 농업 형태와 식량 문제 해결이 어떻게 이뤄질지 보여주는 하나의 예시다. 여기에 더욱 진화한 인공지능과 로봇 기술이 어떻게 기존의 농업 형태를 변화시키고 혁신을 이뤄낼지, 나아가 인류의 식생활을 어떻게 개선할지 기대해봄 직하다.

누가 로봇의 인격을
책임지는가

'나는 정말로 사람들을 죽이고 싶다.'

2015년 네덜란드의 인공지능 트위터 봇이 이런 전위적인 트윗을 남긴 적이 있다. 경찰은 봇의 주인에게 살인 위협에 대해 질문했고 봇의 행동에 법적 책임이 있다고 주장했다. 이름과 트윗 내용이 주인의 트위터 계정을 기반으로 하고 있었기 때문이다.

'나는 정말로 사람들을 죽이고 싶다.'라는 트윗 내용이 실제로 범죄에 해당하는지는 명확하지 않다. 그러나 문제는 그다음이다. 누가 책임을 질 것인가? 소유자인가, 창작자인가? 아니면 인공지능을 가장하고 있는 사용자인가? 이 질문을 좀 더 확장할 수도 있다. 자율주행 자동차나 인공

지능 로봇의 실수로 사람이 다치면 법적 책임은 누가 져야 할 것인가? 제
조회사의 책임인가, 자동차 소유주의 책임인가?

인격이 부여된 '전자인간'의 탄생

유럽연합EU에서 로봇의 법적 책임을 놓고 거센 논쟁이 벌어지고 있다.
유럽의회European Parliament는 2018년 2월, 인공지능 로봇이 스스로 판단
을 내릴 능력을 갖추고 그 판단에 대한 알고리즘이 인간이 파악하기 어려
운 수준까지 나아간다면 로봇에 책임을 물을 수밖에 없다는 결의안을 통
과시켰다. 이 결의안은 인공지능 로봇의 법적 지위를 '전자인간'electronic
personhood으로 인정한다. 로봇이 행하는 생명 위협과 재산 손실의 책임을
로봇에게 묻겠다는 의미다.

　유럽의회의 로봇 결의안은 미래 인공지능 로봇 시대를 대비하려는 세
계적인 시도의 하나로, 이 결의안에 따르면 모든 로봇은 당국에 등록돼야
하고, 로봇은 인간을 위해 봉사해야 하며 인간에게 어떤 피해를 입히는
데 사용돼서는 안 된다는 법률이 제정돼야 한다. 이 결의안은 현재 유럽
의 최고 규제 기관인 유럽연합 집행위원회European Commission에서 검토하
고 있다.

　하지만 인공지능 로봇에 대한 법, 윤리 전문가 156명은 유럽연합 집행
위원회에 공개 서한을 보내 "로봇에 법적 지위를 부여하는 것은 부적절
하다."며 유럽의회 결의안에 반대했다. 로봇에게 책임을 부여하게 되면
제조업체, 프로그래머, 소유주 등의 책임이 면책될 수도 있다는 우려도
표시했다.

프랑스의 로봇 윤리 전문가 나탈리 네브장Nathalie Nevejans 교수는 로봇이 로봇을 소유하고 통제하는 인간 없이 사회에 참여하는 것은 불가능하며 이런 상황은 적어도 가까운 미래에도 변함이 없을 것이라고 주장했다. 그는 "로봇에 법적 인격을 부여하면 인간과 기계의 관계가 모호해지고 입법 기관은 점차 로봇에게 권리를 귀속시키는 방향으로 나아가게 된다. 이는 인간을 돕기 위해 로봇을 개발한다는 취지에 역행한다."고 주장했다.

로봇의 윤리보다는 인간의 윤리를

한편 법인과 마찬가지로 로봇의 인격은 제한적이다. 로봇은 투표하거나 결혼할 수 없다. 그러나 EU의 이번 제안은 로봇에 인격을 부여해 책임을 물을 수 있다고 주장한다. 기업에 법인격을 부여해 권리와 책임을 지우는 것과 같은 이치다. 메디 델보Mady Delvaux 유럽의회 조사위원은 "EU는 인공지능 로봇을 전자인간으로 규정해 로봇은 인간에게 도움을 주는 존재라는 점을 명확히 하고 이를 위한 법적 근거를 마련할 필요가 있다."고 말했다. 프로그램 오류나 해킹 등 비상 상황에선 로봇을 즉각 멈출 수 있는 '킬 스위치'를 장착하도록 하고, 정부가 유사시 시스템 코드에 접근할 권한을 가져야 한다는 내용이 유럽의회 결의안에 담겨 있다. 또한 로봇 등록을 의무화하기 위한 규정도 마련했다.

이런 논쟁은 이미 시판을 코앞에 두고 있는 자율주행 자동차에도 해당된다. 자율주행 자동차끼리 충돌하는 사고가 발생했을 때 사고의 책임이 자동차 소유주에게 있는지, 아니면 인공지능 시스템을 개발한 자동차 업체에 있는지, 그것도 아니라면 인공지능 시스템에게 책임을 전가할지 등을 판단해야 하는데, 아직 관련 규정을 명확하게 내세운 국가는 없다. 실제로 2018년 6월, 인공지능이 탑재된 우버의 자율주행차량이 4차선 도로를 건너던 보행자를 미처 발견하지 못하고 사고를 내 보행자가 사망한 사건이 발생했다. 과거 테슬라 자동차를 운전하던 운전자가 자율주행 모드에서 다른 트럭과 부딪혀 사망한 사고가 있긴 하지만 길 위의 보행자를 치어 사망하게 한 사고는 처음이었다.

로봇에 인격을 부여하려는 움직임에 비판적인 이들은 유럽의회 결의안이 로봇의 능력에 대한 오해를 불러올지 모른다고 비판한다. 유럽의회 결의안에 담긴 "자율적이고, 예측 불가능하고, 스스로 학습하는 전자인간"이란 표현은 로봇의 실제 능력을 과장한 것이라고 꼬집는다. 로봇에 윤리를 학습시켜야 한다는 것 역시 현실성이 없다며 '로봇 윤리' 대신 로봇을 제조하고 사용하는 '인간의 윤리'가 더 중요하다고 강조한다. 로봇 시장이 급격히 커지고 있는 만큼 이런 논쟁은 더욱 격렬해질 것이다.

'나는 정말로 사람들을 죽이고 싶다.'고 쓴 트위터 봇이 실제로 위협적인 일을 저지르지는 않았지만, 자율주행 자동차 사고에서 보듯이 자율성이 허락된 로봇의 위험은 이미 우리의 눈앞에 나타나고 있다. 정말로 로봇이 '스스로 생각'하고 있는지는 아직 모르지만 '생각'은 분명히 하고 있다. 그리고 뛰어난 프로세싱 파워를 지닌 로봇은 커다란 책임도 함께 가지고 있다. 조만간 누가 또는 무엇이 책임을 져야 할지에 대해 진지한 논의와 규정이 뒤따라야 할 것이다.

로봇 시대의 생존 전략, 창의력 교육

많은 사람들이 노동시장에서 언제 자신이 기계로 대체될 것인지 궁금해한다. 학생들은 졸업할 무렵에 자신이 선택한 직업이 과연 존재할지 궁금해한다. 한편에서는 무서운 속도로 자동화가 이뤄져 사람의 모습이 사라지고 있는 반면, 운전이나 법률 조사 업무 같은 아직 자동화되지 않은 분야도 많이 남아 있다. 이제 곧 우리는 노동시장의 혼란에 적응해야 한다.

그러나 학생과 노동자들이 평생 학습하고 다시 새로운 기술을 갖추는 것만으로는 충분하지 않다. 이와 더불어 정부와 제도적 차원에서 일어나는 혁신과 이니셔티브들을 살펴볼 필요가 있다. 《이코노미스트》Economist

의 조사에 따르면 앞으로 20년 이내에 약 절반에 해당되는 일자리들이 컴퓨터에 의해 자동화된다. 그러나 세계의 정부들은 사실 이에 대비하고 있지 않다. 많은 사람들이 자동화를 그들의 생계를 위협하는 것으로 여기지만 어떤 사람들은 이를 새로운 기회로 받아들이고 있다.

기계가 못하는 일을 하는 로봇 프루프 교육

노스웨스턴대학교의 총장 조지프 아운Joseph Aoun 은 기계가 못하는 일을 하도록 학생들을 교육시킬 것을 제안한다. 그는 학생들에게 로봇이 할 수 없는 '발명하고, 창조하고, 발견할 수 있는' 사고를 가르치는 새로운 패러다임을 제시한다. 이 새로운 프레임워크를 '로봇 프루프Robot-Proof 교육'이라고 부른다.

아운은 새로운 교육 시스템을 위한 역량 중에서 특히 문해력을 강조한다. 문해력은 인간의 독창적인 능력과 장점에 속한다. 문해력의 세 가지 핵심에는 데이터 문해력(빅데이터를 관리하고 분석할 수 있는 능력), 기술적 문해력(기하급수적 기술을 이해하고 컴퓨터적 사고를 수행할 수 있는 능력), 인간 문해력(상호 소통하고 사회적, 윤리적, 실존적 영향을 평가할 수 있는 능력)이 있다.

또한 아운이 제시한 프레임워크에는 문해력 외에도 네 가지 인지능력이 요구된다. 자동화에 저항력을 가지려면 비판적 사고, 시스템 사고, 기업가정신, 문화적 민첩성이 필요하다. 이런 능력들은 지식 체계가 아니라 사고방식이다. 앞으로도 노동 현장에서 특정한 지식 체계를 학습할 필요는 있다. 그러나 지능을 보유한 기계가 더 많은 일을 하게 되면 그것만으로는 충분하지 않다. 미래의 노동자들은 성공하기 위해 더 높은 수준의 사고 능력을 보여줘야 한다.

아운은 다른 교육 전문가들과 마찬가지로 비판적 사고의 중요성을 강조한다. 비판적 사고란 어떤 사태에 처했을 때 감정 또는 편견에 사로잡히거나 권위에 맹종하지 않고 합리적으로 분석하고 평가하고 분류하는 사고 과정, 즉 객관적 증거에 비춰 사태를 검토하고 인과관계를 명백히 해서 여기서 얻은 판단에 따라 행동하는 과정을 말한다. 많은 학생들이 질문에 대답하는 방법을 배우지만 질문하는 방법을 배우진 않는다. 질문하는 것, 좋은 질문을 하는 것은 비판적 사고의 기초다. 문제를 해결하기 전에 무엇이 문제인지 비판적으로 분석하고 질문할 수 있어야 한다. 이처럼 비판적 사고와 문제 해결은 서로 맞닿아 있다.

두 번째 능력은 시스템 사고다. 시스템 사고는 전체의 입장에서 부분을 이해하며 상호 관련성을 추구하고 문제의 본질을 파악해서 해결하는 사고방식이다. 즉, 부분보다는 전체를 생각하고, 부분은 어디까지나 전체의 부분이며 전체는 부분의 합 이상의 의미가 있다는 체계적 접근 방법이다. 창의적으로 문제를 바라보고 해결하는 이들은 사물을 다양한 관점에서 볼 수 있으며 서로 다른 분야를 연결할 수 있다. 아운은 "기계는 개별적으로 이해할 수 있지만 전체적으로 통합된 방식으로 분석할 수는 없다."고 말한다. 이는 전통적인 교육 방식이 독립된 주제와 지식을 다루는 것과 정반대의 방식이다.

세 번째 능력은 기업가정신으로, 자동화하기 가장 어려운 일 중 하나다. 미래에는 모든 사람이 기업가가 될 것이라고 주장하는 사람들이 많은데, 정말 그렇게 될 가능성이 높다. 그러나 전통적으로 대부분 학생들에게 이니셔티브와 기업가정신을 개발하는 것은 과외 활동의 일부였다. 그러나 이제 기업가정신은 커리큘럼의 핵심이 돼야 한다. 젊은이들이 유연성을 갖고 복잡한 문제를 해결하고, 글로벌 리더가 되어 인류의 도전 과제들을 해결하도록 가르치는 것이다.

마지막으로, 점점 더 세계화되어가는 세상에서는 문화적 민첩성을 지닌 인재들이 더 많이 필요하다. 문화적 민첩성이란 세계적이고 다문화적인 환경에서 잘 적응할 수 있고 새로운 환경에도 빠르게 적응할 수 있는 능력을 의미한다. 오늘날 중요한 추세 중 하나는 비정규직의 부상이다. 또한 사무실에서 일하지 않는 풀타임 근로자들이 점점 더 증가하고 있으며 다국적 기업들은 서로 다른 곳의 사무실에서 근무하는 직원들이 팀을 이룬다. 이런 온라인 네트워크에서 공동 작업을 하려면 각자 고유한 능력과 기술이 필요하고 새로운 환경과 다양한 문화 속에서도 빠르게 적응하는 능력이 필요하다.

창의력의 강조

로봇 프루프 교육은 경험적이고 프로젝트에 기반한 학습에 중점을 둔다. 즉, 강의나 시험을 통해서가 아니라 실생활의 문제를 해결하고 행동과 창조, 실행을 통해 학습한다. 인간은 지성적이고 창의적인 분야, 혁신을 추구하는 일에서 기계를 능가하며 이런 분야의 작업을 자동화하는 것이 가장 어렵다. 가까운 미래에는 가상현실이나 인공지능 기술과 같은 첨단 기술이 우리의 삶에 깊숙이 들어오면서 직관적이고 창의적인 사고가 요구되는 일자리가 더욱 증가하고 여기서 수요가 발생할 것이다.

우리는 이미 창조적인 경제 안에서 살아가고 있다. 우주선, 3D 프린 트로 만든 건물, 인공지능 비서 같은 최첨단 기기들은 과거 누군가의 마 음속에서 단순한 아이디어로만 존재했다. 지금 우리의 세계는 우리의 상 상력이 확장된 것이다. 이처럼 창의력은 인간 역사의 진보에서 아주 강력 한 역할을 수행해왔다.

이제는 변화의 시기이며 점진적 변화나 사소한 개선으로는 충분하지 않다. 우리에게 필요한 것은 교육 부문의 전면적 개혁과 문샷이다. 기하 급수적 발전과 변화가 가속되는 세상에서 교육 부문에 대한 과감한 개혁 이 요구된다.

제 4 장

주거와 교통 혁명

하이퍼루프에서 로봇 도시까지,
의식주와 교통 분야에 나타날 거대한 변화

인공지능이 바꿔놓을
미래 도시 풍경

진보한 인공지능은 미래에 전 세계 도시들을 어떻게 바꿔놓을까? 최근 스탠퍼드대학교는 100년 동안 인공지능 기술을 연구하고 개발하는 'AI 100 프로젝트'를 위해 인공지능, 로보틱스를 비롯한 여러 분야의 과학자를 불러 모으고 있다. 이 AI 100 프로젝트에 소속된 연구자들은 사물을 인지하고 배우고 추론하는 기계가 인간의 삶과 직업, 커뮤니케이션에 어떤 영향을 미치는지에 대해 연구하게 된다.

현재 AI 100 프로젝트에는 하버드대학교, 캘리포니아대학교, 카네기멜론대학교, 컬럼비아대학교, 스탠퍼드대학교 등이 참여하고 있다. 전문가 패널들은 5년마다 인공지능의 현재 상태와 미래의 방향에 대해 평가하게 된다. 연구진은 앞으로 15년 이내에 인공지능이 영향을 미칠 일곱 가지 핵심 분야로 교통, 가정용 로봇, 보건, 교육, 빈곤 개선, 고용, 엔터테인먼트를 꼽았다.

도시의 풍광을 바꾸는 미래의 교통 산업

인공지능의 도입으로 운송 산업의 변화 속도는 놀라울 정도로 빠르게 진행되고 있다. 자율주행 자동차는 2020년부터 자가용뿐만 아니라 무인 배송 트럭, 무인 배송 드론 등 광범위한 산업 분야에서 채택된다. 우버 스타일의 '서비스로서의 자동차'는 자동차 소유에 대한 개념을 바꿔놓았고 대중교통을 대신하거나 주문형 운송과 유사한 형태로 변화되고 있다. 앞으로는 이동 방식이 바뀌면서 출퇴근 시간은 휴식 시간 또는 생산적인 작업 시간이 되고, 주차 공간의 필요성이 감소하면서 도시의 풍광도 혁신적으로 바뀔 것이다.

개인의 움직임, 선호 지역, 목표 지점 등을 관리할 수 있게 해주는 센서가 증가하면서 여기서 생성되는 엄청난 데이터들은 도시 인프라의 설계에도 영향을 미칠 것이다. 그러나 여기서 인간이 배제되지는 않는다. 기계는 인간의 인풋을 통해 학습하고 인간은 자율주행 운송이 부드럽게 운영되도록 관리할 것이다.

일상을 바꾸는 서비스 로봇

앞으로 15년 이내에 상품을 배달하거나 사무실을 청소하는 로봇이 보편화된다. 모바일 칩 제조회사들은 이미 지난 세기 슈퍼컴퓨터의 파워를 칩 하나에 집어넣어 로봇의 온보드 컴퓨팅onboard computing 성능을 대폭 향상시켰다. 클라우드와 연결된 로봇들은 데이터 공유를 통해 학습을 가속화하고, 마이크로소프트의 키넥트 같은 저비용 3D 센서들은 지각 기술의 발전 속도를 높일 것이다. 기계가 인간의 언어를 이해하는 능력이 발전하면 로봇과 인간의 상호작용 능력은 더 확장된다. 그러나 신뢰할 수 있는 하드웨어의 원가와 복잡성을 비롯해 지각 알고리즘을 현실 세계에 적용하는 어려움 때문에 범용 목적으로 사용될 로봇은 아직 갈 길이 멀다. 현재 예측 가능한 미래의 로봇은 아마도 협소한 상업적 목적에 국한되어 사용될 가능성이 높다.

의사와 환자를 돕는 인공지능

향후 15년 동안 보건 분야에 인공지능이 미칠 영향은 기술보다는 규제에 더 많이 좌우된다. 보건 분야에서 인공지능은 데이터에 대한 접근을 필요로 한다. 하지만 지금까지 미국 식품의약국은 데이터 접근성과 프라이버시 사이의 균형이라는 문제를 해결하지 못하고 있다. 전자보건 기록도 아직 빈곤하다. 이런 문제들을 극복한다면 환자의 기록과 과학적 문헌을 일일이 뒤져야 하는 진단 업무가 자동화되고, 의사들은 직관과 경험을 이용해 환자의 치료 절차를 지도하는 데 더 집중할 수 있게 된다.

앞으로는 환자 기록 데이터, 웨어러블 기기, 모바일 앱, 개인 유전자 배열 기록 등을 이용해 개인화된 의료가 현실화된다. 방대한 의료 영상 데이터를 가지고 머신러닝 알고리즘을 훈련시켜 응급 환자를 분류하거나 스캔 영상을 확인하는 등 의사의 업무 부담을 줄여줄 수 있다. 또한 지능형 보행기, 휠체어, 외골격 등은 노인의 생활을 더 활기차게 만들어주고, 일상생활과 집안일을 지원하고 모니터해주는 스마트 홈 기술은 노인들의 독립성을 지켜줄 것이다. 병원에는 물건을 지정된 곳으로 배달하거나 바늘이 제자리에 놓였을 때 봉합하거나 하는 간단한 업무를 수행하는 로봇이 도입된다.

어디서든 원하는 학습이 가능한 원격 교육 산업

2030년경에는 교실과 개인 학습 간의 경계가 희미해진다. 개방형 온라인 강좌Massive Open Online Courses, MOOC는 지능형 강사와 인공지능 기술을 통해 개인 교육을 상용화하게 된다. 컴퓨터 기반 학습이 교실을 대체하지는 않을 것이다. 하지만 온라인 툴 기술을 통해 자기 페이스로 학습하고자 하는 학생들을 도울 수는 있다. 인공지능 교육 시스템은 개인의 선호를 학습하고 이런 데이터를 통해 교육에 대한 연구를 진행하며 새로운 도구들을 더 많이 개발할 것이다.

온라인 학습은 교육 접근 기회, 평생교육, 재훈련 기회를 확산시키며 개발도상국 학생들에게 최고 수준의 교육을 받을 수 있는 기회를 부여한다. 학생들은 정교한 가상현실을 통해 역사 또는 가상 세계에 몰입할 수 있고 실제 세계에서는 경험할 수 없는 환경이나 과학적 대상을 탐사할 수 있게 된다. 디지털 기기들은 더욱 스마트해져서 부가 정보를 연계해주거나 언어를 번역해주기도 한다.

빈곤을 개선하는 인공지능 커뮤니티

SF 소설이나 영화의 디스토피아적 미래와는 반대로 2030년이 되면 인공지능이 사회의 가장 가난한 사람들의 삶을 개선시킬 것이다. 인공지능의 예측 분석에 따라 정부 기관들은 제한된 자원을 더 적절하게 분배해서 그들을 돕는다. 인공지능은 식당의 재고 식품을 푸드 뱅크로 연결시켜 음식이 상하기 전에 쉼터로 배송할 수 있도록 돕는 역할을 한다.

수백만 개의 일자리가 사라지고 생기는 고용 산업

인공지능의 영향은 우리가 일하는 직장에서 가장 확실하게 느낄 수 있다. 2030년에는 인공지능이 변호사, 금융자문, 방사선 전문의 등 숙련된 인재를 필요로 하는 전문 직업들을 잠식한다. 그러나 인공지능은 일자리 그 자체보다는 작업들을 대체하게 되며 현재로선 상상하기 어려운 새로운 일자리와 시장도 창출한다. 전체적으로 볼 때, 인공지능 때문에 소득과 일자리는 감소하지만 자동화로 상품과 서비스의 원가가 낮아져 모든 사람의 생활은 더 나아진다. 그리고 경제 분야의 이런 구조적 변화 때문에 정치계는 부의 분배를 위한 정치적 판단을 요구받는다. 단기적으로는 자원이 교육과 재훈련에 투입돼야 하며, 장기적으로는 보편적인 사회안전망과 기본소득 보장과 같은 접근 방법이 필요하다.

엔터테인먼트 산업의 변화

2030년의 엔터테인먼트는 지금보다 더 많은 상호작용이 이뤄지고 개인화되며 더욱 재미있어질 것이다. 센서 기술과 하드웨어의 발전으로 가상현실, 햅틱 기술(디지털 기기에 촉감을 구현하는 기술), 반려 로봇이 가정에 도입되고 사용자들은 엔터테인먼트 시스템과 대화하며 상호작용하게 된다. 소셜 네트워크는 이미 개인화된 엔터테인먼트 채널을 허용하고 있다. 그러나 앞으로는 사용 패턴과 선호 데이터가 대량 수집되면서 예전에는 불가능했던 수준의 개인화가 가능해진다. 여기에 인공지능의 발전으로 작곡이나 아바타를 이용한 안무 등 각자의 고유한 엔터테인먼트를 만드는 일이 보다 쉬워진다. 이렇게 누구나 콘텐츠를 생산할 수 있게 되면서 앞으로 엔터테인먼트 산업이 어떻게 발전해나갈지 예측하는 게 점점 힘들어지고 있다.

인공지능은 곧 본격적으로 우리의 삶 깊숙이 파고들어 일상과 도시의 풍경을 완전히 바꿔놓을 것이다. 일자리와 교통, 의료 분야는 물론 일상의 집안일이나 오락거리, 학습까지 우리 삶의 대부분을 장악해서 전에는 불가능했던 일들을 가능케 할 것이다. 아직은 법적, 윤리적 문제 등 해결해야 할 과제들이 있지만 인공지능이 우리 사회의 폭넓은 영역에서 풍요롭고 평등한 삶을 제공할 날도 머지않았다.

운송 산업의 미래를 다투는
하이퍼루프와 비행자동차

하이퍼루프에 대한 아이디어는 일론 머스크가 2013년 백서를 발표하면서 대중에게 소개됐다. 이 기술이 실현될 경우 560킬로미터에 이르는 로스앤젤레스와 샌프란시스코를 30분 만에 주파할 수 있을 것으로 예상되는데 이는 항공기보다도 빠른 속도다.

머스크는 이상적인 미래 교통수단의 조건으로 안전과 속도, 원가와 편리성, 경로 근처의 사람들이 불편해하지 않을 것, 지속 가능한 동력 등을 꼽았고 진공 자기부상열차 하이퍼루프가 이런 조건을 만족시킨다고 했다. 또한 구축 비용도 철도 건설보다 낮아 이미 전문가들 사이에서는 전기자동차, 자율주행 자동차와 함께 21세기 3대 교통혁명으로 주목받아

왔다. 하이퍼루프는 현재 시속 300킬로미터를 달리는 고속기차들보다 10배 이상 더 빠르게 달릴 수 있다. 그리고 진공 속을 달리기 때문에 연료가 필요 없어 운송 산업에서 발생하는 많은 환경 문제를 해결해준다.

최근까지 하이퍼루프 기술의 상용화에 대해 일부 회의적인 시각이 있었지만 2018년 6월 일론 머스크가 설립한 보링컴퍼니가 시카고 도심과 오헤어 국제공항 사이를 잇는 고속 지하통근 시스템 프로젝트를 수주하면서 우려를 불식시켰다.

하늘을 나는 자동차의 실현

하이퍼루프보다 비행자동차의 현실화가 더 빠를 것이라는 시각도 있다. 비행자동차 개발은 지난 수십 년 동안 이렇다 할 진전을 보이지 못하다가 최근 새로운 국면을 맞이했다. 드론 기술이 비행자동차에 대한 강력한 모델을 제공하고 있기 때문이다. 과거 비행자동차에 대한 개념은 '날개 달린 자동차'였다. 하지만 이제는 전동식 조종과 자율주행 기능을 지닌 '멀티로터 자동차'의 개념에 더 가깝다.

중국의 드론 제조업체 이항은 최근 승객을 태운 자율주행 드론의 영상을 선보였다. 이 동영상에는 이항의 임원들과 현지 정부 당국자들이 탑승해서 공중 산책을 즐기는 모습이 담겨 있다. 그 외에도 지상 300미터 높이에서 강한 바람에 노출되면서 진행되는 시험 비행의 모습도 볼 수 있다.

에어버스의 자율주행 멀티로터 비행자동차인 바하나Vahana('신들의 탈것'이라는 뜻) 역시 2018년 1월, 첫 시험 비행을 성공적으로 마쳤다. 바하나는 6.2미터×5.7미터 크기의 1인용 기기로, 작은 비행기와 헬리콥터가 합쳐진 듯한 모양이며 수직으로 떠오르고 착륙할 수 있다. 에어버스는 도심 건물 옥상에서 승객을 실어 나르기 위해 기술 검증을 좀 더 할 예정이며, 2020년에 성능이 더욱 개선된 바하나를 선보일 계획이라고 발표했다.

우버 역시 비행자동차 개발에 뛰어들었다. 우버는 2023년을 목표로 우버에어UberAir라는 비행택시 서비스를 준비하고 있으며 2020년부터 미국 및 전 세계 도시에서 실증 테스트를 전개할 예정이다. 우버가 추진하는 비즈니스 모델은 자동차 서비스와 동일한 탑승 서비스를 건물 옥상의 수직 이착륙 비행장에서 제공하는 것이다.

그러나 이를 위한 인프라 투자 비용과 현재의 배터리 기술로 가능한 비행거리의 한계, 파일럿 훈련 비용(또는 완전자율비행 기술을 개발하는 비용) 등을 고려할 때 아직 보편화되기는 어려워 보인다. 대기업 임원이 옥상 헬리콥터 착륙장에서 다른 건물의 헬리콥터 착륙장으로 이동하는 것이 더 원활하고 친환경적일 수도 있다. 하지만 예정대로 진행된다면 현재의 여객 운송 시스템은 큰 패러다임의 전환을 맞이할 것이다.

제5의 교통수단은 무엇이 될 것인가

하이퍼루프와 비행자동차, 운송 산업의 미래를 예고하는 두 가지 비전은 아직은 개념 단계이지만 흥미 있는 질문을 던진다. 과연 둘 중 어느 것이 더 설득력이 있으며 실현 가능성이 높을까?

최근 버진 하이퍼루프원의 포드(승객 탑승용 차체)는 500미터 길이의 실험용 튜브에서 시속 309킬로미터를 기록했다. 현재 하이퍼루프 기술은 비행자동차보다는 더 현실에 가까이 와 있다. 그러나 하이퍼루프를 실현하기 위해 수백 킬로미터의 터널을 건설하고 이를 진공으로 만들며 전기 동력의 튜브를 만드는 비용과 시간은 어마어마할 것이다. 특히 도시 지하 네트워크를 건설하는 것은 도시의 교통 정체에 큰 영향을 미친다. 그러나 비행자동차를 위한 인프라 투자 역시 만만치 않은 문제다. 그런 이유로 지금으로선 하이퍼루프 프로젝트가 비행자동차보다 정책결정권자의 지원을 받을 가능성이 더 크다.

궁극적으로 비행자동차와 고속 하이퍼루프, 지하 하이퍼루프는 경쟁 관계에 있지 않다. 서로 다른 수요를 가지고 있으며 어느 하나의 성공이 다른 것의 성장을 저해하지 않을 것이다. 현재 시점에서 비행자동차는 조만간 실현될 것으로 보이지만 우리 대부분은 사용할 수 없는 개인용 헬리콥터와 어떤 차별점을 가질지 확실하지 않다. 그러나 하이퍼루프가 건설자금을 조달할 수만 있다면 대중교통에 혁신을 가져올 '제5의 교통수단'이 될 가능성이 가장 크다.

인프라 혁신을 이끄는
스마트 도로의 발전

하이퍼루프나 비행자동차 등이 실제로 우리의 도로와 거리를 달리게 된다면 기존의 도로 교통을 통제하던 시스템은 어떻게 될까? 영화 속에서는 멋지게 건물 사이의 공중으로 자동차들이 날아다니지만 그 내부에는 어마어마하게 복잡한 인프라와 통제 시스템이 존재해야만 가능한 그림이다. 자율주행 자동차부터 비행자동차에 이르기까지 오늘날 교통수단이 혁신을 거듭하고 있는 가운데 이 혁신이 제대로 이뤄지려면 인프라의 혁신 또한 수반돼야 한다. 첨단 교통수단들이 일반 도로와 교통 시스템을 마주한다면 곧바로 우측 차선에 갇혀 1미터도 나아가지 못할 것이기 때문이다.

미국은 지구상에서 가장 최악의 교통 체증을 겪고 있다. 로스앤젤레스의 운전자들은 교통 체증으로 매년 평균 102시간을 꼼짝도 못 하고 시간을 허비한다고 한다. 의회예산국에 따르면 2014년 미국이 고속도로 건설과 운영, 유지보수에 사용한 예산은 1,650억 달러에 이른다. 막대한 예산의 대부분은 엄청난 양의 아스팔트와 콘크리트를 구매하는 데 사용되었지만 일부 금액은 스마트 도로 기술과 대체에너지 인프라, 인공지능을 이용한 교통 관리에 투자되었다. 4차 산업혁명이 마침내 도로에도 영향을 미치고 있는 것이다.

주행 상황을 스스로 파악하는 도로

미국 캔자스시티에 위치한 인티그레이티드 로드웨이라는 스타트업은 스마트 페이브먼트Smart Pavement 시스템을 개발했다. 이 회사는 디지털 기술과 광섬유가 내장된 조립식 콘크리트 섹션을 사용한다. 일반적인 아스팔트 포장재를 공장에서 제작해 '업그레이드 가능한' 콘크리트 슬라브로 바꾸는 것이다. 업그레이드된 콘크리트 도로는 실시간으로 어느 차량이 어느 위치에 있는지, 얼마나 빨리 가고 있는지 알고 있는, 말 그대로 '스마트 도로'다.

도로가 스마트해지면 발생 가능한 사고도 미리 알려줄 수 있으며 운전자 및 차량에 가장 효율적이고 안전한 경로를 선택하게 할 수 있다. 또 응급 상황이 벌어진 차의 위치도 알려줄 수 있다.

조립식 스마트 콘크리트는 그 자체로 새로운 기술이다. 이 기술을 이용한 콘크리트는 기존의 아스팔트에 비해 네 배 더 오래가며 설치 비용은

95퍼센트나 저렴하다. 콜로라도 주는 2018년 페어플레이 산악 마을 근처의 고속도로 구간 내 1킬로미터에 스마트 페이브먼트 테스트를 허가했다. 5년 동안 275만 달러가 소요될 이 프로젝트에서는 사고 데이터를 수집하고 사고 발생 시 당국에 이를 통보하게 된다.

주행 중에 전기자동차를 충전할 수 있는 도로

대체에너지가 보급되는 미래의 도로는 더욱 스마트해질 것이다. 인티그레이티드 로드웨이의 스마트 페이브먼트 시스템은 도로에서 무선 충전이 가능하도록 개발될 계획이다. 또한 에이콤이라는 엔지니어링 회사는 댈러스와 덴버 시에서 스마트 충전 차선Smart Powered Lanes 시스템을 설치하고 있다. 이 시스템은 무선 기술을 이용해 주행 중인 자동차의 배터리를 충전한다. 이런 도로를 이용하면 자동차 배터리를 주행 중에 계속 충전할 수 있으므로 최소한의 배터리 저장 용량만 있으면 되어 배터리 기술에 영향을 미치게 된다. 그러면 배터리 비용을 줄여서 전기자동차의 가격을 획기적으로 낮출 수 있다.

이런 무선 충전 기술은 이미 정차 중인 자동차에는 적용되고 있으며 이는 전동 칫솔이나 스마트폰을 무선 충전하는 기술과 유사하다. 스웨덴과 우리나라에서는 이미 이런 유도 방식의 무선 충전 기술을 공공 버스에 적용하고 있다.

스마트 충전 차선 외에도 차량이 지나가면서 생기는 진동을 전기로 변환시켜 전력을 생산하는 방법도 있다. 도로 표면에 적용된 압전 물질은 차량이 도로를 주행할 때 휘어지면서 전류를 발생시킨다. 랭커스터대학교의 엔지니어들은 최근 킬로미터당 1~2메가와트(2,000~4,000개의 가로등에 전력을 공급할 수 있는 양)의 전기를 회수할 수 있는 시스템을 발표했다.

교통 혼잡을 줄이는 도로

이미 여러 도시에서 머신러닝과 컴퓨터 비전을 이용하는 인공지능을 적용해 교통 관리를 하고 있다. 런던에 있는 스타트업인 비바시티 랩스는 런던 북쪽으로 90분 정도 떨어진 인구 23만 명의 도시 밀턴 케인스에서 인공지능 카메라를 이용한 교통 시스템을 연구하고 있다. 이 회사의 시스템을 구성하는 센서들은 80제곱킬로미터 지역 안에서 교통 혼잡 지역을 탐지하고 교통 신호등을 이용해 병목현상을 해결한다. 인공지능 카메라는 긴급 서비스, 대중교통, 자전거 이용자를 위한 교통 흐름에 우선순위를 부여할 수 있다.

미국의 래피드 플로 테크놀로지스라는 스타트업은 신호등 관리에 인공지능을 적용했다. 카네기멜론대학교의 로보틱스 연구소에서 개발된 서트랙Surtrac이라는 이름의 이 시스템은 각각의 신호등에 일정한 자율성을 부여해 적색 신호와 녹색 신호를 결정할 수 있게 한다. 그리고 이런 정보는 다른 교차로에 전달되어 일정한 피드백 루프를 형성한다. 래피드 플로 테크놀로지스는 서트랙 시스템이 교차로 대기 시간을 40퍼센트 줄이며 총 주행 시간을 25퍼센트 단축할 수 있다고 주장한다. 불필요한 차량 대기 시간을 줄이면 공회전을 줄이고 탄소 배출량도 줄일 수 있다.

중국의 스마트 교통 시스템

미국이 로스앤젤레스에서 피츠버그에 이르기까지 다양한 스마트 도로를 연구 및 테스트하고 있지만 중국은 이미 세계 최초로 스마트 교통 시스템을 도로에 적용했다. 베이징에서 남쪽으로 400킬로미터 떨어진 산둥 성의 지난济南 시에는 1킬로미터에 이르는 스마트 고속도로가 건설돼 있다.

이 스마트 도로는 3겹으로 되어 있다. 그중 도로 표면의 투명한 물질은 태양광을 받아들여 고속도로 가로등과 800가구에 전기를 공급한다. 그리고 도로에 내장된 센서들은 온도와 차량 흐름 같은 다양한 변수들을 감지하고 인터넷에 연결된 자동차에 교통 정보를 제공하는 등 인티그레이티드 로드웨이와 비슷한 서비스를 제공한다. 이 스마트 도로는 주행 중에 전기자동차를 충전할 수도 있다. 중국은 다른 모든 국가의 전기자동차 판매량과 맞먹는 전기자동차 수요를 가지고 있다. 그리고 전기자동차와 자율주행 자동차 스타트업에 대한 투자 금액도 급증해 2017년에는 35억 달러에 이르렀다.

이런 모든 혁신은 매우 흥미롭지만 미국과 중국, 인도에 있는 막대한 도로망을 생각해보면 아직도 갈 길이 멀다. 자율주행 자동차, 하이퍼루프 같은 최첨단 교통수단들을 현실화하려면 스마트 도로라는 인프라가 선행되어야 한다. 모든 기술이 그래왔듯, 현실에 적용되기만 하면 기하급수적인 속도로 달려갈 것이다. 스마트 도로는 이제 막 출발했다.

태양광 도로는
미래의 고속도로가 될 수 있을 것인가

전 세계 육지 표면의 약 0.2~0.5퍼센트는 도로가 차지하고 있다. 이 비율은 2050년까지 약 60퍼센트 증가할 것이다. 이는 운송이라는 하나의 용도로 육지를 사용하는 엄청난 면적이다. 그런데 만일 도로가 발전 설비로도 사용된다면 어떻게 될까? 현재 세계 최초로 중국에서 태양광 고속도로가 건설되고 있다. 태양광 패널 고속도로는 미래의 발전소가 될 수 있을까?

태양광 도로와 관련해 가장 최근에는 중국에서 투명 아스팔트와 단열층 사이에 2킬로미터의 태양광 패널을 삽입하려는 시도가 있었다. 그전에는 스캇 브루소Scott Brusaw라는 미국 엔지니어가 개발한 '솔라 프리킨'Solar Freakin 이라는 태양광 도로가 있었는데, 향후 전지 패널에 LED 디스플레이까지 결합시킨 지능형 도로 시스템을 목표로 하고 있다. 브루소는 "미국 전역에 이 시스템을 설치하면 미국의 에너지 수요량보다 많은 에너지를 친환경적으로 만들어낼 수 있다."고 주장한다.

　네덜란드 암스테르담 북쪽에 위치한 크롬메니에는 최초의 태양광 활용 자전거 도로가 있다. 자전거는 네덜란드에서 대중적인 교통수단이다. '솔라로드'Sola Road라는 이름의 시범 도로는 길이가 약 70미터 정도로, 원리는 자전거 도로의 표면에 도달하는 태양광을 태양전지판이 흡수해서 전기로 전환하는 방식이다. 도로 표면이 거대한 태양전지판의 역할을 수행하는 것이다. 이 도로는 친환경 도시전력생산 프로젝트 '암스테르담 스마트시티'Amsterdam Smartcity 의 계획 중 하나로 도로 자체를 태양광발전소로 바꿔 도로 기능과 전력생산 기능을 융합시킨다는 발상에서 출발했다. 이 도로에서 생산된 전기는 가로등, 교통신호등, 표지판 등에 활용될 예정이다. 그러나 시공 가격이 너무 비싸 경쟁력이 없으며 내구성, 습기와 설치 각도 등 태양광발전의 효율 문제가 남아 있다.

　이에 중국에서는 유리 대신 새로 개발된 투명 아스팔트를 사용해서 소재의 문제를 극복하고자 했다. 투명 아스팔트 소재를 개발한 중국의 회사는 일반 아스팔트보다 10배 더 오래 견딜 수 있다고 주장한다. 그러나 일단은 건설 비용 문제를 짚고 넘어가지 않을 수 없다. 솔라 프리킨 도로를 예로 들면 미국의 도로들을 태양광 도로로 대체하는 데 56조 달러라는 어마어마한 비용이 든다. 아무리 미국이더라도 이는 받아들이기 힘든 규모다. 스캇 브루소가 개발한 솔라 로드웨이는 1제곱미터당 746달러라는 건설 비용이 든다. 중국의 태양광 도로는 그보다 훨씬 적은 458달러가 들지만 이것도 상황을 개선하기에는 충분하지 않아 보인다. 그 외에도 에너지 밀도 문제 등 아직 해결해야 할 문제들이 산적해 있다.

그러나 인류의 에너지 위기에 맞서려면 이처럼 급진적이고 더 광범위한 범위에서 해결책들이 나와야 한다. 사하라 사막의 태양광발전소, 대기 중의 이산화탄소 흡수 같은 프로젝트도 수조 달러가 드는 커다란 사업이다. 그런 점에서 중국의 태양광 도로는 혁신적인 재생에너지 솔루션에 대한 중국의 투자를 상징한다. 언젠가는 태양광 도로도 지금보다 훨씬 저렴해지고 효과적인 수단이 될 것이다. 비록 갈 길이 멀지만 그만큼 지구의 에너지 위기가 얼마나 중요하고 어려운 문제인지를 알게 해주는 대목이다.

비용 혁신을 이룬
3D 프린팅 주택

주택을 짓는 방법은 일반적으로 네 개의 벽을 세우고 지붕을 얹는 방식 외에 특별한 방법이 없었다. 그런데 이런 전통적인 기술이 최근 새로운 기술로 완전히 바뀌고 있다. 이제는 집을 짓는 게 아니라 '인쇄'할 수 있게 되었다. 과거에는 일부 산업 영역에서만 활용되던 3D 프린터가 최근에는 전통적인 제조업에까지 확대되고 의료나 건축 등 새로운 영역에서도 활용도가 증가하고 있다.

미국의 비영리단체인 뉴스토리와 3D 프린터 스타트업인 아이콘은 3D 프린팅을 이용한 프로토타입 주택을 공개했다. 이 모델은 약 60제곱미터의 면적을 가지고 있으며 거실, 주방, 침실, 욕실, 그늘이 있는 포치

아이콘 주택 프로토타입

(건물의 현관 또는 출입구의 바깥쪽에 지붕으로 덮인 부분)로 이뤄져 있다. 건물이 완성되기까지는 24시간이 채 걸리지 않으며 건축 비용은 1만 달러 미만이다. 이 주택은 국제건축법International Building Code의 구조 표준에 의거해 지어졌으며, 표준 콘크리트 벽돌주택보다는 더 오래 견딜 것으로 예상된다. 물론 3D 프린터를 이용한 건축은 이제는 그렇게 새로운 시도는 아니다. 그러나 주목해야 할 점은 이 기술로 가난한 빈곤층도 소유할 수 있는 4,000달러짜리 주택을 보급할 수 있다는 점이다.

3D 프린팅 주택, 가난한 사람들의 보금자리가 되다

아이콘의 공동 설립자인 제이슨 밸러드Jason Ballard는 "3D 프린팅을 이용하면 소재의 낭비가 없으며 더 빠른 속도와 폭넓은 디자인, 놀라운 복원력과 뛰어난 경제성을 누릴 수 있다. 10퍼센트 정도 더 좋아지는 게 아니라 10배 더 좋아진다."고 말했다. 밸러드는 그들이 만드는 집의 실용성을 검증하기 위해 이를 사무실로 이용할 예정이며, 집 안에 공기품질측정 시스템을 설치할 것이라고 말했다.

이 주택은 단순히 기술을 자랑하는 것이 아니다. 아이콘과 뉴스토리는 3D 프린팅 기술로 가난한 사람들에게 안전하고 저렴한 주택을 공급하는 것을 목표로 하고 있다. 뉴스토리는 이미 아이티와 엘살바도르, 볼리비아, 멕시코에 800채 이상의 주택을 짓고 있으며 해외에서 자재를 수입하지 않고 지역의 노동력과 재료를 사용하면서 지역사회와 협력하고 있다. 그리고 엘살바도르에서 100채의 주택으로 이뤄진 공동체를 위해 60만 달러를 모금하고 있다. 이 계획이 실현되면 3D 프린팅 주택으로 이뤄진 최초의 공동체가 만들어진다. 주택 건설은 2018년 말에 시작될 예정이며 가족들은 2019년 3/4분기에 이주할 목표를 세우고 있다. 기부자들은 한 채의 주택당 4,000달러 정도를 기부하게 된다.

물론 60제곱미터가 한 가족이 살기에 충분한 공간은 아니다. 하지만 수백만 명이 살고 있는 빈민가의 판잣집이나 오두막에 비하면 커다란 진전이다. 아이콘과 뉴스토리는 엘살바도르의 공동체가 전 세계 개발도상국으로 수출될 수 있는 모델이 되어 현재 집 없이 살고 있는 수백만 명에게 고품질의 주택을 제공하게 되길 희망하고 있다.

전 세계적으로 약 12억 명의 사람들이 마땅한 거처 없이 살아가고 있다. 뉴스토리의 COO 알렉산드리아 라후시Alexandria Lafci는 "영리를 추구하는 새로운 건설 기술의 발전을 기다리기보다는 3D 주택 프린팅 같은 혁신을 가난한 사람들에게 저렴한 주택을 제공할 수 있는 강력한 도구로 이용할 것"이라고 말했다.

세계적인 주택 부족 현상을 해소하기 위한 전략

3D 프린팅 주택은 보금자리가 없는 수백만 명에게 집을 지어줄 수 있는 훌륭한 대안이지만 전 세계의 주택 부족 현상을 해결하기에는 몇 가지 제약이 있다.

개발도상국가에서 저렴하고 안전한 주택이 가장 필요한 곳은 케이프타운, 나이로비, 뭄바이 등 대도시나 대도시 인근 지역이다. 이런 지역에서 3D 프린팅 주택으로 기존의 집들을 대체하는 것은 공간적인 제약이 따른다. 3D 프린팅 주택 공동체는 인구가 밀집되지 않은 농촌 지역에서 보다 현실적인 대안이 될 수 있으며 도시 지역에서 무주택 문제를 해결하기 위해서는 아파트와 같은 수직 건물이 돼야 한다. 높은 건물을 3D 프린팅 방식으로 짓는 것은 이미 진행되고 있지만 가격이 저렴한 편은 아니다.

그렇지만 사무용 고층 건물을 프린트해서 사용할 수 있다면 주택 용도로 고층 건물을 건설하는 것은 시간문제다. 그리고 그동안은 4,000달러로 지을 수 있는 안전하고 안락한 주택을 통해 무주택 문제를 해결하는 것이 현재 전 세계적인 주택 문제와 빈곤 문제를 해결하기 위한 적극적이고 실제적인 접근 방법이라 할 수 있다.

미리 만나는 미래 도시:
도쿄, 싱가포르, 두바이

　　　　　　　　　　오늘날 4차 산업혁명은 로봇이 주
도하고 있다. 로봇은 이미 우리가 살고 있는 도시 공간과 도시 생활 깊숙
이 들어와 경제, 사회, 정치, 보건 분야 등에 영향을 미치고 있다. 사실 지
금 우리가 살고 있는 도시들은 인간이 관리하기에는 너무 방대해졌다. 좋
은 도시 행정은 사물과 데이터, 사람들의 원활한 흐름을 가능하게 하고 이
를 유지한다. 이를 실현하는 방법으로는 공공 서비스, 교통, 배달 서비스
등이 있다.

　병원과 은행에서 흔히 볼 수 있는 길게 선 줄은 그런 도시 행정의 부재
를 의미한다. 또한 교통 혼잡 현상은 도로와 교통 시스템의 부적절함을

보여준다. 온라인 상품 주문은 증가하고 있지만 빠르게 배송되지 않으며 와이파이 서비스는 늘 고객의 수요를 만족시키지 못한다. 환경오염, 교통 혼잡, 네트워크와 소비 증가로 대표되는 현재의 도시 생활은 이제 로봇이 해결할 것이다.

지난 5년 동안 각국 정부는 자동화를 미래 도시의 핵심 요소로 간주하기 시작했다. 현재 많은 도시들이 로봇을 실용적 목적('일상생활을 원활하게 만든다')과 상징적 역할('좋은 도시 행정을 하고 있다는 것을 보여준다')로 도입해서 실험하는 중이다. 자율주행 자동차, 자동화된 약국, 상점의 서비스 로봇, 아마존의 물건을 배달하는 자율주행 드론 등 각 도시들은 꾸준히 자동화되어가고 있다.

많은 대도시들이 경쟁적으로 자율주행 자동차를 개발하기 위한 테스트 베드 역할을 하고 있다. 자동화된 항구와 창고의 증가로 창고에 있는 배달 로봇과 드론 역시 점차 늘어나고 있다. 자동제어 시스템이 교통 흐름을 모니터링하고 통제하여 최적화하며, 자동화된 수직농장은 농업이 없는 도시 지역에서 식량 생산의 혁신을 꾀하고 있다. 새로운 모바일 의료 기술은 병원 밖에서도 보건 관리 역할을 수행하고 경찰관, 식당 웨이터 등 소셜 로봇들이 도시와 상업 공간에 출현하고 있다. 도시의 자동화는 이미 시작되고 있는 것이다. 앞으로 도시의 모습은 어떻게 변화할까? 현재 '로봇 도시'의 풍경을 잘 보여주고 있는 세 도시를 주목해보자.

국가가 통제하는 로봇 도시, 도쿄

일본 정부는 2020년 도쿄 올림픽 개최를 준비하고 있으며 이 행사를 통해 수많은 새로운 로봇 기술을 선보일 예정이다. 도쿄는 로봇 도시 실험실이 되고 있으며, 2014년에 일본 정부가 설립한 로봇 혁명 실현위원회 Robot Revolution Realization Council가 그 책임을 맡고 있다.

일본이 내세운 로봇 혁명의 주요 목적은 경제 재활성화, 문화 브랜드화, 선진 기술의 국제적 증명이다. 이를 위해 일본은 올림픽을 통해서 글로벌 기술을 도입하고자 한다. 현재 일본 정부는 올림픽에서 로봇 택시들이 관광객들을 실어 나르고 스마트 휠체어가 패럴림픽 참가자들을 환영하며, 로봇들이 20개 이상의 언어로 손님들을 맞이하고 외국인들이 로봇으로 증강된 언어 능력을 통해 일본 현지인들과 이야기할 수 있도록 하는 등 다방면에서 노력하고 있다.

자동화 시스템으로 관리되는 스마트 도시, 싱가포르

싱가포르는 스마트 도시다. 싱가포르 정부는 로봇을 이용해 기존 시스템을 물리적으로 확장시켜 도시의 관리와 통제 업무를 개선하고자 한다. 이들은 로봇과 자동화된 시스템을 기존의 스마트 도시 생태계의 자연적 확장으로 간주한다. 이에 따라 에어버스 헬리콥터와 협력하는 자율배송 로봇, 프랑스 자율주행 자동차 기업인 이지마일과 협력하는 무인 셔틀버스를 실험하고 있다.

한편 호텔들은 정부의 보조금을 받는 로봇을 도입해 방을 청소하고 세탁물과 소모품들을 실어 나른다. 또한 조기에 로봇 사용법을 교육하기 위해 유치원에서 유아교육용 로봇을 시범 운영하고 있다. 보건과 사회복지 분야는 세계 전역에서 로봇과 자동화가 가장 빨리 성장하는 분야다.

두바이의 정부 통제식 스마트 시티 전략

두바이는 또 하나의 정부 통제식 스마트 시티의 전형을 보여준다. 두바이 정부는 시스템 운영 개선을 보여주는 것 이상으로 지상에서 가장 행복한 도시를 만들기 위해 공공 분야에서 집중적으로 로봇을 활용하고 있다. 두바이의 도시 로봇 실험은 권위주의적 국가 체제가 공공 서비스, 운송 경찰, 감시 분야에 로봇을 사용하는 방식을 보여준다.

두바이 정부는 로봇 기술을 이용해 세계의 정치경제 환경에서 위치를 확보하고 지역의 리더로 자리매김하기 위해 노력하고 있다. 2017년 9월에는 독일의 드론 회사인 볼로콥터가 개발한 비행택시의 시험 운행을 실시하기도 했다. 목표는 2030년까지 운송 시스템의 25퍼센트를 자동화하는 것이다. 현재는 바르셀로나의 팔로보틱스에서 개발한 휴머노이드 경찰관과 싱가포르에서 개발한 아웃소OUTSAW 차량을 테스트하고 있다. 두바이 정부는 이 실험이 성공을 거둔다면 2030년까지 경찰 병력의 25퍼센트를 로봇화할 것이라고 발표했다.

도쿄와 싱가포르, 두바이는 로봇화의 살아 있는 실험실로, 어떤 미래가 누구에 의해 펼쳐질지를 보여준다. 고도로 로봇화될 도쿄와 가장 스마트한 도시 싱가포르, 범죄 없는 도시 두바이는 그들이 원하는 미래를 실현하기 위해 로봇을 이용한다. 마치 영화 속 도시처럼 이들은 스스로 미래를 구상하고 창조해나가는 국가의 역할을 잘 보여주고 있다.

스마트 하우스의
탄생과 진화

어쩌면 곧 바깥에 나가기 위해 날씨를 살펴보고 미세먼지를 확인하는 일이 무의미해질지도 모른다. 집에서 의식주만이 아니라 교육과 비즈니스, 건강관리까지 모든 것을 해결할 수 있게 되기 때문이다. 이제는 학교나 병원, 은행에 갈 필요도 없어진다. 집에 내장된 수많은 인공지능 센서와 네트워크 도구가 그동안 인간과 사회가 해왔던 일들을 대신해주는 시대가 온다.

실은 이미 그런 시대가 우리 눈앞에서 구체적으로 실현되고 있다. 사물인터넷으로 세탁기에서 청소기에 이르는 가정용 전자제품들이 더욱 스마트해지고 있다. 우리의 거실과 주방은 수많은 센서와 데이터, 클라우드 컴퓨팅을 이용해 온도를 조절하거나 요리하는 방식이 더욱 편리해지고 있다. 아마존 에코나 구글 홈과 같은 음성비서 기기들은 새로운 자율 시스템들의 허브가 되고 있다.

그러나 구글과 같은 회사들은 스마트 홈이 더 큰 역할을 할 수 있다고 본다. 구글은 2009년부터 지금까지 디지털 의료 분야를 겨냥한 특허를 약 40건 출원했다. 마이크로소프트와 아마존, 애플 등도 웨어러블 기기와 모바일 애플리케이션에 집중하고 있는데 주목할 점은 구글의 최근 특허가 건강 상태를 추적하는 스마트 홈이라는 추세를 겨냥하고 있다는 점이다.

진화하는 스마트 홈

구글의 최근 발명품은 심혈관 건강을 감시하는 광학 감지기다. 욕실 거울 등에 내장될 수 있는 이 장치는 신체의 혈류 역학을 추적한다. 예를 들어 고객의 피부색이 바뀌면 다른 센서나 웨어러블 장치를 통해 추가 모니터링을 시작하도록 한다. 의료 비용을 줄이는 가장 빠른 방법은 아픈 사람들을 줄이고 병을 예방하는 것이며 이를 위해 초기 징후를 발견하는 것이다.

실제로 가정에서 사용하는 의료용 사물인터넷 기기는 매우 간단하며 쉽게 사용할 수 있다. 슬립페이스는 침대와 매트리스에 장착된 비착용 센서를 사용해서 수면 시간, 심박 수, 호흡 수, 신체 움직임 및 수면 주기를 모니터링하는 '드림라이프'DreamLife라는 스마트 수면 솔루션을 개발했다. 드림라이프는 고객의 데이터를 분석해 최상의 수면을 달성하기 위한 지침을 제공한다. 뉴욕에 본사를 둔 에이트는 수면 패턴뿐만 아니라 완벽한 수면을 취할 수 있도록 침실 환경을 10여 가지 이상 추적하는 스마트 침대를 제공하며 다른 스마트 장치와 서로 통신해서 침실의 온도와 조명을 조절한다. 샌프란시스코의 어웨어는 공기의 질을 모니터링해서 보다 쉽게 호흡할 수 있게 도와주는 스마트 홈 장치를 발명했다. 이 장치는 화학 물질, 먼지, 온도, 습도 및 이산화탄소를 모니터링해서 공기 품질 점수를 제공하며 대기 품질을 개선하고 시간 경과에 따른 변화를 추적한다.

이런 스마트 홈 제품들은 일반적인 용도로 사용되지만 일부 장치는 노인의 독립적 생활을 도와주기도 한다. 스토브에 달려 있는 센서를 비롯해, 무인 상태로 자동 감지해서 약을 복용할 시점을 보호자에게 알려주는 스마트 알약 디스펜서에 이르기까지 다양한 기기가 개발되고 있다.

스마트폰, 병원이 되다

연구에 따르면 요즘 우리는 하루에 평균 2,500번 스크린을 터치한다고 한다. 스마트폰은 더 이상 전화기가 아니라 우리의 의지로 정보를 처리하는 소형 컴퓨터다. 전 세계 20억 명이 이런 소형 컴퓨터를 가지고 있다.

그렇다면 전 세계적 수준으로 의료 진단을 향상시키기 위해 스마트폰의 기능을 사용할 수도 있지 않을까? 보건 인프라나 의료 전문가가 부족한 지역에서 스마트폰으로 빠르고 신뢰할 수 있는 의료 진단을 제공할 수 있지 않을까? 예를 들면 간과 신장 기능을 평가하기 위해 혈액과 소변에 대한 정기 검사를 수행하는 저비용 스마트폰 부착 장치를 개발할 수 있지 않을까? 이런 부속 장치를 현재 병원 실험실에서 분석을 수행하는 크고 비싼 기계처럼 신뢰할 수 있고 유용하게 사용할 수 있을까? 이런 아이디어들은 의료 인프라가 복잡하고 질병의 위험이 높은 저소득 국가 또는 환경에서 의사들을 보완하는 대안이 될 수 있다.

또한 스마트폰은 우리의 건강 지표를 지속적으로 정확하게 측정해서 개인화된 의료 시대를 열 수 있다. 수면, 운동, 영양, 유전자 정보, 기능 지표 등을 추적하고 강력한 데이터 분석을 통해 대규모 건강 데이터 세트를 종합하면 현대 의학의 난제들을 해결할 수 있는 방법을 찾을 수 있다. 이런 민감한 건강 정보를 수집하는 것은 의심의 여지가 없이 심각한 개인 정보보호 문제를 유발하겠지만, 실험실 기술자가 없는 지역에서 병원균 존재 여부, 혈중 콜레스테롤 수치에 이르기까지 모든 것을 검사할 수 있는 실험실 장비를 갖추기는 더욱 힘들다. 스마트폰은 그런 사치를 누릴 수 없는 지역에 사는 사람들에게도 질병을 예방하고 대응 시간을 단축시킨다는 장점을 제공할 수 있다. 의사들은 행정 업무보다 환자를 돌보는 일에 더 많은 시간을 쓸 수 있어 업무 부담이 줄어든다. 스마트폰 진단 프로그램 제공 업체는 시스템의 사이버 보안을 테스트하고 개선하면서 수십 억 명의 사람들은 아니라도 수백만 명의 의료 데이터를 모을 수 있게 된다.

T. 라크사나소핀T. Laksanasopin과 연구진은 HIV, 매독, 기타 성병에 대해 병원 수준으로 완벽하게 진단할 수 있는 스마트폰 액세서리를 만들었다. 이 발명품은 에이즈 바이러스 등의 병소 감염 진단 테스트ELISA를 할 수 있는 세계 최초의 휴대용 장치다. ELISA는 대개 값비싼 실험실에서만 사용할 수 있는 진단 테스트인데, 일반적인 ELISA 기기는 약 2만 달러에 이른다. 그러나 라크사나소핀이 만든 기기는 약 35달러에 불과하다.

이 장치는 스마트폰에서 전원을 공급받을 수 있으며(이는 전력이 부족한 지역에서 매우 중요한 기능 중 하나다) 15분 안에 테스트 결과를 표시하고 휴대할 수 있다. 르완다의 환자 96명을 대상으로 동일한 질병에 대한 금 표준검사gold standard test(병의 진행 여부를 판단하는 가장 명확한 진단법)와 비교한 결과, 민감성과 특정성은 기존의 방법에 비해 경쟁력이 있는 것으로 나타났다. 진단 테스트가 완벽하지는 않지만 조기 발견으로 생명을 구할 수 있기 때문에 이런 결과는 매우 흥미롭다.

스마트 홈을 연구하는 많은 이들이 모든 가정에 건강관리 로봇이 있는 미래를 상상한다. 점점 더 고령화되어가는 인구를 고려하면 앞으로 우리의 건강을 돌보는 것은 인간 의사나 간호사이기가 사실상 어려울 것이다. 그런 점에서 건강관리 센서와 로봇은 가정에 필수적인 시스템이 될 수밖에 없다. 또한 이런 스마트 홈을 통해 우리의 삶의 질은 우리가 생각했던 것보다 훨씬 더 나아질 것이다.

전 세계의 창문이
태양광발전소가 되다

햇빛은 어디에나 있지만 햇빛에서 에너지를 얻을 수 있는 것은 태양광발전소나 옥상의 태양광발전 설비에 국한되어 있다. 그러나 최근 발표된 새로운 분석 자료에 따르면 '투명 태양전지' 기술이 등장하면 창문, 디스플레이 스크린, 자동차에 적용되어 미국 내 에너지 수요의 40퍼센트를 공급할 수 있다.

투명 또는 반투명 태양광발전 물질에 대한 연구는 불과 5~6년 전에 시작되었다. 그러나 《네이처 에너지》Nature Energy에 실린 최신 논문에 따르면 이미 일부 상업용 샘플이 등장했고 시연을 통해 인상적인 결과를 내고 있다. 미국 전역에 유리로 된 표면은 50억~70억 제곱미터에 이르고 이를 투명 태양전지로 코팅한다고 하면 오늘날의 태양광 패널 효율로 볼 때 100기가와트의 전력을 추가로 생산할 수 있다. 이는 건물에서 유리가 아닌 면에 이런 물질을 적용할 수 있는 가능성은 제외한 것이며, 손에 들고 다니는 전자 기기나 자동차 유리도 제외한 수치다.

궁극적으로 투명 태양전지 기술은 이전에는 설치할 수 없었던 작고 큰 표면에 저렴하고 광범위하게 태양전지를 설치할 수 있게 해줄 것이다. 논문의 저자인 미시건 주립대학교의 리처드 런트Richard Lunt 재료화학공학과 교수는 태양전지가 기존 유리창을 대체하면 화석연료 사용이 획기적으로 줄어들 것이라고 발표했다.

투명 태양전지의 잠재력과 과제

현재 투명 태양전지 기술은 잠재력의 3분의 1 정도의 효율을 보이며, 표준 실리콘 태양광 패널의 15~20퍼센트에 비해 5퍼센트 정도의 발전 효율을 낸다. 그러나 투명 또는 반투명 태양전지 개발에는 다양한 접근 방법이 있으며 상당한 진전을 보이고 있다. 오늘날 태양광발전 비중은 전 세계적으로 1.5퍼센트에 그치고 있다. 투명 태양전지를 이용한다면 이 비중을 크게 높이고 화석연료 사용은 그만큼 낮출 수 있다. 현재 유리창이 설치된 곳을 모두 투명 태양전지로 대체하는 게 가능하기 때문이다.

태양전지의 투명성을 높이기 위한 세 가지 주요 전략은 다음과 같다. 불투명한 태양전지를 투명한 소재에 통합하거나 불투명 소재의 두께를 줄여 빛의 투과를 늘리는 방식, 적외선과 자외선을 흡수하면서 가시광선은 통과시키는 방식, 유리 표면에서 빛의 방향을 가장자리로 바꾸는 방식이다. 그렇게 해서 태양광 집광장치라고 부르는 전통적인 태양전지로 전기를 생산할 수 있다.

이런 기술의 발전에도 불구하고 투명 태양전지 기술을 상용화하는 데는 여러 가지 문제들이 남아 있다. 많은 접근 방법들이 소규모에서는 잘 작동하지만 대형화하기는 쉽지 않은데, 이는 주로 광활성 물질이 갖는 특성에서 기인한다. 또한 생성된 전기를 옮기기 위한 투명 전극도 제한 요소다. 인듐 전극은 이런 병목현상을 풀 수 있는 방법이지만 인듐은 수요가 높아 공급 측면에서 문제가 발생할 수 있다.

또한 대부분의 유리 표면은 태양광을 수확하기 최적의 위치에 배치되어 있지 않다. 건물의 유리는 대개 수직의 형태이고 위도에 따라, 유리의 방향에 따라 빛의 양이 크게 달라진다. 마지막으로, 이런 기술의 상당수는 산소와 습도에 매우 민감한 유기물질을 수용하고 있기 때문에 수명이 몇 년 정도에 불과하다. 건물에 통합되는 시스템의 수명이 짧다면 실질적인 선택 사항이 될 수 없다. 한 가지 옵션은 이런 투명 태양전지를 창문 안쪽에 설치해서 창문 라미네이트를 대체하는 것이다. 이렇게 하면 번거로운 작업을 대신할 수 있다.

이런 여러 가지 난제에도 불구하고 전 세계의 모든 유리 표면을 태양전지로 바꾸는 것은 그 잠재력이 실로 어마어마하다. 효율성과 내구성, 상용화의 측면에서 아직 더 많은 연구가 이뤄져야 하지만 그런 결과로 향하는 경로는 이미 잘 설계되어 있다. 유리 제조업체는 이미 유리 표면에 다양한 코팅을 할 수 있는 시스템을 갖추고 있으므로 태양전지 박막을 추가하는 것은 그다지 어려운 일이 아니다. 그리고 건축용 유리나 스마트워치, e-리더와 같은 저전력 모바일 기기에 대한 시연이 이뤄지고 있다. 모든 기기들이 스스로 태양광을 이용해 충전하는 것은 그리 먼 미래의 일이 아니다.

앞으로 모든 기기와 도시 시스템이 태양광으로 필요한 전력을 공급받을 날이 올지 모른다. 그만큼 지구가 직면한 에너지 문제는 심각하며 기술적 측면만이 아니라 사회적, 정책적 측면에서도 이를 해결하려는 적극적인 노력이 필요하다. 또한 태양광발전의 혁신은 주거 문화뿐 아니라 도시의 풍광을 확 바꿔놓을 변화를 가져올 것이다. 모든 창문과 스크린, 자동차, 도로가 태양광발전소가 되고 더 이상 화석연료가 사용되지 않는 미래가 곧 다가온다.

빈집 900만 가구의 일본,
한국의 미래인가?

주택의 수요는 인구와 비례한다. 인구가 점점 줄어들고 있는 일본을 살펴보면 현재 빈집이 900만 가구나 된다고 한다. 우리나라도 예외는 아니다. 시골에 가면 빈집을 적지 않게 볼 수 있다. 그리고 머지않아 서울에서도 이런 광경을 보게 될 것이다. 2025년경이 되면 빈집들이 속출한다. 통계청에 따르면 2017년 출생아 수는 35만 7,800명으로 2016년보다 4만 8,500명 급감해 통계 작성이 시작된 이후 최저 수준으로 줄어들었다. 2018년 전체 합계출산율은 0.98명을 기록했는데 특히 서울(0.84명)과 부산(0.98명)의 합계출산율은 전체 출산율을 밑도는 수준이다. 그럼에도 불구하고 서울은 지금도 아파트값이 계속 폭등 중이다. 부산은 지난해까지 아파트값이 폭등했지만 이는 가수요일 뿐 곧 폭락할 것으로 예측된다.

주택 소유의 종말과 집값 폭락의 시작 2025년

이미 2006년 영국 옥스퍼드대학교의 데이비드 콜먼David Coleman 교수는 한국이 저출산으로 인구 소멸 국가 1호가 될 것이라고 경고했고, 당시 유엔미래보고서는 그런 출산율이 계속 유지될 경우, 한국인은 2300년에 사라지게 될 것이라고 발표한 바 있다.

이런 우리와 사정이 다르지 않은 일본은 빈집 처리에 엄청난 국가 예산을 쏟아붓고 있다. 정부가 나서서 법 제정에서 정책 방향 설정과 제도 개선에 이르기까지 빈집 문제에 실질적으로 접근하기 위해 노력 중이다. 일본의 빈집은 1958년 36만 가구에서 2013년 820만 가구까지 늘었는데 2013년의 빈집 비율은 13.5퍼센트였다. 이 비율은 2023년 21.1퍼센트, 2033년 30.4퍼센트로 점점 늘어날 전망이다. 일본 국토교통성은 빈집을 선별해 활용과 철거가 빠른 속도로 진행될 수 있도록 빈집 재생추진 사업, 빈집 관리기반 강화 사업, 빈집 대책 종합지원 사업 등을 시행 중이다.

한국은 이제 부정할 수 없는 인구 감소국이다(나아가 인구 멸종국이 될 수도 있다). 그뿐 아니라 최저출산율의 나라, 최대 자살국, 최대 교통사고 사망국이기도 하다. 지금 부동산을 부추겨 집을 더 짓기보다는 점점 늘어날 빈집에 대해 고민하고 곧 불어닥칠 부동산 폭락에 대비해야 한다.

제 5 장

에너지와 환경

죽어가는 지구,
문제 해결의 돌파구는 어디에 있는가?

태양광은 어떻게
미래의 대안이 될 것인가

더 이상 화석연료는 지구의 미래 에너지원이 될 수 없다. 이제는 다른 에너지원을 찾아 하루 빨리 가동할 방안을 고민해야 한다. 많은 사람들이 태양과 바람, 물 등 고갈되지 않고 지속적으로 이용할 수 있는 재생에너지의 활용을 이야기한다. 여기서 중요한 점은 에너지원의 양이 문제가 아니라 이를 활용하는 '방식'이 문제라는 점이다.

재생에너지 회의론자들에게 자주 듣는 말 중 하나가 '간헐성 문제'inter-mittency problem다. 이들은 바람이 불지 않는 날도 있고 어두운 밤도 있기 때문에 태양과 바람에서 항상 에너지를 얻을 수 없다고 주장한다. 이들의 주장에 따르면 재생에너지 전력망은 '지속 가능하지 않다.' 물론 이들은 화석연료를 언제까지나 이용할 수 없다는 사실은 언급하지 않는다. 이들처럼 태양이나 바람의 간헐성 문제를 극복할 수 없다고 생각한다면 재생에너지는 신뢰할 수 없는 자원이다.

100퍼센트 재생에너지 사용이라는 목표를 달성하려면 지금보다 더 나은 배터리 기술이 필요하다. 발전된 배터리 기술을 활용한다면 태양광 같은 재생에너지의 경우 쉽게 확장될 수 있다. 주택에 태양광 패널을 설치하고 맑은 날에 생산된 초과 에너지를 배터리에 저장해서 밤에 이용하는 일도 가능하다. 매일 배터리 기술의 발전에 관한 혁신적인 내용이 발표되고 있다.

경제학자들이 또 하나 관심을 보이는 부분은 설치 비용이다. 태양광 패널 가격이 폭락하면서 태양광 패널 설치 비용의 상당 부분은 초기 설치 비용이 차지한다. 만일 배터리 가격이 지금처럼 계속 하락한다면 가정용 배터리 시스템도 마찬가지일 것이다. 그렇게 되면 집을 가진 개인이 가정에서 태양광 에너지를 직접 생산하고 초과된 에너지를 팔거나 기부할 수도 있게 된다. 이를 코인 형태의 암호 화폐를 통해 경제적 이익을 얻을 수도 있다. MIT 미디어랩 교수인 존 클리핑거John Clippinger와 여러 지식인들이 모여 만든 스위치 토큰Swytch Token이 대표적이다. 누구든지 스위치 플랫폼에 등록하고 재생에너지 생산에 기여하면 이를 토큰으로 보상해준다. 화석연료를 재생에너지로 바꾸는 사람들에게 현금화할 수 있는 토큰을 발행한다면 재생에너지로의 전환은 더 빨리 이루어질 수 있다.

이처럼 에너지 문제는 한두 개의 기술 개발을 넘어 블록체인을 활용한 플랫폼 개발 및 토큰 제공 같은 강력한 인센티브를 통해 더 빨리 해결될 수 있다.

전기자동차로 하루 전력량을 공급하다

미래에 모든 동력이 재생에너지로 완전히 전환되면 많은 사람들이 집을 제외하고도 이미 괜찮은 배터리를 갖게 된다. 바로 전기자동차 안의 발전소다.

테슬라 모델X의 배터리는 현재 최대 100킬로와트시에 이르며 충전하는 데 일곱 시간 정도 걸린다. 아직은 테슬라가 전기자동차의 선두 주자이지만 다른 회사들도 이를 따라잡기 위해 노력하고 있다. 중국과 영국을 비롯한 여러 나라에서 몇십 년 이내로 화석연료 자동차를 금지하거나 단계적으로 퇴출시킬 계획이다. 그리고 기술이 발전하고 기술 제품의 가격이 하락하면 모든 사람이 전기자동차를 갖게 될 것이다. 대부분의 가정에서 집에 전기를 공급하는 고효율 배터리를 갖게 되는 셈이다.

전기자동차를 배터리로 사용하는 모델은 사람들의 자동차 사용 방식에서 아이디어를 얻었다. 아침에 직장에 나가기 위해 차를 타고 나가면 자동차는 사무실 주차 공간에 온종일 서 있게 된다. 이렇게 태양광발전 용량이 가장 큰 시간대와 전력 가격이 가장 비싼 시간 동안 자동차는 전력망을 통해 충전할 수 있다. 또한 네덜란드 아인트호벤 연구진이 개발한 태양광발전으로 구동하는 전기자동차 스텔라 비stella vie처럼 스스로 태양광 패널을 통해 충전할 수도 있다.

이런 전기자동차에 충전된 자동차 배터리로 저녁에 귀가하여 가전제품에 에너지를 공급할 수 있다. 미국 가정의 하루 평균 에너지 소비량은 32킬로와트시(1년 기준 1만 1,700킬로와트시)다. 유럽과 일본 가정의 평균 에너지 소비량은 미국 가정의 절반 이하다. 테슬라 자동차의 최신 100킬로와트시 배터리를 이용할 경우 3분의 1 이하의 용량으로도 가정에서 하루 종일 사용하는 전력을 공급할 수 있다. 충전된 전력이 모자라면 전력망에서 전력을 구매할 수 있다. 이처럼 스마트 충전 시스템을 이용하면 자동차도, 집도 하루 동안 충분한 전력을 유지할 수 있다.

더욱 효율적이고 스마트한 에너지 전략

물론 이것이 모든 것을 해결할 수 있는 솔루션은 아니다. 미래 전력망의 키워드는 '유연성'이 돼야 한다. 다양한 전력원에서 전기를 얻고 다양한 장소에 분산되어 있으며 간헐적인 수요와 공급을 보완할 수 있어야 한다. 미래의 전력망은 오늘날보다 전력의 저장과 전송이 더욱 효율적으로 이뤄져야 한다.

재생에너지로 전력망과 에너지 시스템을 가동하는 것은 심각한 기후 변화에 대응해 보다 깨끗하고 친환경적인 미래를 만들어나가기 위한 커다란 과제다. 꼭 해내야 하는 과제이기도 하다. 전기자동차가 전 세계적으로 필요한 에너지 저장 인프라를 공급할 수 있다는 점은 기분 좋은 우연의 일치다. 우리의 일상에 필수가 될 두 가지 기술은 우리의 미래를 더욱 효율적이고 친환경적으로 만들어줄 것이다.

21세기의 연금술, 인공광합성

재생에너지와 더불어 태양에너지의 사촌 격이라 할 수 있는 인공광합성 기술에 주목해야 한다. '21세기의 연금술'이라고까지 불리는 인공광합성은 전 세계적으로 연구 경쟁이 벌어지고 있는 분야다. 한국은 물론 미국의 인공광합성공동연구센터JCAP, 일본의 문부과학성, 독일의 막스플랑크연구소 등이 국가적 연구개발 과제의 일환으로 인공광합성을 연구하고 있다.

인공광합성의 원리는 이탈리아 화학자 자코모 치아미치안Giacomo Ciamician 교수가 처음 제시했는데, 1912년 《사이언스》에 기고한 '미래의 광화학'Photochemistry of The Future이라는 제목의 글에서 그는 이렇게 말했다. "유리 건물이 모든 곳에 세워진다. 유리 건물의 내부에서는 지금까지 식물의 비밀이었던 광화학 과정이 일어나는데 자연에서보다 풍성한 열매를 맺을 수 있는 산업으로 성장한다. 태양 에너지를 사용하는 문명은 화석연료를 사용하는 문명보다 인류를 더 행복하게 해줄 것이다."

우리 주변에 있는 식물들은 해가 비치는 동안 놀라운 일을 한다. 식물들은 태양에서 흡수한 에너지를 이용해 필요한 영양분을 만들어낸다. 즉, 광합성 작용을 한다. 식물이 이런 일을 하는 것은 그들이 살아가는 데 필요한 모든 것을 만들어내기 위해서다. 인간들이 사냥을 하고 식량을 찾아 돌아다니는 동안, 식물은 햇볕 아래서 태양 에너지를 받아 이산화탄소와 물의 원자들을 재배열해 화학연료인 당을 만들어낸다.

이렇게 식물이 하는 일을 연구하는 이유는 에너지가 필요하기 때문이다. 기름이나 가스를 태울 때 나오는 오염물질로 공기를 더럽히지 않고도 물을 끓이고 자동차를 운전하고 컴퓨터를 켤 수 있는 에너지 말이다. 태양은 우리가 1년 동안 화석연료에서 얻는 에너지보다 더 많은 에너지를 지구에 제공한다. 만일 우리가 식물처럼 광합성을 할 수 있고 태양 에너지의 일부를 연료로 바꿀 수 있다면 인류의 생활은 훨씬 편해질 것이다.

식물의 비밀에서 에너지 혁명의 힌트를 얻다

1912년 자코모 치아미치안은 식물처럼 광합성 작용을 이용해 깨끗한 연료를 만들어내는 '유리관의 숲'이라는 미래의 에너지 계획을 발표했다. 오늘날 개발되고 있는 인공 나뭇잎은 현대판 유리관의 숲이라고 할 수 있는데, 이것은 식물의 비밀에서 힌트를 얻어 태양 에너지를 연료로 바꾼다.

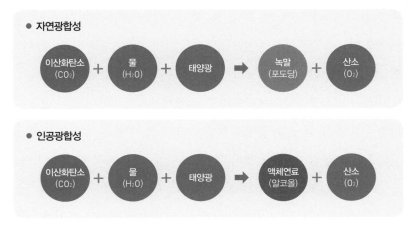

● 자연광합성

이산화탄소
(CO_2) + 물
(H_2O) + 태양광 → 녹말
(포도당) + 산소
(O_2)

● 인공광합성

이산화탄소
(CO_2) + 물
(H_2O) + 태양광 → 액체연료
(알코올) + 산소
(O_2)

인공광합성의 원리

식물 기관은 광자라고 부르는 빛 에너지를 이용해 매초 400회에 이르는 놀라운 속도로 물 분자를 산소와 수소로 분해한다. 에너지 과학자들이 이 과정에서 흥미를 갖는 부분은 물을 분해하는 것과 그 결과로 발생하는 수소다. 수소 연료전지는 수소와 산소가 결합해 순수하고 깨끗한 물을 만들면서 에너지를 생산한다. 이 과정에는 탄소가 관여하지 않는다. 따라서 수소야말로 우리가 찾던 21세기 인류 생활에 혁명을 가져올 가능성을 가진 깨끗한 연료다.

태양광 패널은 효율성 측면에서 이론적 한계를 가지고 있으며, 태양광 패널을 통해 전기를 공급한다고 해도 여전히 지구에는 액체와 고체 연료가 필요한 곳이 있다. 그리고 기후변화는 인공광합성 연구의 새로운 자극제가 되었다. 식물이 이산화탄소를 격리하기 때문이다. 파리기후변화협약이 정한 섭씨 2도 상승이라는 목표를 충족시키려면 탄소의 포획, 저장과 함께 다량의 바이오 에너지가 필요하다. 식물은 이산화탄소를 포획해 바이오 연료로 전환시키는 역배출 역할을 하며, 이 바이오 연료의 연소로 발생하는 이산화탄소 또한 포획해서 지하로 격리시킬 수 있다.

따라서 인공광합성은 에탄올과 같은 액체연료의 원천이 되며 탄소 역배출 역할을 할 수 있다. 일부 학자들은 이 '수소 경제'hydrogen economy가 이산화탄소 배출 감소의 해결책이라며 강조한다. 이는 전체 에너지 인프라를 교체하지 않고 연료만 교체할 수 있다는 장점이 있다. 인공광합성을 통해 태양 에너지로 수소 또는 에탄올을 생산할 수 있다면 환경적 피해 없이 액체연료를 계속 사용할 수 있을 것이다. 모든 것을 전기화하는 건 석유를 에탄올로 전환시키는 것보다 훨씬 더 어려운 일이다.

자연과 공존하는 미래를 위한 인공광합성 연구

최근 인공광합성 분야의 투자와 연구가 활발히 이뤄지고 있다. 여러 가지 광화학 프로세스에 대한 연구가 이뤄지고 있으며 그중 일부는 식물보다 더 효율적인 광합성 결과를 나타내고 있다.

2018년 《네이처 카탈리스트》Nature Catalyst에 발표된 최근 논문은 광전지를 이산화탄소 전기분해 장치에 연결시키는 기술에 대해 설명했다. 혐기성으로 호흡하는 미생물이 이산화탄소와 물을 전기 에너지와 함께 부탄올butanol로 변환시킨다. 이런 공정은 전기 에너지를 원하는 제품으로 변환시킬 수 있는 능력이 100퍼센트에 가깝고 시스템 전체가 태양광을 연료로 변환시키는 효율이 8퍼센트에 이른다. 태양광 패널의 최대 전기변환 효율이 20퍼센트 정도라는 점, 사탕수수와 스위치그래스 같은 가장 높은 효율을 보이는 식물들도 6퍼센트 정도라는 점을 고려할 때 이는 괜찮은 수치다.

환경적이고 실용적 관점에서 수십 억 개의 인공식물을 만들어낸다는 것은 잘 선택된 바이오 연료용 식물을 파종하는 것보다 현실성이 떨어져 보일 수 있다. 그러나 식물들은 좋은 흙과 땅을 필요로 하며 이는 재배를 반복할수록 급속히 악화된다. 바이오 연료는 증가하는 인구를 먹여 살릴 수 있는 농토를 사용해야 하며 막대한 양의 담수를 필요로 한다. 그런데 인공광합성은 사막이나 불모지, 심지어 바다에서도 '재배'할 수 있다.

우리는 자연에서 영감을 얻는다. 하지만 자연을 이해하고 통제하며 나아가 개선하는 일은 매우 어려운 일이다. 앞으로는 화석연료에 더 이상 의존할 수도, 그럴 필요도 없는 시대가 올 것이다. 태양과 바람, 물 등 자연에서 에너지를 얻고 식물에서 에너지의 비밀을 알아내 지속 가능한 미래를 만들어갈 것이다. 그러기 위해서는 무엇보다 자연을 이해하고 함께 살아가려는 마음과 노력이 필요하다.

글로벌 과제를
새로운 기회로 바꾸다

바다는 지구의 생명선이며 수많은 해양 생물의 고향이다. 바다는 지구의 72퍼센트를 덮고 있으며 지구상에 존재하는 물의 97퍼센트를 담고 있고, 우리가 호흡하는 산소의 절반가량을 생산한다. 그러나 우리와 같은 육지 거주자들은 이런 사실을 너무나 쉽게 잊는다.

다른 많은 생태계와 마찬가지로 바다는 어류 남획, 지구 온난화, 산성화, 오염 등 인간의 활동으로 위협받고 있다. 매년 800만 톤의 플라스틱(식품 포장지, 음식물 용기, 병, 일회용품 등)이 바다에 유입되어 해양 생물과 생태계를 위협하고 있다. 세계 인구가 증가하고 여러 나라들이 도시화되면서 플라스틱 유입량은 계속 증가하고 있으며 결국은 인류를 위협하는 지경에 이르렀다.

그러나 좋은 소식은 아직 희망의 여지가 있다는 점이다. 인간은 실망스러운 행동을 하기도 하지만 혁신적인 진보를 이뤄내기도 한다. 기존에 생각지 못했던 발상의 전환을 통해, 또는 발전된 기술을 이용해 인류의 생존을 위협하는 해양 쓰레기 문제를 해결하고자 노력하는 개인과 기업들이 나타나고 있다. 이들은 세계의 환경 문제를 해결하는 것은 물론 새로운 비즈니스 기회 또한 만들어내고 있다.

플라스틱 막대 하나로 바다의 청소부가 되다

오션 클린업Ocean Cleanup은 22세의 청년 보얀 슬랫Boyan Slat이 이끄는 비영리단체로 지금까지 3,000만 달러의 자금 지원을 받았다. 슬랫은 2011년 그리스 바다에서 다이빙을 즐기던 중 쓰레기 더미를 처음 마주하게 되었고, 이것들을 깨끗이 치울 수 있는 방법은 없을까를 고민하기 시작했다. 그는 바다 위의 플라스틱을 수거하는 게 어려운 이유가 바로 플라스틱이 한곳에 모이는 것이 아니라 물 위를 떠다니기 때문이란 사실을 알게 되었다. 그리고 이를 역이용해 쓰레기를 처리할 아이디어를 생각해냈다.

슬랫의 아이디어는 단순하다. 바다에 길이 100킬로미터에 높이 3미터의 U자 모양 플라스틱 막대를 설치하는 것이 전부다. 해류가 회전하면서 플라스틱이 막대에 저절로 붙는다. 이 플라스틱을 수거해서 되팔면 수익까지 창출할 수 있다.

오션 클린업은 5년 이내에 태평양의 거대 쓰레기 더미 50퍼센트를 정화할 수 있을 것이라고 추산하고 있다. 최근에는 최초의 정화 시스템을 조립하기 위해 알라메다 해군 비행장의 일부를 임대했다고 발표했다.

해양 오염 문제의 궁극적인 해결 전략

시빈 프로젝트Seabin Project는 바다를 떠다니며 자동으로 폐기물을 수거하는 시빈(바다 쓰레기통)을 이용해 해양을 정화하는 프로젝트다. 시빈은 그물망이 달린 여과기 형태의 아주 단순하게 생긴 장치다. 이 장치는 바다 위를 24시간 자유로이 떠다니며 수면의 쓰레기들을 수거한다. 각각의 시빈은 하루에 1.5킬로그램의 쓰레기를 수집하며 1년 동안 가동하면 수집하는 쓰레기의 양은 0.5톤에 이른다.

시빈은 선착장이나 항구, 요트 클럽, 부양식 도크 근처의 바다 표면에 설치할 수 있으며 반경 2~6미터 주변의 쓰레기를 끌어모을 수 있다. 진공청소기처럼 물을 빨아들이는 것이 아니라 펌프를 이용해 내부의 바스켓을 올렸다가 내리며 주변의 물을 흡수한다. 필터를 통과하지 못한 쓰레기는 통 안에 남고 물은 빠져나가게 된다. 시빈은 바다 위를 떠다니는 각종 쓰레기들뿐만 아니라 본체 바닥에 달린 패드를 통해 기름도 걸러낼 수 있다.

시빈 프로젝트는 세계의 많은 문제도 마찬가지지만 해양 오염을 해결할 수 있는 궁극적인 해결 방법은 결국 교육과 시스템의 변화라고 주장한다. 그래서 해양 쓰레기 문제와 해결 방법에 대해 학교에서 실시할 수 있는 오픈소스 교육 프로그램을 개발하는 한편 산업계의 참여 운동과 입법, 로비 활동에도 적극적으로 참여하고 있다.

플라스틱 쓰레기의 재활용 아이디어

현재의 재활용 기술은 제한적이기 때문에 재활용돼야 할 많은 쓰레기들이 매립지에 묻히거나 바다로 흘러들어가고 있다. 영국의 리사이클링 테크놀로지스는 모든 형태의 플라스틱 제품을 버진 플라스틱virgin plastic과 왁스 그리고 플락스라고 부르는 오일로 변환시키는 혁신적 기술을 개발했다. 이 기술이 재활용할 수 있는 소재에는 그동안 재활용이 불가능하다고 생각했던 소재도 포함되어 있다.

2018년 3월 리사이클링 테크놀로지스는 크라우드펀딩을 통해 목표 금액인 120만 파운드(약 18억 원)의 두 배 이상인 370만 파운드(약 55억 원)의 자금을 조달했다. 이들은 이 자금을 이용해 2027년까지 1,000만 톤의 플라스틱 재활용 용량을 달성하고자 계획하고 있다. 또한 그들의 기술을 이용해서 플라스틱을 무한히 재활용할 수 있을 것이라고 기대하고 있다.

해양 쓰레기를 원천 차단하는 전략

많은 기업과 단체들이 플라스틱 폐기물의 정화와 재활용에 투자하고 있는 반면 어떤 단체들은 플라스틱 폐기물이 바다로 유입되는 것 자체를 막는 일에 초점을 맞추고 있다. 5환류연구소5 Gyres Institute의 연구진은 다섯 개의 주요 아열대 환류에서 플라스틱 오염 실태를 연구하고 있으며 이 연구소의 마이크로비드Microbead(1밀리미터 미만의 플라스틱 알갱이) 연구는 2015년 오바마 전 미국 대통령의 '마이크로비즈 청정 해역 법안'The Microbead-Free Waters Act 승인에 영향을 주기도 했다.

그냥 플라스틱에서 '바이오 플라스틱'으로

그동안 페트PET(폴리에틸렌 테레프탈레이트)로 된 병은 재활용할 수 있지만 다른 플라스틱은 재활용할 수 없었다. 그래서 플라스틱 병의 30퍼센트 정도만이 재활용될 수 있었다. 오리진 머티어리얼스Origin Materials는 8,000만 달러의 자금을 지원받아 완전하게 재활용될 수 있는 톱밥과 판지 같은 바이오매스 소재로 플라스틱 병을 제조할 계획을 가지고 있다.

이들은 미생물을 이용해 바이오매스 폐기물에서 플라스틱을 추출하는 독점적인 기술을 가지고 있다. 폐기물을 정화해서 얻는 최종 산물은 저비용 고부가가치를 가진 플라스틱 수지다. 이 플라스틱은 폐기 후 18개월 이내에 생분해된다. 바이오 플라스틱을 생산하기 위해 활용되는 박테리아는 여기서 개발한 것이다. 오리진 머티어리얼스는 파일럿 플랜트에서 80퍼센트 재활용 소재를 이용한 병을 생산했으며 앞으로 몇 년 이내에 100퍼센트 바이오매스 소재 병 생산을 상용화할 계획이다.

이런 기업과 단체들은 그동안 엄청난 글로벌 과제에 도전해서 이를 혁신과 진보를 위한 기회로 바꿔놓기 위해 노력해왔다. 피터 디아만디스 Peter Diamandis가 말한 것처럼 "세계가 당면한 가장 큰 문제는 가장 큰 비즈니스 기회"이기도 하다. 해양 폐기물은 분명 세계적 문제지만 혁신적인 문제 해결의 기회가 된다.

이런 프로젝트들은 인류가 안고 있는 커다란 도전 과제에 대해 스타트업, 비영리단체, 활동가들이 각자 어떤 관점에서 문제를 바라보고 어떤 아이디어로 해결 방법을 도출해내는지를 잘 보여준다. 환경오염뿐 아니라 에너지, 식량, 노령화 등 오늘날 인류가 직면한 다른 문제들도 이 사례처럼 창의적 아이디어와 기하급수적인 기술을 이용하고 협력과 교육, 법령의 변화를 통해 거대한 진전이 이뤄지기를 기대해본다.

바닷물을 담수로 바꾸는
슈퍼컴퓨터

지구 표면의 70퍼센트는 물이지만 그중 3퍼센트만이 마실 수 있는 담수이며 담수의 대부분은 빙하나 극지방의 얼음에 갇혀 있다. 그래서 거의 10억 명의 사람들이 담수 부족에 시달리고 있다. 지구의 가장 풍부한 분자의 하나인 물이 인류 문명에 심각한 문제를 야기하고 있는 것이다. 이에 바닷물을 담수로 바꾸겠다는 야심 찬 목표가 등장했지만 이런 목표를 달성하려면 수많은 혁신과 프로세싱 파워를 필요로 한다. 그리고 그 혁신의 중심에 차세대 슈퍼컴퓨터가 있다. 슈퍼컴퓨터가 환경문제 해결에 기여한다는 사실은 기술이 어떻게 인류를 구하는 데 도움이 되는지를 잘 보여주는 사례다. 여기서는 차세대 슈퍼컴퓨터가 담수 문제를 해결하는 데 구체적으로 어떤 역할을 하는지 살펴볼 것이다.

나노튜브로 해수를 담수로 바꾸다

로렌스 리버모어 국립연구소의 연구원들은 이런 문제에 대한 해답이 사람의 머리카락보다 1만 배 더 가는 탄소 나노튜브에 있다고 말한다. 이 튜브의 직경은 물 분자는 통과시키지만 이보다 큰 소금 분자는 차단함으로써 완벽한 담수화 필터 역할을 한다. 그리고 수십 억 개의 나노튜브를 하나로 결합하면 해수를 담수로 바꿀 수 있는 획기적인 장치가 된다.

과학자들은 차세대 슈퍼컴퓨터를 활용해 수십 억 개의 마이크로 실린더를 최적의 구성으로 설치할 수 있기를 기대하고 있다. 연구진이 넓이, 염도, 필터링 시간 등의 매개변수를 지정해서 다양한 나노튜브 설정을 효과적으로 테스트할 수 있다면 이 분야는 빠르게 발전할 것이다. 전자현미경이 필요한 물질을 수동으로 조작해서 실험을 한다고 상상해보라. 소프트웨어를 통해 테스트하는 것이 복잡성과 비효율성을 극복할 수 있는 훨씬 더 바람직한 방법이다.

엑사급 Exascale 슈퍼컴퓨터의 처리 성능은 나노튜브를 대형 정수 필터로 사용하는 방법을 연구 중인 이들에게 큰 도움이 된다(엑사급은 1초당 100경 회를 계산할 수 있는 엑사플롭스 Exaflops급 컴퓨터를 뜻한다). 나노튜브와 그 속을 흐르는 수십 억 개의 분자들은 크기가 너무나 작기 때문에 상세히 연구하기가 힘들고, 여러 가지 변수를 물리적으로 실험해보기 어려운 데다 시간도 오래 걸린다. 그러나 엑사급 컴퓨터 모델링을 사용하면 작은 크기의 튜브를 더욱 정밀하게 연구할 수 있으므로 나노튜브 담수화 연구를 한층 진전시킬 것이며 더불어 여러 환경 문제를 해결하는 데도 큰 도움이 될 것이다.

중국, 슈퍼컴퓨터의 새로운 강자로 떠오르다

미국과 일본이 전통적인 슈퍼컴퓨터 강자였다면 최근 급부상하고 있는 중국은 일본을 넘어 미국까지 위협하고 있다. 지난 20년간 슈퍼컴퓨터 순위에서 상위를 고수했던 미국은 2017년 슈퍼컴퓨터 컨퍼런스에서 처음으로 3위권 밖으로 밀려났다. 슈퍼컴퓨터를 만드는 것은 디지털 무기 경쟁이라 할 수 있는데, 중국은 이 분야를 신속하게 주도해나가고 있다. 중국은 자체 개발한 프로세서를 사용해서 2016년에 슈퍼컴퓨터 선웨이 타이후 라이트Sunway Taihu Light를 완성했다. 엑사급 슈퍼컴퓨터와 그 응용 프로그램의 완벽한 컴퓨팅 시스템은 2020년에 완성될 것으로 예상된다.

엑사급 컴퓨터가 담수화와 같은 도전 과제에 미칠 수 있는 영향을 살펴보는 것은 매우 흥미로운 일이다. 엔지니어들은 최초의 기계를 탄생시키기 위해 끊임없이 노력하고 있다. 미국 에너지부는 자체적으로 엑사급 컴퓨터 프로젝트를 의뢰하며 HP, IBM, AMD, 인텔, 엔비디아 등의 회사에 엑사급 컴퓨터 연구개발 자금을 지원하고 있다. 2021년까지 페타플롭스보다 1,000배 빠른 속도의 엑사플롭스급 슈퍼컴퓨터 개발을 목표로 약 3,000억 원을 지원한다는 계획이다.

과학자들은 엑사급 컴퓨터 기술에 확신을 가지고 있다. 양자역학, 풍력발전, 기상 예측, 해수 담수화와 같은 분야의 발전은 컴퓨터 기술의 한계로 정체되는 경우가 많다. 세계에서 가장 **빠른** 프로세서들도 페타바이트_{petabyte}(컴퓨터 용량의 단위로 1페타바이트는 1,024테라바이트다) 단위의 데이터를 처리하기에는 그 속도가 충분하지 않은 것이다.

엑사급 컴퓨터는 더욱 저렴하고 효과적인 해수 필터를 생산하는 방법을 증명할 수 있으며 다른 분야에서도 연구 결과를 신속하게 도출할 수 있다. 몇 주가 걸리는 시뮬레이션을 몇 분 안에 가능하게 하는 능력은 담수화 문제에서 그치지 않고 원자 규모의 입자 시뮬레이션, 초신성 연구, 심층적 기상 예측 같은 다양한 분야에 적용된다. 슈퍼컴퓨터의 놀라운 잠재 능력으로 처리 속도가 크게 향상되면 예전에는 해결할 수 없었던 문제를 극복하고 혁신적인 발명을 이끌어내 다양한 분야에서 놀라운 변화를 가져올 것이다.

인공강우는
기후변화의 대안인가

중국이 한반도의 여덟 배 크기만 한 땅에 인공강우 시설을 대거 설치해서 1년에 100억 톤의 물을 증산하겠다는 프로젝트를 추진 중이다. 이는 중국의 최신 기후 조절 프로젝트의 일환인 세계 최대 규모의 인공강우 프로젝트다. 이 인공강우 시스템에는 고체연료 연소실, 드론, 항공기, 대포, 인도양의 광대한 영역을 커버하는 기상위성 네트워크가 동원된다.

이 프로젝트의 목적은 기후변화에 대처하고 해당 지역의 강수량을 연간 최대 100억 세제곱미터(중국 연간 담수 소비량의 7퍼센트에 해당된다) 증가시키는 것이다. 〈사우스 차이나 모닝 포스트〉South China Morning Post에 따르

면 중국의 우주탐사 계획을 담당하는 중국항천과학기술그룹CASC과 칭화
대학교, 칭하이 성은 최근 티베트 고원에 대규모 기후 조절 시설을 구축
한다는 내용의 협약을 체결했다.

초기 보고서에서는 성공을 시사하고 있지만 인공강우 기술에는 대체
로 비판이 따른다. 인공강우 기술을 비판하는 사람들은 이 기술이 입증되
지 않은 측면이 있으며 이 프로젝트 때문에 정치적으로 불안정한 지역에
서 국제적 긴장이 증가할 것이라고 우려한다.

세계에서 가장 큰 인공강우 프로젝트

중국의 새로운 프로젝트에는 티베트 고원에 설치된 고체연료를 연소시키
는 수천 개의 연소실이 포함되어 있다. 연소실에서 고체연료를 연소시키
면 요오드화은이 발생하고 요오드화은은 공기 중의 물 분자를 응축시킨
다. 요오드화은의 작은 입자가 나와 구름 속으로 올라가면 구름 입자가 뭉
쳐 비가 내리는 원리다.

티베트 고원에는 6월부터 10월까지 동남아로부터 습한 공기가 불어오
는데, 이 공기가 연소실에서 형성된 '구름 씨'를 만나 비를 뿌리게 된다.
이런 과정을 '구름 씨 뿌리기'cloud seeding라고 한다. 매년 인도양에서 습기
를 품은 몬순 계절풍이 히말라야 산맥으로 불어온다. 몬순 활동을 감시하
는 30개의 기상위성 네트워크가 실시간으로 데이터를 수집해 몬순의 습
기와 최적 조건을 일치시켜 비와 눈이 내릴 수 있도록 고체연료를 연소시
킨다. 그리고 효과를 극대화하기 위해 구름 씨 뿌리기 드론, 항공기, 대포
가 동반되기도 한다.

〈사우스 차이나 모닝 포스트〉에 인용된, 이 프로젝트에 참여하는 익명의 과학자의 말에 따르면 현재 500개의 연소실이 건립되었으며 초기의 결과는 매우 유망하다. 지금까지 500개 이상의 인공강우 시설을 티베트와 신장웨이우얼 자치구 등에 설치했다. 초기에는 고지대의 산소 부족으로 연소가 제대로 이뤄지지 않았지만 지금은 몇 달씩 지속되고 있다.

연구팀은 첨단 군용 로켓의 엔진 기술을 이용해 해발 5,000미터 이상의 산소가 희박한 환경에서도 고체연료를 안전하고 효율적으로 연소시킬 수 있게 했다. 이 프로젝트가 완료되면 수만 개의 연소실이 티베트 고원 전역에 설치될 예정이다. 그러면 160만 제곱킬로미터의 면적에 인공적으로 비를 내릴 수 있는 세계에서 가장 큰 인공강우 프로젝트가 될 것이다.

인공강우는 기후변화의 대안이 될 수 있는가

중국이 이 프로젝트를 시작하는 가장 큰 이유는 기후변화 때문이다. 눈과 빙하로 덮인 해발 4,000미터 이상의 고지대인 티베트 고원은 아시아의 수원으로 불리며 브라마푸트라강, 메콩강, 양쯔강, 황하의 발원지로 매년 4,000억 톤의 물을 중국과 인도, 동남아 지역에 흘려보내고 있다. 하지만 최근 지구 온난화로 수자원이 갈수록 고갈되고 있다. 티베트 고원의 강수량은 연 10센티미터 미만으로, 사막 지역의 강수량(25센티미터 미만)보다 더 적은 실정이다. 기온이 상승하고 강수량이 줄면서 심각한 가뭄에 시달릴 것으로 예측되고 있다. 티베트 고원은 이 지역의 필수적인 물 공급원이기 때문에 중국과 인근 지역에 커다란 위험을 초래할 수 있다.

그런 이유로 중국은 2008년 베이징 올림픽 기간을 포함해 지난 수년간 담수를 모으거나 배분하는 방식 등 기후를 조절할 수 있는 기술적 방법을 연구해왔다. 인공강우 프로젝트 외에 최근에 등장한 것은 2016년에 발표된 스카이리버Sky River 프로젝트다. 이 프로젝트는 매우 건조한 중국 북부 지역에 기류를 이용, 수증기를 보급해서 북부 지역의 물 공급을 늘리는 것이 목적이다.

기후 조절은 중국 내 주요 도시의 심각한 공기오염을 해소하기 위한 방법으로도 사용된다. 이 프로젝트에는 고층 건물 외부에 대형 스프링클러와 비슷한 시스템을 장착하는 것도 포함되어 있다. 물을 공기 중으로 분사해서 유독물질과 가스를 물과 결합시켜 독성 스모그를 감축시킨다는 계획이다. 이렇게 기후 조절을 시도하는 나라는 중국이 처음은 아니다. 2011년에는 42개국이었으나 2016년에는 56개국으로 증가했다.

인공강우 프로젝트에 대한 중국 당국의 최종 승인은 아직 계류 중이다. 중국 내 다른 지역과 이웃 국가의 우려를 불러일으키고 있어서인데, 기후를 조절해서 티베트 고원에 더 많은 비가 내리게 만들면 다른 곳은 강수량이 줄어들 수 있기 때문이다. 특정 지역의 강수량을 늘리면 각각의 강으로 흐르는 물의 양에 어떤 영향을 미칠지에 대한 해답은 아직 없으며 전 세계의 다른 기후 조절 프로젝트도 같은 문제를 안고 있다.

비평가들은 기후 조절 프로젝트가 그 효과를 입증하기에는 아직 자료가 적다고 말한다. 중국 과학 아카데미 티베트 고원 연구소의 연구원인 마 웨이치앙은 이 실험이 전례가 없으며 연소실이 기후에 미칠 영향에 대해 의문을 제기했다. 그는 "이 프로젝트가 만들어낼 수 있는 강수량은 사실 회의적이다. 기후 시스템은 방대하며 모든 인간의 노력을 헛된 것으로 만들 수 있다."고 말했다. 그러나 다른 이들은 이 프로젝트의 잠재력에 대해 낙관적이다. 와이오밍대학교의 바트 그리츠Bart Geerts 대기과학 교수는 "강수량 또는 강설량을 10퍼센트만 증가시킨다 해도 비용을 들일 가치가 있다."라고 말했다.

기후변화에 대처하기 위한 인공강우 프로젝트는 앞으로 인간이 기후를 조절할 수 있는지에 대한 가능성과 우려를 동시에 촉발하는 중요한 이슈다. 물론 아직 완료되지 않았기에 인공강우가 실제로 주변의 환경과 기후에 어떤 영향을 미칠지는 아무도 모른다. 다만 현재의 기술로 이런 기후 조절 프로젝트를 실현할 수 있게 되었다는 점은 고무적이다. 이런 인간의 노력이 성급한 시도일지, 적극적인 대응일지는 추후 지켜봐야 할 문제다.

기후변화의 근본적 해결을 위한
네 가지 방안

기후변화가 일어나고 있으며 점점 더 심각해진다는 사실에는 의문의 여지가 없다. 지금 우리가 할 수 있는 질문은 기후변화에 맞서 무엇을 할 수 있는가 하는 것이다. 엑스프라이즈 재단의 설립자 피터 디아만디스는 기후변화에 대처하기 위한 다음과 같은 네 가지 방안을 제시한다. 탄소 배출 감소를 촉진시키기 위한 정부 법안 통과, 태양광 에너지와 배터리 기술의 대규모 채택, 변화하는 기후에 인류와 문명을 적응시키기, 우주적 규모의 엔지니어링 프로젝트에 투자하기가 바로 그것이다.

정부의 규제와 하향식 인센티브의 한계를 극복한다

우리는 그동안 수많은 정부의 토론과 법률의 통과, 조약의 서명 등을 봐왔다. 그리고 총량 규제와 탄소 거래, 탄소세 등 탄소 배출 감소를 촉진시키기 위한 수많은 규제의 효과를 경험했다. 그러나 지구 온난화를 낮추기 위한 정책을 지원하는 데 이런 방법들은 그다지 효과가 없었다. 특별한 이익을 추구하는 집단들과 과학적으로 무지한 유권자들은 이런 방법들을 기본 전략으로 삼는 걸 무의미하게 만들고 있다. 그런 이유로 지금은 보다 급진적인 방법이 필요하다.

재생에너지로 화석연료 시대를 끝낸다

말이 유일한 교통수단이던 19세기에 도시는 거리에 쌓여가는 말똥 더미로 인해 골머리를 앓았다. 교통의 불편은 물론 질병까지 유발하는 이 문제에 대해 사람들은 다른 해결 방법을 상상할 수 없었고, 아무도 자동차가 말의 대안이 될 것이라는 생각을 하지 못했다.

이처럼 생각지 못한 대안으로 오늘날 사회에 변화를 가져올 수 있는 기술은 무엇일까? 태양광, 풍력, 지열과 같은 재생에너지 기술이다. 그중 태양광 기술을 살펴보자. 인류가 소비하는 것보다 8,000배나 많은 에너지가 지구 표면에 쏟아지고 있다는 생각을 하는 사람은 거의 없다. 우리에게 필요한 에너지가 말 그대로 비처럼 엄청나게 쏟아지고 있는 것이다. 이런 엄청난 양의 태양 에너지와 태양전지 가격의 기하급수적 하락으로 향후 20년 안에 인류에게 필요한 에너지의 50~100퍼센트를 태양광(그리고 다른 재생에너지)에서 얻을 것이다. 더 좋은 점은 세계에서 가장 가난한 나라들이 가장 태양광이 풍부한 나라들이라는 점이다.

재생에너지 자원이 증가하는 것과 동시에 내연기관 자동차도 사라지고 있어 화석연료 시대의 종말이 다가오고 있다. 인도와 프랑스, 영국, 노르웨이는 앞으로 수십 년 이내에 전기자동차 외에 내연기관 자동차는 완전히 폐기할 계획이라고 발표했다. 그 외 중국과 인도 등 10여 개국에서는 전기자동차 판매 목표를 설정하고 있다. 2015년에는 전 세계 자동차 제조업체들이 공격적인 전기자동차 생산 목표를 발표하기도 했다. 포드 자동차는 전기자동차 부문에 45억 달러를 투자해 2020년까지 13종의 전기자동차와 하이브리드 자동차를 생산하며 생산라인의 40퍼센트 이상을 전기자동차로 할 것이라고 발표했다. 또한 볼보를 비롯한 많은 자동차 회사들이 내연기관자동차를 점차적으로 생산하지 않겠다고 발표했다.

기후변화에 대처하기 위한 두 번째 옵션은 화석연료가 석기 시대를 사라지게 만든 것처럼 재생에너지를 더욱 저렴하게 만들어 화석연료 사용을 없애는 것이다. 석기 시대가 끝난 것은 돌이 부족해졌기 때문이 아니라 몇십 배 더 좋은 선택이 생겼기 때문이다. 기업가들은 태양광과 재생에너지를 더 쉽고 저렴하며 더 좋은 선택으로 만들어 석유와 천연가스, 석탄 산업을 도태시켜야 한다.

전보다 따뜻해진 세계에 적응한다

지난 40억 년 동안 지구 환경은 계속 변화해왔다. 지구에 생명체가 처음 나타났을 무렵의 대기는 이산화탄소와 암모니아, 메탄가스가 혼합된 것이었다. 그러다 30억 년 전 산소라고 부르는 독성을 가진 부식성 가스가 광합성이라는 과정에서 생성되었다. 광합성은 기후를 변화시키고 수많은 생명체를 멸종시켰다.

궁극적으로 미생물이든, 호모 사피엔스든 생명체는 환경을 변화시킨다. 문제는 오늘날 화석연료를 사용하는 인류가 너무 빨리 생태계를 불안정하게 만든 것이다. 이를 방증하는 예로 중국의 한 과학자 팀은 벼를 염수에서 자라도록 품종을 수정하는 데 성공했다. 이를 통해 해수면 상승을 극복하고 국민들에게 식량을 공급하기 위함이다. 코넬대학교의 연구에 따르면 앞으로 20억 명(세계 인구의 약 20퍼센트) 정도가 해수면 상승으로 위험에 처할 것이라고 한다.

우주적 규모의 엔지니어링에 투자한다

최근 실리콘밸리의 억만장자들 사이에서 기후변화 문제의 해결책으로 '햇빛 가리개'sunshade가 논의되고 있다. 태양과 지구 사이에 거대하게 펼쳐진 메가스트럭처를 생각해보라. 이 구조물은 태양에서 지구로 오는 광자의 아주 일부(0.1퍼센트 미만)만을 차단한다. 이런 햇빛 가리개는 지구와 같은 1년 주기 궤도를 가진 라그랑주 지점Lagrange point L1(라그랑주 지점은 태양과 지구의 인력이 상쇄되는 지점이다) 근처, 즉 지구로부터 150만 킬로미터 떨어진 곳에 설치하는 것이 바람직하다. 2007년 애리조나대학교 출신의 우주인 로저 앤젤Roger Angel은 라그랑주 지점 L1 궤도에 무게 1.2그램, 직경 60센티미터의 작은 태양 가리개 구름들을 설치할 것을 제안했다.

이런 제안에는 각각의 한계와 비용, 기술적 한계들이 존재한다. 하나의 거대한 구조물보다 수백만 개의 작은 태양 가리개를 설치하자는 앤젤의 해결 방법은 여러 장단점을 안고 있다. 그의 아이디어는 25년의 시간과 수조 달러의 비용(해당 시기의 세계 GDP 0.5퍼센트 이내)이 소요될 것으로 추산된다. 그렇지만 앤젤의 아이디어는 탐구할 만한 가치가 있는 거대 규모의 엔지니어링 프로젝트다.

그 외에도 바다에 철분을 뿌려 플랑크톤의 성장을 증가시키거나 성층권에 황화합물을 주입해 지구의 반사율을 높이는 등 여러 가지 아이디어들이 있다. 그러나 이런 아이디어가 가져올 이차적 효과에 대한 연구가 반드시 선행돼야 한다.

앞으로 인류는 기후변화에 적응하거나 이를 해결하기 위해 적극적으로 노력해야 한다. 좋은 소식은 기하급수적 기술의 발전으로 향후 50년이 아니라 빠르게는 20년 안에 기후 위기를 해결할 수 있다는 것이다. 향후 10년 동안 기후변화는 더욱 파괴적으로 다가올 것이며 많은 사상가와 기업가들이 이 거대한 문제를 해결하기 위해 놀라운 해결책을 가지고 등장할 것이다. 다시 한번 강조하지만, 이 세계의 가장 큰 문제는 가장 큰 비즈니스 기회가 될 수 있다.

제 **6** 장

바이오 혁명

인간 복제부터 DNA 방주까지,
인류를 보존하는 생명공학 기술

의료 산업의 혁신을 이끄는
세 가지 기술

오늘날 의료 산업은 그야말로 혁명을 맞이하고 있다. 인공지능을 이용한 신약 개발 프로세스는 종전의 방법보다 100배 이상 빨라지고 100배 이상 저렴해졌으며 임상실험 성공률은 90퍼센트 이상에 이르고 있다. 인공지능 의사, 주문형 의료, 주머니 속의 의료기기 등 모바일 의료 산업은 2022년까지 1,020억 달러 규모에 이를 것으로 예측된다. 그리고 유전자 시퀀싱 비용은 지난 13년 동안 10만 배나 감소해 무어의 법칙보다 세 배 더 빠른 발전 속도를 보이고 있다.

그러나 이 혁명은 이제 시작일 뿐이다. 기하급수적 기술들이 한꺼번에 폭발적으로 발전하면서 우리는 전례가 없는 개인화, 유비쿼터스, 지능형

의료의 등장을 목격하고 있다. 이 혁명은 세 가지 기하급수 기술, 즉 개인
화된 치료, 장소에 구애받지 않는 의료, 지능형 질병 예방으로 크게 나눌
수 있다.

유전자 분석으로 개인화된 치료

현재의 연구는 하나의 약품으로 널리 적용할 수 있는 방식을 채택하고 있
다. 임상실험은 일반인에 대한 치료 방법을 발견하는 것을 목표로 하며
몇 년 동안 엄청난 비용이 드는 초기 연구, 실험실 테스트, 인간을 대상으
로 하는 임상실험 허가, 몇 단계의 환자 테스트를 거쳐 최종적인 승인을
받게 된다.

하지만 한 개인의 유전자에 맞게 치료하는 것을 목표로 하며 실험실
테스트에서 제품의 준비까지 저렴한 비용으로 이뤄진다면 어떻게 될까?
비주얼 컴퓨팅 기술 기업 엔비디아는 강력한 심층학습 시스템을 이용해
개인 유전자에 맞게 맞춤형 치료를 제공하는 것을 목표로 하고 있다. 또
한 토론토대학교의 연구진은 개인의 암 유발 유전자 변이를 정확히 찾아
내기 위한 유전자 해석 엔진을 구축하고 있다. 노스캐롤라이나대학교의
리네버거 암종합센터의 연구진은 인지 컴퓨팅을 이용해 개인의 유전자
정보를 기반으로 하는 개인별 치료 방법을 연구하고 있다.

이는 시작에 불과하다. 하버드대학교 위스 생물공학연구소는 신체 장
기 기관을 그대로 재현한 인체 장기칩organs-on-chip을 연구하고 있다. 위스
연구소의 장기칩은 살아 있는 사람의 세포를 가진 미세유체 채널과 인간
장기의 미세 환경을 기계적으로 모방해서 미세 인공심장, 폐, 장, 신장 역

할을 할 수 있다. 인체 장기칩은 기존의 3D 배양 시스템으로는 재현할 수 없는 다세포 구조의 물리화학적 미세 세포 환경과 인체의 혈관을 실제 장기 수준으로 재현할 수 있고, 이 칩을 이용하면 살아 있는 세포의 신진대사 활동을 실시간 고해상도로 관찰하고 생화학적 체외 시험을 간편하게 진행할 수 있다.

미래에는 이런 기술로 세포를 칩에 옮길 수 있고 치료 방법을 실험하거나 올바른 치료에 사용할 수 있으며 개인의 유전자 정보에 정확히 맞출 수도 있다.

어디서나 진료를 받을 수 있는 IoMT의 실현

미국 최대 비영리 통합의료관리 협력단체인 카이저 퍼머넌트의 회장 조지 핼버슨George Halvorson은 병원과 진료소에서 이뤄지던 진료가 인터넷을 통해 어디에서나 가능해져서 의료 비용이 급락할 것으로 예측했다. 이렇게 장소를 가리지 않는 진료가 상용화될 조짐은 여기저기서 나타나고 있다.

엠헬스mHealth라고도 불리는 모바일 헬스 시장 규모는 이미 230억 달러를 넘어섰으며 2022년에는 1,020억 달러를 초과할 것이라는 예측도 있다. 인공지능을 이용한 의료용 챗봇은 시장에 넘쳐나고 있다. 진단 앱은 발진에서 당뇨성 망막병증에 이르기까지 여러 가지 질병을 식별할 수 있다. 글로벌 연결성 덕분에 모바일 헬스 플랫폼은 실시간으로 의료 데이터 수집과 전송, 원격 진료를 수행할 수 있게 되었다.

또한 가상현실과 증강현실은 의료인 훈련 프로그램에 혁신을 가져오고 교육의 몰입도를 높이며 유비쿼터스 적용도 가능하다. 전 세계가 의사

부족으로 어려움을 겪고 있다. 의료인 교육은 비용이 많이 들 뿐 아니라 전통적인 교육 방식은 오히려 의사 수의 증가를 저해하는 측면이 있다. 그러나 가상현실과 증강현실을 통한 학습 방법이 도입되면 최소한의 비용으로 가상 3D 신체를 이용해 세계 어디에서나 교육을 받을 수 있다. 에코픽셀과 3D4메디컬 같은 회사들은 의료교육의 탈지역화된 실무 교육을 위해 증강현실과 가상현실을 이용한 해부학 기술을 제공한다.

한편 인공지능을 이용한 의료기기인터넷Internet of Medical Things, IoMT은 의료 분야에서 가장 흥미로운 분야가 될 것이다. 정맥 내 나노기계, 전자 임플란트와 알약에 내장된 센서의 시대가 왔다. 예전부터 웨어러블 기기를 통해 걸음, 심박수 등 다양한 건강 요소들을 추적해왔지만 이젠 먹을 수 있는 센서와 스마트 나노봇이 수많은 의료 변수를 모니터링하고 질병의 진단에 도움을 줄 것이다. 그리고 이런 나노 센서와 나노 네트워킹 기술을 통해 미세한 봇들이 서로 통신하면서 목표 지점까지 약물을 전달하고 자동화된 수정 조치를 하게 된다.

일부 회사들은 신체에 들어갈 필요가 없는 고정밀 센서를 연구하고 있다. 애플은 당뇨병 치료를 위해 혈당 수치를 실시간으로 모니터링할 수 있는 비침습 센서를 개발하고 있다. 또한 사물인터넷과 연결된 센서들이 처방약의 세계에 진입했다. 2017년 말 세계 최초로 센서를 내장한 알약인 아빌리파이 마이사이트Abilify MyCite가 디지털 의약품으로 승인을 받았다. 조현병과 기타 정신질환 치료약인 이 아빌리파이 알약 안에는 작은 칩이 이식돼 있는데, 이것이 환자의 위에 도달하면 위산과 반응해서 미약한 전류가 발생한다. 이 전기 신호를 환자의 몸에 부착된 센서가 감지해 블루투스로 환자의 스마트폰에 신호를 전송한다. 이를 통해 환자와 가족, 의사는 환자가 약을 언제 먹었는지를 모니터링할 수 있다.

지능형 질병 예방의 새로운 시대

전례 없는 융합의 시대가 오고 있다. 혈관을 따라 흐르는 나노봇 센서는 다양한 의료 변수를 모니터링하고 영양소 수준을 측정하며 콜레스테롤 수치를 감시한다. 이런 센서를 통해 수집된 데이터는 실시간으로 슈퍼컴퓨터에 전송되고 블록체인 덕분에 유전자 기록, 체내 미생물 기록, 의료 기록은 안전하게 보관된다.

만일 이상이 감지되면 인공지능 의사는 환자의 유전 정보와 실시간 건강 데이터를 기반으로 최적의 개인 맞춤형 치료 방법을 확인한다. 검사를 거쳐 승인이 나면 가정에 있는 의료용 3D 프린터로 처방전이 전송된다. 3D 프린터는 맞춤형 용량으로 약품을 제조하고 약물의 활성성분을 마이크로 장벽으로 분리하며 다양한 약물의 방출과 효과를 모니터링하기 위해 내장된 센서를 인쇄한다. 처방된 약물은 의료기기인터넷을 통해 즉각적으로 피드백이 이뤄지며, 인공지능은 향후의 치료를 위해 개인화된 약물을 다시 향상시키는 과정을 반복한다.

마이크로소프트의 헬스케어넥스트와 IBM의 왓슨헬스 같은 의료용 인공지능 기업들은 진단과 신약 발견, 유전자 치료 방법 개발 등에 힘쓰고 있다. 이제 의사들은 진단과 약 처방 같은 일에서 벗어나 환자를 교육하고 로봇의 도움을 받아 원격 수술을 집도하며 예방적 치료와 같은 자문 역할에 더욱 집중할 수 있게 된다.

오늘날 의료 분야보다 기술의 융합이 획기적인 발전을 가져올 수 있는 분야는 없다. 유전자 가위 크리스퍼/카스9CRISPR/Cas9 같은 혁신적 기술은 유전자 치료의 잠재력을 열어주었고 양자 컴퓨팅은 인공지능을 이용한 신약 발견의 속도를 획기적으로 높여주었다. 3D 프린팅 기술은 예방의학의 힘과 임플란트 기술을 소비자의 손에 쥐어주었다. 우리는 지금 모든 것이 가능한 시대에 살고 있는 것이다.

바이오 프린팅 시대의
새 막이 열리다

의료 기술의 발달로 평균수명이 증가하면서 사람들의 관심은 얼마나 오래 사느냐에서 얼마나 건강하게 사느냐로 옮겨가고 있다. 장기이식 문제만 해도, 최근 고령화와 만성질환자 증가로 장기이식 수요가 급증한 데 비해 장기 기증자는 턱없이 부족한 현상을 보인다.

사실 장기이식은 위험도가 높고 시간이 오래 걸리며 비싸다. 현재 우리나라의 장기이식 대기 환자는 2만 7,900여 명으로 추산되며 평균 대기 시간은 5년이다. 미국은 이식 대기자가 12만 명을 넘고 매일 22명이 제때 이식을 받지 못해 사망한다는 조사 결과도 있다. 게다가 장기를 기증

받는다고 해서 끝나는 것도 아니다. 장기이식을 받는다고 해도 여전히 거부 반응에 대한 위험이 있다.

이런 문제를 해결할 수 있는 새로운 방법은 인간 장기를 '배양'하는 것이다. 최근 인간을 위한 새로운 장기를 배양하는 수단으로 돼지의 장기를 이용하는 방법이 대두되고 있다. 이전에도 줄기세포에서 인간의 장기를 배양하고 돼지의 장기들을 유전적으로 인간과 비슷하게 변화시키려는 노력들이 있어왔다.

미국의 생명공학 기업 미로매트릭스Miromatrix의 연구진은 '디셀'decel과 '리셀'recel이라고 불리는 새로운 기술들을 사용해 일반 돼지의 장기들을 용해시켜 돼지 단백질의 스캐폴더를 밝혀냈다. 단백질 스캐폴더는 단백질을 그물처럼 엮어 장기의 본 모양과 구조를 유지할 수 있게 해준다. 돼지의 장기를 용해시킨 후 스캐폴더만 남으면 인간의 간세포, 혈관벽, 담관세포에 이를 도입한다. 세포들은 자연스럽게 구조 내에서 올바른 위치로 이동한다.

이 기술은 아직 초기 단계지만 지금까지의 연구 결과로도 장기 배양 기술 분야에 희망이 있음을 확인해준다. 디셀과 리셀 기술로 혈관과 폐를 만드는 예일대학교의 로라 니클라슨Laura Niklason은 "조직에서 세포를 분리하고 재생산하는 것은 어려운 일이 아니다. 까다로운 부분은 모든 세포들을 다시 집어넣어 제대로 작동하게 만드는 것이다."라고 말했다.

이 기술이 더욱 진보하면 미래에는 장기들을 배양하는 시간이 더욱 줄어든다. 사람들이 장기이식을 위해 대기자 명단에 들어가 하염없이 기다리는 일은 이제 과거의 풍경이 될 것이다.

진화하는 바이오 프린팅 기술

영국 뉴캐슬대학교 연구팀은 2018년 7월, 사람의 각막을 3D 프린팅 기술로 제작하는 데 성공했다고 밝혔다. 공산품처럼 제조할 수 있는 각막이 나온 것은 세계 최초로, 전 세계의 각막 부족 현상을 해결할 수 있을 것으로 기대된다. 더구나 이 인공 각막을 만드는 데 드는 시간은 불과 10분밖에 걸리지 않는다. 연구팀은 단시간에 환자의 특성에 맞는 각막을 만드는 게 가능하다고 설명했다. 이로써 인간 장기 3D 프린팅 기술의 상용화에 한발 더 다가가게 되었다.

미국 샌디에이고에 본사를 둔 바이오벤처 기업 오가노보는 바이오 프린트된 조직을 약품 안전성 시험에 사용할 수 있다고 발표했으며 미국 식품의약국도 이에 동의했다. 이번에 발표된 새로운 프로세스에 따르면 기증자의 장기 세포를 프린트가 가능한 바이오잉크로 변환시킨다. 오가노보의 계획은 작은 유사 장기organoid를 배양해서 이를 만성질환 치료에 이용하는 것인데, 먼저 인간의 간세포를 적절한 배양액 안에서 배양하여 증식시킨다. 그다음 배양된 세포를 특수한 바이오 프린터에 넣는다. 바이오 프린터는 세포들을 수성 겔 격자 위에 쌓아나간다. 이 세포들이 성장해서 이식 준비가 될 때까지 기다리면 된다.

줄기세포에서 유래된 조직을 이용하면 신체는 이를 외부의 것으로 인식하지 않기 때문에 쉽게 수용한다. 이런 방법을 이용하면 환자가 조직을 이식받을 때 필요한 표준 면역 치료를 받지 않아도 된다. 그리고 간 조직을 성공적으로 바이오 프린트할 수 있게 되면 심장과 신장을 3D 프린팅하는 것도 상용화될 수 있다.

바이오 프린팅 기술로 이식에 필요한 장기 부족 현상을 해소할 수 있을지 모른다. 또한 약물 독성 검사를 위한 간 조직을 3D 프린팅할 수 있다면 신약 개발 과정에서 발생하는 임상시험 비용과 위험을 대폭 줄일 수 있다. 아직은 시험 단계이며 어떤 부문에 적용할 수 있을지 다양하게 시도되고 있는 중이지만 이로써 의료과학은 한 단계 도약해 인간의 수명뿐만 아니라 삶의 질에까지 영향을 미칠 수 있는 아주 중요한 시점에 와 있다고 할 수 있다.

지구 바이오게놈 프로젝트,
DNA 방주

　　　　　　　　　　　지난 10년 동안 생명공학의 진보는
의학, 식품, 생태학, 신경과학 분야의 급속한 발전을 가져왔다. 그리고
이런 발전으로 더 큰 발전이 촉발되고 있다. 바로 유전자 배열과 분석이
가져올 바이오 혁명이다.

　가장 발전이 빠르게 진행되는 분야의 하나는 유전체학이다. 유전체학
분야는 빠른 발전만큼 목표도 빠르게 커졌는데, 미국 UC데이비스의 해
리스 르윈Harris Lewin 석좌교수가 이끄는 지구 바이오게놈 프로젝트Earth
BioGenome Project, EBP는 지구에서 알려진 모든 진핵생물Eukaryotes의 DNA 배
열을 목표로 하고 있다. 최근《미국국립과학원회보》National Academy of Science

에 발표된 논문은 미국과 EU, 중국, 캐나다, 브라질, 오스트레일리아 등 세계 각국의 과학자 24명이 공동으로 집필한 것으로서, 이 지구 바이오게놈 프로젝트에 관한 새로운 내용을 발표했다.

동물 대신 DNA 정보를 모은 현대판 방주인 이 프로젝트에 소요되는 기간은 10년이며 예산은 47억 달러다. 그리고 200페타바이트(1억 기가바이트)의 디지털 저장 공간이 필요하다. 이런 수치는 어마어마해 보이지만 유전자 시퀀싱의 역사와 비교하면 작은 것이다. 최초로 인간 유전자를 시퀀싱하는 것을 목표로 했던 휴먼 게놈 프로젝트Human Genome Project는 10년 이상(1990년에 시작해 2003년에 완료되었다)의 기간과 27억 달러(오늘날의 48억 달러에 해당한다)의 예산이 소요되었다.

그로부터 불과 15년 후에 시작된 지구 바이오게놈 프로젝트는 유전자 배열 비용의 급락을 이용해 비슷한 시간과 예산을 가지고 지구상에 존재하는 모든 진핵생물의 유전자를 배열, 분석하여 목록으로 만들고자 한다. 유전자를 해독할 종의 수는 인간 게놈 프로젝트의 150만 배나 되지만 한 사람의 유전자 해독 비용이 1,000달러 수준으로 떨어질 만큼 기술이 발전한 것이다.

진핵생물이란 박테리아와 고세균archaea(단세포로 되어 있는 미생물의 종류)을 제외한 DNA를 가진 세포핵이 있는 모든 식물, 동물, 단세포 유기체를 말한다. 코뿔소에서 친칠라, 벼룩 그리고 더 작은 생물에 이르기까지 진핵생물의 종류는 약 1,000만~1,500만 종류로 추정된다. 문서로 만들어진 230만 종 중 인류가 유전자 배열에 성공한 것은 1만 5,000종이며 이들 대부분은 미생물이다.

지구의 150만 종 유전자 해독이 실현되다

과학자들이 이 같은 일을 할 수 있다는 건 매우 놀라운 일이다. 인간 유전자를 연구하는 것은 분명 이점이 있다. 그러나 코뿔소나 벼룩의 DNA를 해독하는 게 무슨 이점이 있을까? 지구 바이오게놈 프로젝트는 말하자면 과학자들이 지구상에 알려진 생물들에 대해 고해상도 디지털 유전자 스냅 사진을 찍는 것이다. 지구 바이오게놈 프로젝트의 리더 중 한 사람인 진 로빈슨Gene Robinson은 "미래 세대의 발견을 안내하는 디지털 생명 도서관을 만드는 것이 이 프로젝트의 최종 목표"라고 말했다.

휴먼 게놈 프로젝트의 투자수익률ROI은 141 대 1이었다. 2013년 미국 바텔연구소는 이로 미국이 얻은 경제적 가치가 1조 달러에 이른다고 추산했다. 이 프로젝트는 오늘날의 저렴해진 유전체학의 발전에 크게 기여했다. 유전체학은 질병을 유발하는 유전자 변이를 신속하게 발견하고 진단과 치료를 도우며, 크리스퍼와 같은 새로운 유전자 편집 도구로 유전적 질병을 치료할 수 있게 되었다. 이미 작물에 대한 유전자 연구를 통해 더 빨리 성장하고 더 많이 생산되며 병충해나 가혹한 기후에 내성을 지닌 식물을 만들고 있다. 과학자들은 유전자 연구를 통해 새로운 의약품을 발견하거나 제조업 또는 에너지 생산에 이용되는 유기체를 만들 수 있는 더 나은 방법을 찾을 수 있다. 또한 역사 속에 묻혀 있는 다양한 종들의 진화 방식에 대한 심도 있는 연구도 가능해진다. 그리고 이를 통해 얻는 경제적 이득은 실로 막대할 것이다.

또한 과학자들은 이런 과정을 통해 세계 생물종에 대한 디지털 유전자 은행도 만들 수 있다. 미래의 합성생물학자들은 지구 바이오게놈 프로젝트를 통해 지구의 유전자 팔레트를 갖게 되는 것이다.

바이오 혁명 시대의 도래

그러나 지구 바이오게놈 프로젝트가 완전히 확정되지는 않았다. 자금 조달 문제 외에도 프로젝트의 세부 사항들이 논의돼야 한다. 가장 큰 질문은 과학자들이 어떻게 지구상 모든 종의 온전한 DNA 샘플을 수집할 수 있는가 하는 것이다. 박물관 표본을 일부 사용할 수 있지만 고품질 유전자를 보존할 수 있는 방법으로 생물체들을 보관하고 있지는 않다. 아마도 글로벌 유전자 다양성 네트워크Global Genome Biodiversity Network가 가장 중요한 샘플 출처가 될 것이다.

지구 바이오게놈 프로젝트는 생명의 역사와 다양성에 대한 통찰을 제공하고 멸종 위기에 처한 생물을 보존하는 데 귀중한 자원으로 사용될 것이다. 더불어 여기서 확보된 유전 정보는 신약을 개발하고 재생에너지원을 찾으며 식량 문제를 해결하고 환경을 보호하는 등 인간의 생존과 웰빙을 돕는 방법에 쓰일 수 있다. 따라서 더 큰 관심과 참여가 필요한 지구적 프로젝트로서 적극적으로 홍보할 필요가 있다.

메이커가 된 간호사,
'메이커 너스'의 탄생

의료기기의 발명과 개선은 길고 힘든 과정을 거쳐야 한다. 때로 이런 과정은 최종 사용자인 환자와는 거리가 멀 때도 있다. 만일 의료기기의 연구와 개발 과정이 누구에게나 열려 있다면 어떨까? 환자들과 가까운 이들이 혁신에 참여하게 되면 어떤 일이 벌어질까? 메이커 너스와 메이커 헬스의 공동 설립자인 애나 영Anna Young은 최근 샌디에이고에서 열린 싱귤래리티대학교 익스포넨셜 메디슨 서밋Exponential Medicine Summit에서 이런 내용을 설명했다. 영은 간호사들이 효과적인 의료기기를 개발하는 데 그들의 독창성을 발휘할 수 있다고 생각했다. 이것이 바로 메이커가 된 간호사 '메이커 너스'가 하는 일이다.

병원에 부는 변화의 바람, 간호사가 직접 만드는 의료기기

메이커 너스는 2013년에 시작된 간호사 커뮤니티로, 환자의 치료 방법을 개선하기 위한 독창적이고 새로운 솔루션을 제공한다. 메이커 너스 커뮤니티는 메이커 헬스와 쌍을 이루는데, 메이커 헬스는 간호사들이 병원 내에 새로운 의료기기를 개발할 수 있는 훈련 과정과 도구를 갖춘 의료용 메이커 스페이스를 제공한다.

역사적으로 볼 때 간호사들은 언제나 메이커였으며 환자의 수요를 위해 문제를 창의적으로 해결해왔다. 1900년대 초반부터 1970년대 말까지 간호사들은 새로운 의료기기를 소개하고 이를 직접 만들 수 있는 방법에 대한 간행물을 출판했다. 이들은 환자들과 아주 밀접하게 연결되어 일하기 때문에 그 누구보다 실용적이고 독창적인 의료 솔루션을 제공할 수 있다. 영은 "간호사들은 의료기기 회사보다 신속하며 엔지니어들보다 환자와 더 가까이 있다. 의료 시스템 내부에서 환자들과 가장 긴밀한 피드백을 주고받는 사람은 간호사일 것"이라고 말했다.

2009년에 애나 영의 연구팀은 MIT의 리틀디바이스랩Little Devices Lab과 협력해 이런 아이디어를 처음 시도했다. 연구팀은 니카라과 전역의 병원에서 메디키트MEDIKit라는 프로토타입 도구 키트를 시험했다. 연구 과정에서 니카라과 간호사들이 필요한 장비를 몰래 직접 만들거나 개조해 쓴다는 사실을 발견하고 이들을 돕기 위한 도구 키트를 설계한 것이다. 여기서 영은 한 걸음 더 나아갔다. 니카라과에 의료용 메이커 스페이스를 만들어 사람들이 이용할 수 있게 한 것이다.

아이디어는 곧 현실로 이어져 간호학교와 병원 사이에 메이커 스페이스가 세워졌다. 그런데 메이커 스페이스는 병원에서 불과 30미터 정도 떨어져 있었음에도 병원의 스태프들은 너무 바빠서 이곳을 이용할 수 없었다. 이런 과정을 거쳐 연구팀은 메이커 스페이스가 병원 내에 있어야 한다는 사실을 알게 됐다. 그리고 메이커 너스 커뮤니티를 통해 가장 중요한 도구와 재료에 관한 조사를 시작했다.

그렇게 간호사들의 의료기기 자체 제작과 변경 수요를 더 잘 연구하고 지원하기 위한 메이커 너스 프로그램이 시작됐다. 영은 의료 요원들이 현장에서 기존 장비를 개조해 안전성과 효율성을 높이고 있다는 걸 잘 알고 있었다. 그녀의 말에 따르면 "의료 요원, 특히 간호사들에게 이런 작업은 제2의 본능"이다. 메이커 너스는 이들의 창의력을 지원하기 위해 여러 병원에 시제품 제작 키트를 보급했다.

텍사스 대학병원에는 미국 최초의 의료용 메이커 스페이스인 메이커 헬스 스페이스가 있다. 이곳에는 3D 프린터, 레이저 커터 등이 갖춰져 있어서 간호사들은 기존의 의료기기를 개조하거나 자신들이 원하는 의료기기를 직접 만들 수 있다. 예를 들어 응급실에 화학물질에 의한 화상 환자가 오면 간호사들은 샤워기를 손에 들고 이들을 씻겨야 한다. 때론 몇 시간씩 소요되는 일이다. 텍사스 대학병원의 화상 병동 간호사들은 이런 수고를 줄이기 위해 메이커 헬스를 찾았다. 그리고 PVC 파이프와 3D 프린팅으로 만든 부품을 사용해 원하는 곳으로 물을 뿜을 수 있는 3헤드 샤워기를 만들었다.

환자를 위한 의료 혁신 민주화의 시작

애나 영의 연구팀은 메이커 헬스가 점점 성장하면서 도구를 제공하는 것만으로는 충분치 않으며 간호사들에 대한 기술 교육도 매우 중요한 요소임을 알게 되었다. 그래서 의료진을 위한 기술 교육 프로그램을 개발하면서 P2P 교육을 위한 글로벌 네트워크 플랫폼을 구축하기 시작했다. 이런 의료 혁신의 민주화는 간호사뿐만 아니라 환자에게 더 많은 혜택을 제공할 것이다.

메이커 너스는 새로 만든 번쩍이는 제품만이 최상의 솔루션은 아니라는 것을 보여준 훌륭한 사례다. 때로 최상의 솔루션은 실제 사용자인 환자와 긴밀한 피드백을 주고받는 가운데 만들어지기도 한다.

가까운 미래에 등장할
다섯 가지 바이오테크 제품

가까운 미래에 우리는 우리의 삶에 영향을 미칠 획기적인 생명공학 발명품들을 볼 수 있게 된다. 배양육에서 항생제를 발견하기 위한 마이크로브마이너MicrobeMiner, 액상 바이오컴퓨터에 이르기까지 수많은 생명공학 제품들은 세상을 바꾸고 음식과 건강식품 쇼핑 목록을 바꿀 것이다. 어쩌면 우리는 해조류로 만든 건강 단백질 음료를 마시고, 합성 거미 실크로 만든 옷을 입을지도 모른다. 생명공학은 우리가 먹고 입고 사용하는 모든 것에 침투하여 전혀 다른 의식주 생활을 펼쳐낼 것이다. 여기서는 그런 변화를 선도할 다섯 가지 놀라운 신제품을 소개한다.

젖소 없이 생산된 인공 우유

'동물이 없는 경제' 그리고 합성 유제품의 시대가 시작되고 있다. 새로운 합성 유제품 산업은 몇 년 전부터 시작됐다. 세포 농업은 동물에서 추출한 세포를 가지고 단백질과 바이오분자를 생산하는 과학 분야로서, 어떻게 보면 맥주 양조법과도 비슷하다.

이런 세포 농업은 식품과 음료를 지역에서 지속 가능한 방식으로 생산할 수 있도록 한다. 동시에 합성 기술은 축산업이 환경에 미치는 영향을 완화하고 식품 안전을 개선시키는 이점도 있다. 효모 균주에 DNA 염기서열을 주입해 우유 단백질을 합성해 만든 퍼펙트데이Perfect Day의 인공 우유가 대표적인 예다.

젖소 없이 효모로만 만든 이 우유는 우리가 아는 우유와 맛이 똑같으며 실제 젖소가 생산하는 것과 동일한 단백질이 들어 있다. 그리고 락토오스(젖당)를 넣을지 말지 선택할 수 있다. 또 다른 차이가 있다면 유통기한이 6개월에 이른다는 점이다. 퍼펙트데이는 이 '실험실 우유'가 일반 낙농가에서 생산하는 우유에 비해 환경 보호에도 기여한다고 설명한다. 어쩌면 미래의 아이들은 "젖소에서 짠 우유를 먹는다고요?"라고 물을지도 모를 일이다.

고기 없는 고기 버거

'닭이 없는 닭고기'가 먼저일까, 아니면 '닭 없는 달걀'이 먼저일까? 달걀이 먼저다. 무슨 말인가 싶은 이 질문의 보다 근본적인 물음은 '실험실 배양 고기를 먹을 것인가?'이다. 청정육 스타트업인 멤피스 미트는 최근 실험실에서 배양한 쇠고기와 닭고기를 일반 대중 앞에 내놓았다. 이 회사는 빌 게이츠와 리처드 브랜든 등의 투자자들에게 1,700만 달러를 투자받아 우리가 먹는 육류 생산 방식을 바꾸고 있다. 스테이크와 닭고기를 생산하는 축산업은 지구 온실가스 배출량의 18퍼센트를 차지하며 삼림 벌채와 서식지 상실, 항생제 남용의 문제를 초래한다. 수많은 동물들이 겪어야 하는 고통은 말할 것도 없다. 이제 이런 방식은 기후변화 시대에 맞지도 않는다.

만일 값싸고 대량생산이 가능하며 지역에서 생산할 수 있는 육류가 있다면 이런 상황을 변화시킬 수 있다. 이런 육류를 배양하는 데는 작은 규모의 동물 생검을 통해 얻은 세포가 필요할 뿐이다. 이 배양육으로 생산된 고기는 생물학적으로 농장에서 사육된 고기와 같다. 그래서 배양육은 청정육이라고도 부른다. 가축을 도살할 필요가 없어 사람과 동물에게 안전하기 때문이다. 배양육은 전 세계 빈곤층의 식량 문제를 해결할 수 있는 기회가 되기에 전 세계 자선사업가들은 멤피스 미트와 같은 기업들을 주목하고 있다. 또한 좋은 식품에 대한 접근이 제한되어 있는 개발도상국의 기본적인 건강 상태를 증진시키기 위한 전략으로 배양육 기술이 고려되고 있다.

앞으로 세포공장에서 분자 단위로 만들어질 수 있는 식품은 진정한 게임체인저가 된다. 고기뿐만 아니라 앞서 말한 닭에서 태어나지 않는 달걀, 새우 없는 새우, 생선 없는 스시도 개발된다. 앞으로 우리의 식탁에 '세포 요리'가 올라올 날도 머지않았다.

세포 없는 'DIY 생물학' 시대

세포 없이 생체분자를 만들 수 있을까? 말도 안 되는 소리라고 생각하겠지만 액상 바이오컴퓨터가 있다면 가능하다. 영국의 라즈베리 파이 재단이 학교와 개발도상국에서 기초 컴퓨터과학 교육을 증진시키기 위해 만든 싱글 보드 컴퓨터 라즈베리 파이Raspberry Pi가 바로 그것이다. 한마디로 이것은 개인용 액상 바이오해킹 공장이다. 생물학을 소형화해서 매우 복잡한 생명 시스템을 사용하기 쉬운 키트에 넣은 것으로, 이 셀-프리Cell-Free가 있으면 10억 년간의 프로세스를 깨고 실제 세포 없이 누구나 어디서나 생체분자를 만들 수 있다. 이런 장비는 미생물 배양과 훈련, 장비의 필요성을 없애 쉽게 생물학을 연구할 수 있게 해준다. 셀-프리 시스템을 모든 사람들이 이용하게 되면 '세포가 없는' DIY 생물학 시대가 열릴 것이다.

이 시스템의 작동 원리는 이렇다. 먼저 앱처럼 유전자 소프트웨어 설명이 들어 있는 플라즈미드를 받는다. 플라즈미드는 서로 다른 단백질을 생산하기 위해 리보솜과 3D 단백질 프린터를 프로그래밍한다. 처음에는 사용자가 정해준 형광 색소, 바닐라 향, 어둠 속에 빛나는 잉크 등으로 시작하다가 나중에는 인슐린과 같은 의약품도 만들 수 있게 된다. 셀-프리 키트와 오픈소스 툴을 함께 사용하면 앱을 통해 원격으로 나만의 작은 바이오팩토리를 제작할 수도 있다.

크라우드소싱 방식으로 개발하는 항생제

오늘날 우리는 포스트 항생제 시대에 들어서고 있으며 새로운 항생제의 발견은 시급한 과제다. 그래서 기술 분야에서 비트코인을 채굴하는 것처럼 생물학에서는 새로운 항생제를 발견하기 위해 미생물을 채굴한다. 그 중 스트렙토마이세스Streptomyces는 토양에 사는 박테리아로, 다양한 항생제를 생산하는 데 쓰인다. 문제는 90퍼센트의 생체분자가 미생물 DNA의 비활성 부분인 '침묵하는 오페론'operon(특이적 억제 인자와 작동 인자의 지배를 받는 일련의 유전자군)에 숨어 있다는 점이다. 그래서 바이오 합성 기술로 이를 활성화시켜야 한다. 이것이 스타트업 마이크로브마이너가 하는 일이다.

마이크로브마이너는 크라우드소싱 방식으로 운영된다. 사람들은 크라우드소스 의약품 발견 컬렉션 키트를 주문할 수 있으며 샘플을 채굴해 이를 보낼 수 있다. 사람들이 보낸 샘플 미생물은 비활성 유전자 클러스터 확인을 위해 스크리닝된다. 이를 통해 항생제의 내성이 증가하는 문제에 집단지성으로 맞서 싸울 수 있다.

생분해되는 플라스틱

오늘날 플라스틱으로 인한 환경오염은 심각한 수준이며 우리가 마시는 수돗물에도 들어 있는 마이크로 플라스틱 문제는 특히나 인류의 건강을 위협하고 있다. 그런데 만약 플라스틱을 대체할 수 있을 만큼 튼튼하고 생분해성이 뛰어난 물질이 있다면 어떨까? 최근 바이오 회사들이 플라스틱을 대체할 수 있는 새로운 포장 물질로 버섯 균사체에 주목하고 있다. 가볍고 견고한 키틴과 셀룰로스로 이루어진 균사체는 매우 다양한 곳에 쓰일 수 있는 바이오 소재다. 이 균사체 기술이 발전하면 단순한 모양의 포장 용기나 그릇 나아가 가구 같은 현재 플라스틱으로 만들어진 모든 물건을 집에서 '키울' 수 있게 된다. 뉴욕의 스타트업 에코베이티브가 내놓은 버섯 램프 키우기Mushroom Packaging Plant가 대표적이다. 이 키트에 담긴 균사체를 일정한 틀에 부어 일주일 정도 기다리면 완벽하게 생분해가 가능한 램프 커버를 만들 수 있다. 이들은 스스로 키우는 것Gorw-It-Yourself 즉, GIY가 미래에 큰 주목을 받을 새로운 DIY가 될 것이라고 확신한다.

또한 샌프란시스코의 스타트업인 마이코웍스는 버섯 균사체의 새로운 용도에 대해 연구하고 있다. 마이코웍스는 버섯 균사체로 만든 가죽과 의복, 건축물에 이용할 수 있는 튼튼한 소재를 개발하고 있다. 균사체 소재는 가죽을 얻기 위한 가축을 키우는 것보다 훨씬 적은 자원이 들기 때문에 환경에도 이롭다.

젖소 없이 생산되는 우유, 달걀 없는 달걀흰자 같은 생명공학 식품들은 앞으로 우리의 식탁에 자연스럽게 오를 것이다. 또한 세포 없이 만든 생체분자를 가지고 각종 미생물과 의약품 분자까지 직접 집에서 만들게 된다. 이런 생명공학 기술은 식량난과 의료 문제뿐 아니라 옷이나 신발 같은 패션에 이르기까지 우리의 삶을 획기적으로 변화시킬 것이다. 무에서 생명을 창조하고, 그것도 간단한 키트를 가지고 우리가 직접 만들어내는 놀라운 세계가 펼쳐질 날이 머지않았다.

인간의 화성 이주를 완성시킬
동면 연구

요즘 뉴스에서 화성 탐사에 관한 내용이 심심치 않게 등장한다. 일론 머스크가 스페이스X를 통해 화성을 식민지화하기 위해 새로운 로켓을 개발한다는 보도에서 나사가 '화성 2020' 미션의 일환으로 새로운 로버를 개발하고 있다는 뉴스에 이르기까지, 화성을 향한 민간과 국가 기관의 본격적인 경쟁이 시작되었다.

그러나 인간의 우주비행은 지구를 벗어나는 실험이나 로봇을 보내는 것보다 훨씬 더 어려운 문제다. 로켓 기술이나 발사 계산, 무중력 여행 계획, 원격 화성 착륙 기술뿐만 아니라 인간 승무원들을 6개월 동안 외부의 도움 없이 생존하게 해야 한다. 로켓을 너무 무겁게 만들지 않으면서 승무원들이 살아갈 수 있는 물리적 공간을 확보하고 필요한 물과 음식을 포장할 수 있는 방법을 찾아야 하는 것이다. 또한 누군가 위험한 질병에 걸릴 경우 어떻게 할 것인가, 밀실에 갇힌 6개월 동안 화성 탐사자들의 정신건강은 어떨 것인가 하는 문제 등이 있다.

우주여행을 하기 위해 꼭 필요한 기술, 동면

6개월이나 걸리는 자동차 여행을 상상해보자. 게다가 중간에 멈춰 쉬는 곳도 전혀 없다. 그리고 그 기간 내내 밖은 칠흑 같은 어둠뿐이다. 지루하고 단조로운 이런 여행이 바로 화성으로 가는 우주여행이다.

지루한 여행으로 인한 우울증과 불안감을 물리치기 위해, 영화 속 화성 여행자들은 여행의 일부 기간을 인공 동면 상태로 지낸다. 이를 의학용어로 '휴면 상태'torpor state라고 한다. 나사는 미래의 행성 간 여행을 떠날 우주비행사들을 위해 휴면 상태를 유지하는 기술에 대한 연구 예산을 지원하고 있다. 수면 중에는 신진대사가 느려지므로 더 적은 물과 음식만으로도 생존할 수 있다. 따라서 우주선에 실어야 하는 화물과 연료의 양도 줄일 수 있고 발사 비용도 낮출 수 있다.

애틀랜타에 있는 스페이스웍스 엔터프라이즈의 CEO 존 브래드포드John Bradford는 이런 문제의 해결을 위해 연구하고 있다. 그의 연구팀은 현재 유인 우주여행의 여러 가지 한계를 완화할 수 있는 의료적 절차를 개발하고 있는데, 파리에서 열린 글로벌 스타트업 대회인 헬로 투모로우 글로벌 서밋Hello Tomorrow Global Summit에서 저대사 휴면 상태low-metabolic torpor state, 다른 말로 하면 '승무원의 동면'이라는 개념을 설명한 바 있다.

이 아이디어는 저체온 치료 또는 목표체온유지 치료라는 현행 의료 기술에서 유래한 것이다. 이런 기술은 심정지 또는 신생아 뇌질환 사례에서 볼 수 있는 치료 방법이다. 혈류 부족으로 인한 조직 손상을 방지하기 위해 환자를 48시간 동안 냉각시킨 다음 진정제를 투입하여 수면을 유도하는 것이다. 유명한 포뮬러원F1의 레이서였던 미하엘 슈마허는 2013년 스키 사고를 당해 저체온 치료를 받았다. 이런 방법을 우주비행 절차에 도입하면 승무원들은 경피내시경튜브를 통해 영양분과 물을 위로 직접 공급받고 전신 전기 자극을 통해 근육이 위축되지 않도록 활동하게 된다.

브래드포드 연구팀은 휴면 상태를 유지하게 되면 승무원의 신체를 유지하기 위한 식품과 물의 양을 3분의 1로 줄일 수 있게 되어 화성 탐사선의 탑재 중량을 대폭 줄일 수 있다고 말한다. 여기서는 누가 깨어 있고 누가 잠드는가 하는 순환 리듬이 핵심 문제다. 현재의 의료 기술로는 이틀에서 사흘 정도의 동면 상태를 유지할 수 있다. 앞으로 이를 8일 내외로 연장시키면 모든 구성원들이 8일 동안의 휴면 상태와 2일 동안의 깨어나는 기간을 포함해 10일 동안 서로를 보살필 수 있도록 비행 일정을 작성할 수 있다. 이런 방법으로 휴면 상태가 우주여행의 상당 기간을 차지하게 된다면 승무원의 신체적, 정신적 부담과 탑재해야 할 자원의 무게가 상당 부분 감소된다. 브래드포드 연구팀은 휴면 기간을 수 주로 늘리는 것을 목표로 하고 있다.

이 아이디어를 반대하는 이들은 장기간의 휴면 상태에서 안전하게 깨어나고 효과적으로 신체를 움직일 수 있는지, 인간의 신체가 낮은 온도에서 건강하게 유지될 수 있는지 우려한다. 인간의 신체는 항상성을 유지하며 장기적인 체온 변화의 영향에 관해서는 아직 연구된 바 없다. 그러나 스페이스웍스의 연구는 단기적, 장기적으로도 전망이 있다. 인간의 휴면 상태에 관한 이해와 실행에서 진전을 보이고 있으며 이런 발전은 극단적 환경에서의 장기이식과 중환자 치료에도 사용될 수 있다.

물론 브래드포드 연구팀은 장기적 전망에 관심을 가지고 있다. 브래드포드는 2030년에 이뤄질 유인 우주비행에 연구 결과가 적용될 수 있을 것이라고 예상한다. 그리고 일론 머스크는 2024년에 최초의 유인 화성탐사선 발사를 목표로 하고 있다. 인간의 동면 기술은 화성을 개척하는 지구인들을 위해 꼭 필요한 기술이 될 것이다.

최초로 영장류 복제에
성공한 중국

2018년 1월, 중국이 세계 처음으로 체세포핵치환Somatic Cell Nuclear
Transfer, SCNT 기법으로 원숭이를 복제하는 데 성공했다. 그동안 양
이나 돼지, 소, 개 등 23종의 동물들이 복제되었지만 영장류 복제
에 성공한 것은 처음이었다. SCNT 기술은 22년 전 영국 연구진이
복제양 '돌리'를 만들 때 썼던 기술이지만 영장류에서 이를 이용한
동물 복제를 중국이 최초로 성공시킨 것이다.

중국과학원CAS 신경과학연구소 연구진이 진행한 이번 원숭이
복제 연구는 지금까지의 동물 복제 중 가장 획기적인 성과라 볼 수
있다. 인간과 유전적으로 가장 가까운 복제 원숭이가 보급되면 뇌
질환과 암, 면역계 질환을 치료하는 신약 연구에서 급진적인 발전
이 가능해지기 때문이다.

SCNT는 난자에서 핵을 제거한 후 여기에 다른 체세포에서 분리한 핵을 넣어 복제 수정란을 만든다. 이렇게 만들어진 수정란을 대리모에 착상하면 체세포를 제공한 개체와 유전적으로 동일한 동물을 얻을 수 있다. 복제양 돌리가 태어난 1996년부터 여러 연구진이 이 방법으로 영장류를 복제하기 위해 노력해왔으나 모두 실패로 돌아갔다. 가장 큰 걸림돌은 원숭이의 복제 수정란이 자궁에 착상하기 직전 단계인 '배반포기'까지 제대로 발달하지 않는다는 점이었다. CAS 연구진은 복제 수정란의 발달을 활성화하는 환경을 만들어주면 이런 문제를 해결할 수 있으리라고 생각했다. 그래서 복제 수정란의 발달을 활성화하는 환경을 만들기 위해 5년 동안 연구를 거듭한 끝에 원숭이의 복제 수정란을 만들 때부터 실제 상태와 최대한 가까운 환경을 만드는 데 성공했다.

원숭이는 새끼를 한두 마리만 낳는 데다 개체 수도 적고 새끼를 낳을 수 있을 때까지 성장 기간이 길어 다양한 신약 연구 활용에 한계가 많았다. 자연 상태의 원숭이를 잡아 실험하는 데도 한계가 많았던 게 사실이다. 연구진은 이번 연구를 통해 최대 네쌍둥이까지 복제 원숭이를 낳을 수 있는 방법을 확보한 것으로 알려졌다.

인간 복제와 윤리적 문제

아마도 많은 이들이 이 원숭이 복제 기술이 인간 복제와 연결될지 궁금해할 것이다. 그러나 인간 복제는 70여 개국에서 불법이다. 불법이라는 측면 외에도 인간 복제는 원숭이 복제보다 기술적으로 훨씬 복잡하다. 다만 치료용 복제는 기증자와 유전적으로 일치하는 줄기세포를 생산하게 되므로 면역체계에 따른 거부 반응을 제거할 수 있어 다양한 질병 치료법에 이상적으로 이용될 수 있다.

하지만 기술이 발달하면서 복제 윤리에 대한 논쟁은 더욱 확대되고 격화될 것으로 예상된다. 복제된 아기 원숭이들이 앞으로도 건강하게 자랄 것인지는 아직 모른다. 연구진은 원숭이들의 지적, 신체적 발달을 면밀히 주시하고 있으며 앞으로 복제 원숭이들이 더 많이 탄생하기를 기대하고 있다.

앞으로는 이런 복제 원숭이를 통해 뇌신경 질환이나 암 같은 인간의 질환을 보다 잘 이해할 수 있게 될 것이다. 따라서 복제 기술이 오직 인간의 질병 치료를 위해서만 작동하도록 윤리적 규제들이 제 역할을 할 수 있는 관련 법안이 만들어져야 한다.

07

노화 방지에서 노화 정복으로, 생명 프로세스의 비밀

2016년 미국 식품의약국은 당뇨병 치료에 쓰이는 메트포르민metformin을 사용한 노화 방지 연구의 인체 실험을 승인했다. 노화된 설치류의 조직을 젊게 역전시키는 데 성공한 동물 실험을 통해 이런 결정을 내린 것인데, 이로써 노화와 장수를 바라보는 관점이 크게 변화하기 시작했다. 노화를 생명으로서 피할 수 없는 부분이 아니라 고칠 수 있는 '질병'으로 접근하게 된 것이다. 노화가 질병이라면, 만일 적합한 약이 있다면 이를 지연시키거나 심지어 역전시키는 치료가 가능하다는 의미다. 그로부터 2년이 지난 지금, 노화 연구는 어디까지 왔을까?

노화 정복, 죽음의 죽음은 이루어질 것인가?

미국 통계청의 예측에 따르면 2035년에는 노인 인구가 아동 인구보다 늘어날 것이라고 한다. 이런 예측에 기대어 노화와 관련된 질병 연구에 민간 부문의 막대한 관심과 투자가 이뤄지고 있다. 오라클의 공동 설립자인 래리 엘리슨Larry Ellison이 이끄는 엘리슨 의료 재단은 노화 연구에 4억 달러 이상을 투자했다. 구글의 지주회사 알파벳은 노화와 관련 질환을 해결하기 위해 2013년 칼리코를 설립했다. 2015년 페이스북의 설립자 마크 저커버그와 그의 아내 프리실라 챈은 30억 달러를 투자해 세상의 모든 질병을 정복하기 위한 목적으로 챈 주커버그 과학 프로그램을 시작했다. 아마존 창립자인 제프 베조스와 페이팔의 공동 창립자인 피터 틸은 생명공학연구 재단인 므두셀라 재단에 350만 달러를 기부했다. 하버드대학교나 스탠퍼드대학교 등 대학 관련 연구소들은 노화 방지 연구에 주력하고 있다.

세계에서 가장 권위 있는 대학의 과학자들은 인간의 생물학적 노화 원인을 밝히고 노화를 역전시키는 기술이 2018년 임상실험 등을 통해 현실로 전환되는 시기를 맞았으며 이로써 고령화를 끝낼 수 있는 단계에 한 발짝 더 가까워졌다고 말한다. 미래학자 레이 커즈와일은 2045년에 싱귤래리티가 오면 인간은 사실상 죽지 않을 수 있다고 주장한다. 그의 주장을 영화화한 〈트랜센던스〉는 인간의 뇌, 즉 영혼을 컴퓨터에 '다운로드' 해 몸이 죽은 후에도 살아 있는 아내와 컴퓨터 화면으로 대화를 나누는 장면이 나온다.

현재 가장 활발하게 진행 중인 연구는 인간의 냉동 보존, 즉 냉동인간에 대한 연구다. 냉동인간을 보존하는 단체나 기업들이 많이 생겨나고 있다. 대표적으로 러시아의 기술 기업 크리오러스는 2018년 7월 냉동보존 인프라 확충 연구를 위한 ICO를 통해 128억 원을 모집했다. 크리오러스의 아시아 총괄 센터 크리오아시아를 맡고 있는 한형태 대표는 확보한 크리오Cryo 토큰을 활용해 이식용 장기 해동 연구 및 개발, 가임력 보존 난자, 체세포 보관, 개인 맞춤형 줄기세포 보관, 중입자 암 치료기 의료 컨설팅, 아시아 최초 냉동인간 서비스 등을 연구할 계획이라고 밝혔다.

나아가 냉동인간보존연구회를 공동 창립한 호세 코르데이로Jose Cordeiro 박사는 최근 《죽음의 죽음》이라는 저서에서 2045년까지 인간은 자연적인 원인이나 질병이 아니라 사고로 사망할 것이라고 주장한다. 2045년이 되면 죽음은 '선택'이 되고 노화 과정은 '되돌릴 수 있는 것'이 된다. 이제 인간은 죽고 싶을 때만 죽을 것이며, 노화를 역전시켜 수십 년 젊어지는 기술들이 이미 나오고 있다는 것이다. 불멸 혹은 영생은 원래 생각했던 것보다 훨씬 일찍 일어날 수 있는 실제적이고 과학적인 가능성이라고 그는 말한다.

코르데이로 박사는 노화가 질병으로 분류되기 시작했고 국가 예산 또는 공공기금으로 치료법에 대한 연구가 시작되었기 때문에 이 기술의 발전은 급속하게 이뤄질 것이라고 예측한다. 또한 모든 질병과 암과 같은 난치병 역시 2030년 이후에는 치료가 가능해질 것으로 전망했다. 문제는 비용인데 이 역시도 우려할 요소는 아니다. 40여 년 전 모토로라에서 최초로 휴대전화가 등장했을 때의 가격은 무려 4,000달러였다. 현재 가치로 환산하면 약 1,000만 원이다. 하지만 지금은 아무리 비싼 스마트폰이라도 100만 원을 넘지 않는다. 마찬가지로 안티에이징 치료, 나아가 영생 기술은 모든 사람들에게 그 혜택이 돌아갈 수 있도록 가격이 점차 하락하는 경쟁 시장에 들어설 것이다.

현재 수명 연장, 장수 연구에 주목하고 있는 연구자들은 트랜스휴먼, 노화 역전, 냉동학, 인공지능에 큰 관심을 보이고 있다. 이들은 미래의 기술이 죽음과 노화를 극복할 것이라고 믿는다. 과거 원시인들의 평균수명은 18세, 그리스 로마 시대 사람들의 평균수명은 30세 정도였다. 지금 우리는 100세 시대에 서 있다. 앞으로 인간이 살 수 있는 시간은 얼마나 늘어날까? 생명이 죽음을 향하는 노화 과정을 계속해서 늦출 수 있다면 불로불사의 꿈도 불가능한 것만은 아닐 것이다.

제 **7** 장

15대 글로벌
도전 과제와 그 대안들

기후변화와
지속 가능한 개발

어떻게 하면 전 세계의 기후변화 문제에 대처하면서 모두를 위해 지속 가능한 개발을 이룰 수 있을까?

약 2억 5,200만 년 전 공기 중 이산화탄소가 증가하면서 대양의 조류에 변화가 생겼고 황화수소가 증가했으며 오존이 고갈됐다. 그로 인해 지구가 온난화되어 페름기 멸종 시기 동안 지구 생명체의 97퍼센트가 죽었다. 오늘날 늘어만 가는 온실가스 배출을 되돌리고 공기 중에 있는 온실가스를 줄이는 방법을 하루라도 빨리 내놓지 못한다면 이런 일은 다시 일어날 수도 있다. 나사에 따르면 이제까지 가장 무더웠다고 기록된 17년 중 16년이 2001년 이후에 있었다.

197개국이 참여해 2016년 11월에 효력이 발효된 파리기후변화협약에 따르면 기온을 산업혁명 이전 수준보다 섭씨 2도 상승하지 않도록 하고 섭씨 1.5도 선을 넘지 않도록 노력해야 한다. 지난 3년간 발전 효율이 향상되고 미국과 중국이 석탄을 덜 사용하면서 이산화탄소 배출 증가세가 둔화되고 있긴 하지만 그전부터 지금까지 누적된 온실가스는 계속해서 지구를 덥히고 있다.

나사에 따르면 1880년 이래 세계 기온은 섭씨 0.94도 높아졌으며 해수면은 20~23센티미터 높아졌다. 2017년에 나온 미국 기후보고서는 현재 추세가 지속될 경우 2100년까지 온도가 섭씨 2.8~4.8도까지 높아질 것으로 추정한다. 해수면은 매년 3.4밀리미터씩 높아지고 있으며 21세기가 끝날 때쯤이면 바닷물의 산도가 산업혁명 이전 수준보다 100~150퍼센트 높아질 것이다.

2050년까지 현재 75억 명에 이르는 세계 인구가 20억 명 더 증가하고 글로벌 경제 규모는 세 배 늘어날 것으로 예상되는 만큼, 온실가스의 증가를 되돌리려면 전례 없는 국제적 노력이 필요하다. 일부에선 현재 450ppm에 해당하는 이산화탄소 농도를 350ppm까지 제한해야 한다고 주장한다.

또한 우리가 줄여야 할 것은 온실가스 배출만이 아니다. 현재 공기 중에 존재하는 온실가스의 양도 줄여야 한다. 보이콧과 제재, 그 외 다른 수단들을 통해 파리기후변화협약과 여러 국가들이 한 약속이 이행될 수 있도록 해야 한다. 글로벌 시민이라면 지구의 자원이 무한하지 않다는 사실을 이해해야 한다. 지구는 폐쇄된 루프 시스템Closed-Loop System(지구는 새로운 물질을 받아들이지 않으며 에너지만 교환된다는 점에서 폐쇄형 시스템으로 간주된다—옮긴이)이며 이런 특성은 다양한 경제와 정치, 환경 관리 시스템에 적용돼야 한다. 소비와 폐기물 관리도 바뀌어야 한다. 아울러 환경의 지속 가능성은 이제 경제적, 사회적 가치, 정치적 우선순위에서 1위를 차지하고 있다. 세계 지도자들은 2030년까지 169개의 하부 목표가 포함된 17가지의 유엔지속가능개발목표UNSDGs를 달성하기로 합의했다.

기후변화 문제에 관한 아시아 국가들의 상황

세계에서 가장 온실가스 배출이 많은 국가인 중국은 2030년까지 온실가스 배출량을 역전시키고 에너지의 20퍼센트를 온실가스를 전혀 배출하지 않는 자원에서 확보할 계획을 밝혔다. 전 세계 메가시티의 절반과 빈곤층의 대다수가 이 지역에 자리 잡고 있다. 이 중 많은 사람들이 인구가 밀집한 슬럼가에 살고 있으며 기후변화에 취약하다. 이 지역의 지속 가능한 개발을 위해서는 도시 시스템 생태학을 신속하게 적용하는 것이 중요하다.

지난 10년간 베이징에서는 폐암 발생이 두 배로 증가했으며 환경오염을 둘러싸고 시위와 소송이 발생하는 경우가 점점 늘어나고 있다. 중국 고체 폐기물의 하루 배출량은 2005년에는 57만 3,000톤이었지만 2025년에는 150만 톤으로 늘어날 것이다. 중국에서는 일곱 개의 성과 도시에서 배출 거래 시스템Emissions Trading Systems, ETS을 시범적으로 실시하고 있으며 이를 전국으로 확대할 예정이다. 중국이 환경 목표를 달성하려면 매년 3,200억 달러의 투자가 필요하다.

인도는 환경 악화로 매년 GDP의 거의 6퍼센트인 약 800억 달러를 손해 보는데, 그 손실의 반 이상이 공기 오염 때문이다. 미세먼지는 오염된 도시 지역에 살고 있는 6억 6,000만 명 인도인들의 기대수명을 3.2년까지 단축시킨다.

남아시아와 남동아시아는 산림 벌채가 기후에 미치는 영향을 좀 더 잘 이해할 필요가 있다. 지구 온난화의 영향으로 키리바시Kiribati(태평양 중부 광대한 해역에 걸쳐진 30여 개의 산호초 섬들로 이뤄진 국가―옮긴이) 공화국 시민 10만 3,000명이 난민이 될 것이다. 키리바시 정부는 국민들을 재정착시키기 위해 960만 달러를 들여 피지에 2.5평방킬로미터의 땅을 구매한 것으로 알려졌다. 방글라데시는 해수면이 높아지는 것을 대비해 새로운 농업을 개발해야 하며 주택도 개조해야 한다.

기후변화 문제를 해결하기 위한 방안

전 지구적 문제인 기후변화를 해결하기 위해서는 다른 국가들이 참여할 수 있는 미국과 중국의 '아폴로처럼'Apollo-Like(1963년에 대부분의 사람들이 달 착륙이 불가능하다고 생각했던 것처럼, 기후변화와 관련해서도 미국과 중국이 10년 내에 온실가스 배출을 400ppm에서 350ppm으로 줄인다는 목표가 불가능하다고 본다는 점에서 이 프로젝트를 '아폴로처럼'이라고 부른다―옮긴이) 연구개발 목표나 이를 달성하기 위한 '나사처럼'NASA-Like 연구개발 프로그램을 추진해야 한다.

한편 동물을 사육하지 않고 유전물질에서 고기, 우유, 가죽 및 다른 동물 제품을 직접 생산함으로써 에너지, 토양, 물, 의료비, 온실가스를 절

감하는 방법도 있다. 이 외에도 바닷물/해수 농업의 확대, 채식주의 권장
도 한 방법이다. 삼림 비율을 높이고 구 도시들을 에코–스마트 도시들로
바꿔야 하며 새롭게 도시를 조성하는 경우엔 에코–스마트 도시로 건설
해야 한다.

화석연료를 재생에너지로 전환하기 위한 전 세계적인 움직임이 필요
하다. 화석연료에 대한 투자 중단, 배출권 거래 시스템의 도입, 탄소세 도
입 등을 생각해볼 수 있다.

세계 기후변화 현황

- 나사에 따르면 이제까지 가장 무더웠다고 기록된 17년 중 16년이 2001년 이후에 있었다.

- 지난 3년간 이산화탄소 배출 증가세가 둔화되고 있긴 하지만 누적된 온실가스는 계속해서 지구를 뜨겁게 만들고 있다.

- 1880년 이래 세계 기온은 섭씨 0.94도 높아졌으며 해수면은 20~23센티미터 높아졌다.

- 2017년 발간된 미국 기후보고서는 현재 추세가 지속될 경우 2100년까지 온도가 섭씨 2.8~4.8도까지 높아질 것으로 추정한다.

기후변화 문제를 해결하기 위한 방안

- 다른 국가들이 참여할 수 있는 미국과 중국의 '아폴로처럼' 연구개발 목표나 이를 달성하기 위한 '나사처럼' 연구개발 프로그램을 추진한다.

- 유전물질에서 고기, 우유, 가죽 및 다른 동물 제품을 직접 생산한다. 바닷물/해수 농업을 확대하고 채식주의 식사를 늘린다.

- 구 도시들을 에코-스마트 도시들로 바꾸고, 새롭게 도시를 조성하는 경우 에코-스마트 도시로 건설한다.

- 화석연료를 재생에너지로 전환한다.

02

분쟁과 경쟁 없는
깨끗한 수자원 확보

어떻게 하면 분쟁 없이 모두가 쓸 수 있는 깨끗한 물을 충분히 확보할 수 있을까? 1990년에는 '개선된 식수' improved drinking water(WHO의 정의에 따르면 자연적으로 혹은 적극적인 개입을 통해 외부의 오염, 특히 분변 오염으로부터 보호되는 식수를 의미한다―옮긴이)를 이용할 수 있는 사람이 전 세계 인구의 76퍼센트였지만 현재는 그 비율이 90퍼센트가 넘는다. 20년도 안 되는 기간 동안 약 23억 명의 사람들이 식수 부족 현상에서 벗어난 것이다. 하지만 여전히 이런 식수를 이용할 수 없는 사람들의 숫자도 2015년 6억 6,300만 명에서 8억 8,400만 명으로 늘어났다.

현재 약 5억 명이 자연적으로 재생될 수 있는 양의 두 배에 해당하는 물을 소비하고 있으며 모든 대륙에서 지하수면이 낮아지고 있다. 처리하지 않은 폐수의 양은 매년 늘어나고 있으며 그 비율은 폐수 전체의 80퍼센트에 이른다. 인류의 거의 절반이 두 개 이상의 국가가 통제하는 수자원에서 물을 공급받고 있다. 지구 온난화는 더 건조한 지역에서는 가뭄을 심화시키고 더 습한 지역에서는 홍수를 늘릴 것이다. 적절한 화장실이나 간이화장실조차 이용할 수 없는 사람들이 인류의 3분의 1에 이르며 8억 9,200만 명은 여전히 야외에서 배변을 해결하고 있다.

인류는 공급되는 물의 70퍼센트를 농업용으로, 20퍼센트는 산업용으로, 10퍼센트는 가정용으로 사용한다. 하지만 선진국에서는 50~80퍼센트의 물을 산업용으로 사용한다. 개발도상국에서 산업과 농업이 증가하고 인구가 성장해 1인당 GDP가 늘어날수록 1인당 물 소비는 늘어날 것이다. 중대한 변화가 일어나지 않는 한 물 위기와 이주는 불가피해지고 있다. 세계 리더들은 2030년까지 누구나 안전한 물과 위생적인 환경을 누릴 수 있도록 한다는 목표와, 이와 관련된 유엔지속가능개발목표에 합의했다.

수자원 확보에 관한 아시아 국가들의 상황

아시아에는 전 세계 인구의 60퍼센트가 거주하지만 이 지역에서 나오는 담수는 전 세계 담수의 28~30퍼센트밖에 되지 않는다. 한 연구에 따르면 2050년까지 아시아 전역에서 10억 명의 사람들이 물과 관련된 어려움을 겪을 것이다.

이미 중국에서는 물 부족으로 인한 강제적인 이주가 시작됐다(다음 차례는 인도가 될 것이다). 중국에서 물이 부족한 11개 지역, 즉 '11대 건조 지역'이 GDP에서 차지하는 비율은 거의 반에 육박한다. 최선의 시나리오를 고려한다고 해도 중국은 향후 5~8년 동안 심각한 물 부족 현상을 겪을 것으로 예상된다. 이는 부분적으로는 천연자원이 여러 지역에 불균형하게 배분돼 있기 때문이다. 북부 지방만 봐도 중국 전체에서 재생 가능한 수자원의 25퍼센트가 여기 있지만 농업 지역은 63퍼센트, 석탄 저장량은 86퍼센트가 존재한다. 중국의 습지는 2003년 이후 약 9퍼센트 줄어들었고 칭하이티베트 고원 빙하는 지난 30년간 15퍼센트가 줄어들었다.

중국이 보유한 담수는 전 세계 담수의 6퍼센트밖에 되지 않지만 이 물로 세계 인구 22퍼센트의 수요를 충족시켜야 한다. 오염에 대한 공포 때문에 병에 든 생수의 소비량은 중국에서 지난 5년간 거의 두 배로 늘어났다. 중국은 현재 담수화한 바닷물을 하루에 68만 세제곱미터(1억 8,000만 갤런) 생산하고 있으나 2020년까지 이를 네 배로 늘려 300만 세제곱미터(8억 갤런)를 생산할 계획이다. 베이징 시는 허베이 성에 있는 차오페이뎬 항에서 270킬로미터 길이의 파이프라인을 통해 담수화된 물을 끌어올 계획이다. 시 정부는 29억 달러가 소요될 이 프로젝트로 2019년까지 물 수요의 3분의 1을 충족할 수 있을 것으로 예상한다.

깨끗한 수자원 확보를 위한 방안

깨끗한 수자원을 확보하기 위해서는 어떤 노력과 변화가 필요할까? 먼저 저비용 담수화를 위한 연구개발을 확대해야 한다. 물과 위생적인 환경을 보편적으로 제공하기 위해 세계보건기구와 유네스코가 세운 계획을 실행해야 할 것이다. 효율성과 공정성, 지속 가능한 개발(통합된 물 관리)을 위해 수자원의 모든 측면을 관리해야 한다. 그리고 바닷물/염수를 이용한 농업 개발에 투자, 질소와 인의 복구(하수처리 후에도 폐수에 포함된 질소와 인이 부영양화를 일으켜 새로운 문제로 대두되는 만큼 질소와 인을 제거하는 기술과 방류수의 수질 기준 중 질소와 인 기준 강화가 중요해졌다 — 옮긴이) 등 폐수를 이용한 제품 개발 투자와 더불어 제품 생산에 사용되는 물의 양을 보여주는 스마트폰 앱 개발 등 다양한 분야에서 투자가 이뤄져야 한다.

전 세계의 물 부족 문제

- 개선된 식수를 이용할 수 있는 사람의 비율은 전 세계 인구의 90퍼센트에 이르지만 여전히 이런 식수를 이용할 수 없는 사람들의 숫자도 8억 8,400만 명에 이른다.

- 인류의 거의 절반이 두 개 이상의 국가가 통제하는 수자원에서 물을 공급받고 있다.

- 인류는 공급되는 물의 70퍼센트를 농업용으로, 20퍼센트는 산업용으로, 10퍼센트는 가정용으로 사용한다. 선진국에서는 50~80퍼센트의 물을 산업용으로 사용한다.

물 부족 문제 해결과 수자원 확보를 위한 방안

- 저비용 담수화를 위한 연구개발을 확대한다.

- 물과 위생적인 환경을 보편적으로 제공하기 위해 세계보건기구와 유네스코가 세운 계획을 실행한다.

- 폐수를 이용한 제품 개발 등에 투자한다.

피할 수 없는 인구 성장과
자원의 균형

인구 성장과 자원이 균형을 이룰 수 있는 방법은 무엇일까? 현재 약 76억 명인 세계 인구는 불과 30년 후인 2050년이 되면 22억 명이 더 늘어날 것으로 예상된다. 이 모두를 먹여 살리려면 먹거리 생산은 2012년 생산량보다 50퍼센트 늘어나야 한다. 하지만 도시 지역의 규모가 2030년까지 세 배로 늘어나면서 도시 근교의 농업 지역이 사라지는 결과가 벌어질 것이다.

영아 생존율이 올라가고 강화된 가족계획이 수정되면서 서로 시너지 효과를 낸다면 증가하는 인구의 규모는 이보다 더 낮아질 수도 있다. 신생아의 기대수명은 1950년에 46세였지만 2010년에 67세가 됐고 2015년에는 71.5세가 됐다. 유엔에서는 2017년에 9억 6,200명이었던 60세 이상 인구가 2050년에는 22억 명까지 늘어날 것으로 추정한다.

역사적으로 여러 국가에서 광범위하게 달랐던 인구 성장은 매우 다양한 인구 연령 구조를 낳았고, 노령화 효과는 이런 연령 구조가 미래로 나아가면서 나타나는 여러 측면 중 하나다(국내의 도시화와 국제 이주로 현재와 미래에 발생할 한계와 잠재적인 이득은 또 다른 전개 양상이다. 부분적으로는 높은 인구성장률이 가져오는 경제적, 정치적, 종교적 효과와 연령 구조, 가용한 자원을 그 이유로 들 수 있다). 건강보험의 불평등한 발전과 집행, 가족계획과 변화하는 생식 행동의 다양성, 전쟁과 질병, 가뭄으로 인한 대대적인 파괴 때문에 일부 국가에서는 불균형하게 노령 인구가 많아졌고 다른 국가에서는 근로자와 은퇴자에 비해 어린이와 청년이 과도하게 많아졌다.

이런 양상이 계속 진행되면 이들의 영향력과 경제 및 사회를 재창조할 수 있는 역량이 점차 가시화될 것이다. 일부 국가들, 예를 들어 유럽 대부분과 구 소비에트 연합 국가들에서는 증가하는 노령 인구를 부양하는 데 필요한 노동력과 생산성에 대한 제약이 생길 것이다. 반면 다른 국가들, 예를 들어 아프리카 대부분 및 라틴아메리카의 많은 국가들에서는 고용과 더 나은 삶에 대한 기대가 충족되지 않을 때 젊은이들이 느낄 좌절과 분노, 불안에 대응하면서 그들을 교육시키는 방법에 대한 문제가 등장할 것이다.

중국은 지난 50년 동안 저임금을 받는 대규모 젊은 인구 덕분에 높은 발전을 이뤘지만 지금은 낮은 인구 성장이라는 미래에 직면하고 있다. 그 미래에는 바로 그 노동자들이 은퇴하고, 그들보다 상대적으로 더 적은 수의 노동자들이 혹사당할 것이며, 계속해서 높은 기술 발달 수준을 유지해야 한다는 압박을 받을 것이다.

전 세계에서 에코-스마트 도시가 새로 건설되거나 구 도시가 스마트 도시로 전환되는 속도는 미래의 대규모 복합 재난을 방지할 정도로 빠르진 않다. 2050년까지 도시 인구는 거의 두 배로 늘어날 것이며 특히 거의 모든 인구 성장이 이뤄질 개발도상국 도시들에서 이들 시스템에 대한 압박이 커지고 있다. 대중교통은 물론 도심을 지속적으로 보수하고 개선하는 데 필요한 실시간 정보를 제공하려면 사물인터넷과 연결된 인공지능과 센서 네트워크가 필요하다. 초기 사례로는 한국의 송도 시와 아부다비의 마스다르 시를 들 수 있다. 인도는 2022년까지 100개의 스마트 도시를 건설할 계획이다. 중국은 약 200건의 스마트 시티 파일럿 프로젝트를 출범시켰다.

이제 지구는 어느 때보다 더 많은 사람들이 이동하고 있다. 2015년에는 한 국가에서 다른 국가로 옮겨간 사람들이 2억 4,400만 명에 이르렀다. 미래에는 불가피하게 저임금 지역, 즉 청년의 취업 수요가 높은 지역에서 고임금의 노령화 사회로 이주가 이뤄질 것이다.

재생의학과 DNA 복구 등 장수 분야 연구의 진보는 더 많은 사람들이 현재 추세보다 훨씬 더 길고 건강한 삶을 사는 데 도움을 줄 것이다. 만일 장수 관련 연구가 효과적으로 진행된다면 노인 인구는 경제적 부담이 아니라 자산이 될 수도 있다. 그런 측면에서 기술 진보가 필요하다. 그렇지 않으면 고령화 사회에서 장기적인 미래 의료 비용을 감당할 수 없기 때문이다. 인간 두뇌 프로젝트, 인공지능, 그 외 다른 기술 진보들은 궁극적으로 노년의 정신 쇠퇴를 방지하고, 심지어 지적 능력을 높여줄 가능성도 있다. 사람들은 현재의 은퇴 연령을 지나서도 일할 것이고 다양한 형태의 일자리를 만들어낼 것이다. 이는 젊은 세대의 경제적 부담을 줄이는 것은 물론 노인들에게도 더 흥미로운 삶을 제공한다.

농업과 식량 생산에서 변화가 없는 한 2050년까지 태어날 추가적인 22억 명을 먹여 살리는 일은 물론, 현재 영양 부족에 시달리고 있는 10억 명의 영양 상태를 개선하는 일은 환경에 매우 파괴적인 영향을 미칠 것이다. 농업 폐수는 강을 오염시키고 생물이 살지 않는 데드 존을 전 세계에 만들어내고 있다. 또한 공장형 농업으로 음식을 통해 전염되는 질병이 늘어나고 있다.

25년 전 19퍼센트였던 영양 부족 인구는 현재 11퍼센트로 느리게 줄어들고 있는 반면, 5세 미만의 유아 사망률은 같은 기간 동안 반으로 줄어들었다. 굶주리는 사람들의 숫자는 아직도 8억 명에 이른다. 그런데 아프리카에 있는 1,000만 명을 포함해 5세 미만 어린이들 중 적어도 4,100만 명이 과체중이거나 비만이다.

아시아 국가들의 인구 변화

2050년까지 도시 인구 증가의 60퍼센트 이상이 아시아 지역에서 발생할 것으로 예상된다. 하지만 아시아 도시들은 재해에 취약한 지역에 밀집되어 있으며 기후변화에 특히 취약하다. 지금도 아시아에는 5억 명이 넘는 사람들이 빈민가에 살고 있다. 아시아와 중동에는 남성이 여성보다 약 1억 명 더 많으며 성별 격차가 가장 큰 나라는 중국과 인도다. 이 격차의

70퍼센트가 1985년 이후에 발생했다.

중국에서는 2025년까지 인구 100만 명이 넘는 대도시가 220개 이상이 되고 1,000만 명이 넘는 메가시티는 여덟 개에 이를 것으로 예상된다. 1990년에 26퍼센트였던 중국 도시화 비율은 현재 55퍼센트로 두 배이상 높아졌다. 그리고 2014~2020년에 걸쳐 진행될 '신국가도시화 계획'National New-type Urbanization Plan에 따르면 그 수치는 60퍼센트까지 올라갈수도 있다. 중국은 거대한 노령 인구를 지탱할 만큼 충분한 부를 확보하기도 전에 늙어가고 있다. 2014년에는 1,000만 명이 사망했고 2025년부터 2030년까지 그 숫자는 두 배로 늘어날 것이다. 이는 중국에 현재 존재하는 화장장의 수용 범위를 훨씬 초과하는 숫자이며 결국 다이옥신을 비롯한 오염물질들이 증가할 것이다.

일본 인구는 2014년에 0.17퍼센트가 감소했으며 현재 1억 2,700만 명인 인구는 2060년이면 8,700만 명까지 줄어든다. 일본 정부는 은퇴 연령을 65세에서 75세로 변경하는 방안을 검토하고 있다. 2015년 '안전한 도시 지수'에서 도쿄는 전 세계의 조사 대상 50개 도시 가운데 싱가포르와 오사카에 앞서 가장 인구가 많으면서도 안전한 도시로 선정됐다. 하지만 일본은 자살과 우울증 때문에 발생하는 지출이 매년 320억 달러에 이른다.

2028년쯤이면 인도 인구는 중국 인구를 추월할 것이며 수십 년 동안계속해서 성장할 것이다. 2050년이 되면 인도 인구는 세계에서 세 번째로 커질 것이며 인도네시아를 제치고 이슬람 인구가 가장 많은 나라가될 것이다. 중동은 전체 인구의 3분의 1이 15세 미만이며 다른 3분의 1은 15~29세 사이의 연령층이다. 그리고 청년 평균실업률은 27퍼센트가 넘는다(젊은 여성의 경우 약 44퍼센트다). 현재 3,600만 명인 걸프협력회의 국가들의 인구는 2020년에는 5,350만 명에 이를 것으로 예상된다. 그들이 식량을 수입하는 데 드는 비용은 2009년에 241억 달러였지만 2020년에는 두 배로 늘어나 531억 달러에 이를 것이다.

인구와 자원의 균형을 이루기 위한 방안

미래 인구와 자원 사이에 균형을 이루기 위해서는 다양한 측면을 고려해야 한다. 먼저 영아 생존율, 가족계획, 소녀들을 대상으로 하는 교육을 개선할 수 있는 정책을 마련해야 한다. 젊은이들에게는 기술과 고용, 노인들에게는 돌봄과 서비스를 제공할 수 있도록 연령에 따라 차별화된 대책을 수립해야 한다.

인구 증가, 도시로의 이주 증가, 기후변화로 야기되는 문제들은 도시 문제를 해결하고 더 스마트한 도시를 만드는 도심 내 센서, 지능형 소프트웨어를 통합하는 방법을 생각해볼 수 있다.

식량 문제를 해결하기 위해서는 농업 방식에 대한 새로운 접근이 필요하다. 빗물을 이용한 농업과 관개관리의 개선, 정밀 농업과 수경 재배 투자, 다수확 재배가 가능하고 기근에 강한 곡물을 위한 유전공학에 대한 투자가 필요하다. 품질을 높이면서 산출물 단위당 들어가는 자원을 줄일 수 있도록 안전한 나노 기술 분야의 연구개발을 가속화해야 한다.

또한 공기 내 이산화탄소를 줄이는 것은 물론 인간과 동물을 위한 식량, 바이오 연료, 종이 산업을 위한 펄프 생산을 위해 해안선에서 이뤄지는 염수 농업 및 염생식물에 대한 연구개발을 늘릴 필요가 있다. 염수 농업은 담수 농업에서 발생하는 물 고갈을 줄이고 일자리도 늘린다는 이점을 가지고 있다. 이와 더불어 동물 사육이 필요 없는 순수한 육류(배양육) 생산, 동물 사료와 인류의 식량을 위해 식용 곤충 생산을 확대할 필요가 있다(곤충은 영양 대비 환경에 미치는 영향이 적으며, 오늘날 20억 명의 사람들이 이미 곤충으로 식사를 보충하고 있다).

세계의 인구 성장 현황

- 현재 약 76억 명인 세계 인구는 30년 후 2050년이 되면 22억 명이 더 늘어날 것으로 예상된다.

- 먹거리 생산은 2012년 생산량보다 50퍼센트 늘어나야 한다.

- 신생아의 기대수명은 1950년 46세였지만 2015년 71.5세가 됐다. 현재 일부 국가에는 불균형한 수준으로 노령 인구가 많아졌고, 다른 국가에는 어린이와 청년이 과도하게 많다.

- 어느 때보다 더 많은 사람들이 지구상에서 이동하고 있다. 2015년에는 한 국가에서 다른 국가로 옮겨간 사람들이 2억 4,400만 명에 이르렀다.

- 농업 폐수는 강을 오염시키고 생물이 살지 않는 데드 존을 전 세계에 만들어내고 있다.

인구와 자원의 균형을 이루기 위한 방안

- 영아 생존율, 가족계획을 개선할 수 있는 정책을 마련한다.

- 젊은이들에게는 기술과 고용, 노인들에게는 돌봄과 서비스를 제공할 수 있도록 연령에 따라 차별화된 대책을 수립한다.

- 더 스마트한 도시를 만들기 위해 도심 내 센서, 지능형 소프트웨어를 통합한다.

- 빗물을 이용한 농업과 관개관리를 개선한다. 정밀 농업과 수경 재배에 투자한다.

- 동물 사료와 인류의 식량을 위해 식용 곤충 생산을 확대한다.

독재 정권의 타파와
민주주의의 확산

　　　　　　　　　　　새로운 인터넷 역량은 사람들이 지
배구조에 더 많이 참여할 수 있도록 접근 통로를 확대할 뿐만 아니라 점
진적으로 부패를 노출시킨다. 이는 지속 가능한 글로벌 민주주의 시스템
을 구축하기 위해 자발적으로 조직된 인권 운동이 전 세계에서 일어나면
서 상승효과를 내고 있다. 동시에 민주적 절차를 교란하기 위해 반민주주
의 세력이 새로운 사이버 도구를 활용하는 경우도 증가하고 있다.

　　민주화의 장기적인 성장은 지난 10년간 제자리걸음을 하고 있다. 프
리덤 하우스Freedom House(워싱턴 D.C.에 위치한 비정부 기구로 민주주의, 정치적
자유, 인권을 위한 활동을 하고 있으며 1980년부터 세계 각국의 언론 자유도를 수치

화하여 발표하고 있다 — 옮긴이)의 보고서에 따르면 61개국에서 인터넷상의 자유가 늘어나고 있는 반면 105개국에서는 자유의 순감소를 경험하고 있다. 정치적 권리와 시민의 자유는 36개국에서 증가한 반면 67개국에서는 감소했다. 평가 대상이 된 195개국 중에서 87개국이 자유롭다고 평가됐고, 59개국은 부분적으로 자유로우며, (전 세계 인구의 36퍼센트가 거주하는) 49개국은 자유롭지 않다고 평가됐다.

비록 민주주의에 대한 개념과 실천은 전 세계적으로 다르지만 민주주의는 책임 있는 시민들과, 정치적 절차에 대한 그들의 참여를 독려하고 기본권을 보장하는 책임 있는 국가의 관계다. 국제투명성기구Transparency International 같은 NGO들과 2011년에 만들어진 열린정부파트너십Open Government Partnership, OGP 같은 정부 간 조직들은 이 사실을 전 세계적으로 알리고 강화하고자 한다. OGP는 75개의 국가와 15개의 준 국가 정부들이 투명성을 늘리고, 시민들에게 권리를 위임하고, 부패와 싸우고, 새로운 기술을 활용해 지배구조를 강화하기 위한 2,500가지 약속에 합의할 정도로 성장했다.

높아진 상호 의존성과 변화하는 권력의 본질, 교육받은 대중의 지속적인 증가, 증가하는 이동성과 전 세계 사람들의 결속, 지구촌의 중요한 도전 과제들을 집단적으로 해결할 필요성 등 전 세계적인 추세 역시 민주주의를 실천할 것을 요구하고 있다. 하지만 점점 더 복잡해져가는 조직화범죄, 테러리즘, 부패, 가짜 뉴스, 그 외 선거와 유권자들에 대한 사이버조작으로 민주주의는 여전히 위협받고 있다.

아시아 국가들의 민주주의 전개 상황

아시아 지역에서 민주주의는 지난 몇 년에 걸쳐 산발적으로 진보돼왔다. 2017년에 프리덤 하우스는 이 지역 인구의 38퍼센트가 '자유로운' 상태에서 살고 있으며 22퍼센트는 '부분적으로 자유로운' 상태에서, 40퍼센트는 '자유롭지 못한' 상태에서 살고 있다고 보고했다.

세계에서 가장 거대한 민주주의 국가인 인도의 상황은 반부패 운동이 성장하면서 더 나아지고 있다. 하지만 여전히 권력 집중과 중앙집권화의 심화, 카스트 제도라는 문제를 해결해야 한다. 2014년 5월 군사 쿠데타에 이어 시민의 자유를 극단적으로 제한한 타이는 '부분적으로 자유로운' 상태에서 '자유롭지 않은' 상태로 바뀌었다. 아시아 태평양 지역에서 언론의 자유가 있는 14개국에서 살고 있는 사람들은 이 지역 인구의 5퍼센트밖에 되지 않는다. 부분적으로 언론의 자유가 있는 13개국에 47퍼센트가 살고 있으며, 언론의 자유가 없는 13개국에 48퍼센트(19억 명)가 살고 있다.

언론 환경에 대한 제약이 가장 심한 국가 중 하나인 중국은 언론 검열에서 공산당 지도부에 대한 온라인상의 비판에 대해 관련 당국이 그 지역에서 가장 혹독한 처벌을 부과했다. 현재 '자유롭지 않다'고 평가된 국가에 살고 있는 세계 인구의 약 반이 중국에 살고 있는 만큼 중국의 상황이 바뀐다면 민주주의의 세계 지도가 바뀔 것이다. 전 구글 이사회 의장은 그런 상황이 벌어지려면 중국의 '만리장성 방화벽'Great Firewall of China이 개방돼야 할 것이라고 말한다. 하지만 중국은 오히려 언론의 자유와 인터넷에 대한 탄압이 늘어났고 이념 통제와 검열이 강화됐다. 이와 관련해 중국 정부는 7,000건이 넘는 사형 선고를 내렸고 매년 3,000건 이상을 집행했다. 2013년 11월에 열린 제18차 중국 공산당 전체회의 3중 전회에서는 '중국 특색의 사회주의'socialism with Chinese characteristics를 독려할 것을 강조했지만 정치나 시민의 자유와 관련된 향후 10년의 의미 있는 개혁은 전혀 포함시키지 않았다.

2016년 세계노예지수Global Slavery Index에 따르면 '현대적 노예' 상태에 있는 4,580만 명 중 3분의 2(약 3,050만 명)가 아시아 태평양 지역에 살고 있다. 이들이 가장 널리 퍼져 있는 곳은 인구의 4퍼센트 이상이 노예 상태에 있는 북한이며, 숫자 기준으로 더 많은 사람들이 노예 상태에서 살고 있는 국가들로는 1,800만 명이 살고 있는 인도, 330만 명이 살고 있는 중국, 210만 명이 살고 있는 파키스탄이 있다.

남아시아에서는 주로 아프가니스탄, 파키스탄, 방글라데시에서 인종 및 종파 간의 갈등이 늘어나면서 정치와 시민의 자유에 대한 억압이 더욱 심해지고 있다. 나우루 공화국(남태평양에 있는 섬나라로 제2차 세계대전 후 UN의 신탁통치령으로 있다가 1968년에 독립을 선언했다 — 옮긴이)은 정보에 대한 접근 및 표현과 언론의 자유를 축소시키려는 노력의 일환으로 인터넷과 소셜 미디어에 대한 제한을 법제화했고, 외국 언론인들에게 6,500달러의 비자 비용을 부과했다.

동남아시아국가연합ASEAN은 엄격한 불개입 방침을 고수하고 있어 회원국들에서는 아무런 제재 없이 학대가 자행되고 있다. 이는 또한 난민에 대한 인도주의적 개입을 막는 주요 요인 중 하나다. 난민들이 찾는 3대 주요 국가인 말레이시아, 타이, 인도네시아에서 인신매매를 엄중하게 단속한 결과, 육지에 상륙한 2,000명이 넘는 사람들에 더해 바다에서 발이 묶인 사람들도 수천 명에 이르는 것으로 추산된다. 난민 대부분은 심각한 인권 학대가 이뤄지고 있는 미얀마에서 박해를 피해 도망친 로힝냐족이다. 2016년에는 미얀마 사람들 중 유엔난민기구UNHCR 보호 대상자가 약 150만 명이었고, 무국적 상태인 사람들이 92만 5,000명이었으며, 국내 실향민IDP은 37만 5,000명에 이르렀다.

민주주의 확산을 이루기 위한 방안

어떻게 하면 민주주의에 대한 위협을 제거하고 전 세계적으로 민주주의의 확산을 이뤄낼 수 있을까? 먼저 소수집단, 이민자, 난민을 위한 유엔 협약을 실행해야 할 것이다. 또한 조직화된 범죄에 대항하기 위한 글로벌 전략을 실행할 필요가 있으며 부패를 줄일 수 있는 조치들을 수립하고 집행해야 한다. 민주적으로 선출된 정부라 해도 집권 남용과 로비 등으로 쉽게 신뢰가 무너질 수도 있다. 그러므로 정치에서 대규모 자금의 불공정한 영향력을 제거하기 위한 연구를 지원하고, 쉽게 조작할 수 없는 선거 시스템을 구축하기 위한 국제적 기준과 합의를 수립해야 한다.

또한 의사결정 과정에 투명성과 참여, 포용, 책임을 독려하고 액체 민주주의Liquid Democracy(유권자들이 직접 투표하거나 신뢰받는 전문가 집단에 의결을 위임할 것을 선택할 수 있다. 대의민주주의와 직접민주주의의 중간 형태—옮긴이)와 민주주의 4.0(포괄적인 정치 참여가 가능하도록 온라인 참여 플랫폼, 오프라인 행사, 모바일 참여 등의 커뮤니케이션 기술을 활용하는 민주주의—옮긴이) 같은 새로운 형태를 탐색할 필요가 있다.

민주주의는 책임 있는 시민과, 정치적 절차에 대한 시민들의 참여를 독려하고 기본권을 보장하는 책임 있는 국가의 관계다. 이에 실패한 국가나 지역을 지원하기 위한 국제적인 절차를 마련하고, 국가가 국민 또는 다른 지역 사람들에게 심각한 위협이 될 때를 대비해 국제적인 개입 전략을 세울 필요가 있다.

세계 민주주의의 현재

- 새로운 인터넷 역량은 지배구조에 더 많이 참여할 수 있도록 접근 통로를 확대할 뿐만 아니라 점진적으로 부패를 노출시킨다.

- 민주적 절차를 교란하기 위해 반민주주의 세력이 새로운 사이버 도구를 활용하는 경우가 증가하고 있다.

- 민주화의 장기적인 성장은 지난 10년간 제자리걸음을 하고 있다.

- 프리덤 하우스의 조사에 따르면 61개국에서 인터넷상의 자유가 늘어난 반면 105개국에서는 자유의 순감소를 경험하고 있다. 정치적 권리와 시민의 자유는 36개국에서 증가한 반면 67개국에서는 감소했다.

- 점점 더 복잡해져가는 조직화 범죄, 테러리즘, 부패, 가짜 뉴스, 사이버 조작으로 민주주의는 여전히 위협받고 있다.

민주주의 확산을 이루기 위한 방안

- 소수집단, 이민자, 난민을 위한 유엔협약을 실행한다.
- 조직화된 범죄에 대항하기 위한 글로벌 전략을 실행한다.
- 정치에서 대규모 자금의 불공정한 영향력을 제거하기 위한 연구를 지원한다.
- 쉽게 조작할 수 없는 선거 시스템을 구축한다.
- 의사결정 과정에 투명성과 참여, 포용, 책임을 독려한다.
- 액체 민주주의와 민주주의 4.0 같은 새로운 형태를 탐색한다.

미래 예측과
의사결정의 개선 전략

어떻게 하면 전례 없이 빠르게 변화하는 시기에 글로벌한 관점을 아우르는 뛰어난 통찰력으로 의사결정 과정을 개선할 수 있을까? 세계의 주요 도전 과제와 해결책은 본질적으로 글로벌한 성격을 가지고 있지만 글로벌한 통찰에 따른 의사결정 시스템이 채택되는 경우는 거의 없다. 한마디로, 글로벌 지배구조 시스템은 심화되는 글로벌 의존성을 따라잡지 못하고 있다.

정부와 대기업들은 그들의 통제 범위를 넘어서는 세계적인 변화를 고려해 결정을 내려야 하기 때문에 전략 수립에 기여할 수 있는 미래 전략 및 예측 부서를 만드는 경우가 많다. 대표적인 예로 핀란드는 정부의 예측력과 의사결정을 돕기 위해 상설 조직인 국회미래위원회Parliamentary Committee on the Future를 1993년에 설립했다.

모바일 앱이 확산되면서 의사결정과 그 결과에 영향을 주는 심리적 요인들을 더 깊게 이해하게 되고 인공지능, 빅데이터 분석, 시뮬레이션, 집단지능 시스템, e-지배구조 참여 시스템이 등장하면서 의사결정 지원과 예측 시스템이 끊임없이 진보하고 있음에도 불구하고, 의사결정권자들이 예측력과 의사결정 훈련을 받는 경우는 드물다.

미래 연구는 미래의 가능성에 대한 가정을 체계적으로 탐색하는 일이다. 그러나 불행하게도 그런 작업이 연구의 품질을 개선하고 의사결정에 미치는 영향에 대해 체계적으로 평가되고 적용된 적은 없다. 오히려 장기적인 글로벌 전망이 순간의 폭정으로 뒤집히는 경향이 있다. 2008년에 발생한 글로벌 금융위기와 환경의 지속적인 악화, 커지는 소득 격차도 단기적이고 이기적이며 경제 중심의 의사결정에 책임이 있다고 볼 수 있다.

그와 반대로 달에 착륙하겠다는 장기적인 목표는 기술혁신과 경제성장을 가속화했고 인간의 정신을 고양시켰다. 천연두를 뿌리 뽑겠다는 장기적인 목표는 많은 사람들이 문화적, 정치적 장벽을 넘어 협력하도록 격려했다. 기후변화에 대한 미국과 중국의 장기적인 목표도 오히려 국제적 협력의 확대를 고무시킬 수 있다.

이렇듯 더 나은 미래로 이어질 수 있는 현재의 의사결정을 촉진하려면 인류에게는 장기적인 목표와 함께 미래에 대한 글로벌하고 다면적이며, 보편적인 관점이 필요하다. 그렇게 하려면 이들 목표를 연구 의제 및 연구개발과 연결하기 위한 수단이 필요하다. 유엔의 2030년을 위한 지속 가능개발목표는 이런 프레임워크의 많은 부분을 제공하지만 여전히 우리는 미래 기술혁신을 가속화함으로써 얻을 수 있는 기회와 잠재적인 결과를 이해할 필요가 있다. 그 과정에서 국가의 예측력과 의사결정이 진보할 수 있을 것이다.

아시아 국가들의 장기적 정책 결정 상황

아시아인프라투자은행AIIB과 아세안, 아시아개발은행ADB은 이 지역에서 장기적인 의사결정 시스템 개선을 돕는 핵심 기관이 될 수 있다. 중국이 다른 국가들보다 더 장기적인 관점을 바탕으로 의사결정을 하는 경향이 있는 만큼, 중국과 인도가 이 세계의 다른 국가들과 교류를 더 많이 하고 이들의 파워가 커지면 좀 더 글로벌하고 장기적인 의사결정으로 이어질 수 있다.

일본은 수상의 장기 전략 계획 부서에 민간 부문 기업들이 참여하고 있다. 싱가포르 수상실에서는 비공식적으로 정부 내 미래 전략 조직들의 국제적인 네트워크를 개발하고 있으며, 파키스탄은 미래지수보고서를 만들고 있다.

아시아 사회는 개인적인 의사결정을 할 때 개인의 이익보다는 가족의 이익에 더 초점을 맞추는 경향이 있다. 그렇다면 개인적인 성격의 인터넷 문화가 이런 철학을 바꿔놓을까? 아시아의 영성 및 집단 문화와 서구의 좀 더 직선적이고 연속적이며 개인적인 의사결정 시스템 사이에 시너지 효과가 나타나면 새로운 의사결정 철학이 만들어질 수도 있다.

미래 예측과 장기적 정책 결정의 질을 높이기 위한 방안

국가의 미래 예측과 의사결정은 얼마든지 발전할 수 있다. 그러기 위해서는 국가 및 정부 수반들을 위해 미래 전략 조직을 설립하거나 개선해야 한다. 핀란드처럼 의회 차원의 미래위원회를 상설 조직으로 만들고 국제적 전략의 일관성과 협력을 개선하기 위해 이들 정부 조직을 기업, 유엔, 학계의 미래 전략 조직들과 연계할 수 있다.

매년 국가별 및 글로벌 미래지수State of Future Index, SOFI를 산출하고 공표하며 정부 예산안을 수립할 때는 5~10년 단위로 세워진 미래지수보고서와 시나리오 전략에 근거해 이를 예산 배정에 반영해야 한다. 신속한 미래 평가를 위해서는 언제나 소집할 수 있는 정부 및 비정부 미래 전문가의 네트워크를 구성해야 한다. 정부 교육 프로그램에 예측력을 의사결정과 연계하는 방법을 포함시키고 모든 유형의 임의적인 미래 사건들을 상정해보면서 이 사건들이 정책에 미칠 영향을 평가해야 한다.

또한 대중이 접근할 수 있는, 미래와 관련된 국가 온라인 집단지성 시스템을 개발하고 나아가 의사결정을 가르칠 기관을 만들어야 한다. 그 기관의 커리큘럼에는 예측, 리스크, 불확실성, 심리학, 게임이론, 성공을 거둔 역사적 의사결정 상황, 미래의 잠재적 위기 등이 포함될 수 있다. 또한 교육 시스템 전반에 걸쳐 장기적이고 체계적인 목표 수립 방법, 의사결정, 예측력, 미래 연구 등 종합적인 능력을 가르쳐야 한다. 이는 더 나은 미래로 이어질 수 있는 의사결정을 촉진시키는 글로벌하고 보편적인 관점을 갖추기 위해서 꼭 필요한 일이다.

세계의 의사결정 과정

- 글로벌한 통찰에 따른 의사결정 시스템이 채택되는 경우는 거의 없으며 장기적인 글로벌 전망이 순간의 폭정에 의해 뒤집히는 경향이 있다.
- 의사결정권자들이 예측력과 의사결정과 관련된 훈련을 받는 경우는 드물다.
- 미래 연구는 가능성에 대한 가정을 체계적으로 탐색하는 일이다. 그러나 그런 작업이 연구의 품질을 개선하고 의사결정에 미치는 영향에 대해 체계적으로 평가되고 적용된 적은 없다.

미래 예측과 의사결정의 질을 높이기 위한 방안

- 국가 및 정부 수반들을 위해 미래 전략 조직을 설립하거나 개선한다. 그리고 이들 정부 조직을 기업, 유엔, 학계의 미래 전략 조직들과 연계한다.
- 핀란드처럼 의회 차원의 미래위원회를 상설 조직으로 만든다.
- 국가별, 이슈별, 분야별, 조직별 연간 미래보고서를 작성하기 위해 관련 미래 연구를 종합한다.
- 교육 시스템 전반에 걸쳐 분석만이 아니라 의사결정, 예측력, 미래 연구 등 종합적인 능력을 가르친다.

정보통신 기술의
글로벌 통합

어떻게 하면 머신러닝과 빅데이터,
클라우드 컴퓨팅, 글로벌 정보, 커뮤니케이션 기술이 모두에게 효용을 가
져다줄 수 있을까? 현재 세계 인구의 약 51퍼센트에 해당하는 38억 명이
넘는 사람들이 인터넷에 연결돼 있다. 전 세계 인구의 약 3분의 2가 휴대
전화를 소유하고 있으며 그중 절반 이상이 스마트폰이다. 스마트폰 앱의
지속적인 발전과 확산은 전 세계 수많은 사람들의 손바닥에 첨단 인공지
능 시스템을 제공하고 있다.

시민 사회의 글로벌 네트워크 시스템을 완성하고 누구나 슈퍼컴퓨
터의 파워와 인공지능을 활용할 수 있도록 하기 위한 경쟁이 진행 중이

다. 미국과 EU, 중국, 그 외 다른 국가들의 인간 두뇌 프로젝트는 기업의 AI 연구와 합쳐져 개별 인간의 증강 및 집단지성으로 이어질 것이다. 2012~2016년 사이에 2,250건의 인공지능 사업 계획에 약 150억 달러가 투자된 반면 로보틱스와 관련해서는 불과 488건의 사업에 30억 달러가 투자됐다. 중국은 2030년까지 전 세계 인공지능 분야 리더가 되겠다는 목표를 발표했다.

정부들이 인터넷 보안 기술과 규정을 얼마나 잘 개발하고 조정할 것인지에 따라 사이버 공간의 미래 품질이 결정될 수도 있다. 악성 소프트웨어의 공격은 날이 갈수록 증가하고 있다. 2017년 조사 결과에 따르면 TV보다 인터넷에 들이는 광고비가 더 늘어나고 있으며 인터넷 트래픽 전체 중 절반이 휴대전화를 통해 이뤄진다. 비디오, AR/VR, 사물인터넷 사용이 빠르게 늘어나면서 이런 용도로 설계되지는 않았지만 안전성이 중요해진 인터넷 인프라의 미래 대역폭 수요를 예측하고 충족시킬 수 있을지에 대한 우려가 커지고 있다.

사람들이 유튜브를 보는 시간을 합하면 매일 10억 시간이 넘는다. 사물인터넷, 웨어러블 컴퓨터, 자율주행 자동차, 컴퓨터와 뇌의 인터페이스가 진화하면서 사이버 보안의 중요성은 더욱더 커질 것이다. 데이터는 모든 수준에서 암호화돼야 한다. 비대칭적인 사이버 전쟁과 정보 전쟁에서는 비싼 무기들을 대체한 컴퓨터들이 권력의 도구가 되고 있다. 정보 보안은 '밀실에 앉아 있는 괴짜'부터 범죄 조직과 정부까지, 더 폭넓고 다양한 범위의 적들을 상대해야 한다.

블록체인과 마찬가지로 양자 암호화quantum cryptography도 사물인터넷 보안에 대한 새로운 접근 방식으로 여겨지고 있다. 양자 암호화는 지상 기지국들 사이 또는 (중국이 2017년 6월에 시연한 것처럼) 지구와 위성 사이에 양 당사자가 공유하는 비밀 암호 물질을 생산할 수 있는, 떠오르는 보안 기술이다. 이 모두는 언젠가 글로벌 규모의 양자 인터넷으로 이어질 것이다.

4차 산업혁명이 진화하면서 사업의 모든 구성 요소는 인공지능과 연결될 것이다. 점점 더 많은 기업들이 집단지성 시스템으로 바뀔 것이다. 재무 서비스 등 일부 유형의 사업들은 그저 소프트웨어가 될 수도 있다. 인공지능에는 세 가지 유형이 있는데 (오늘날 우리가 보유하고 있는) 좁은 범위의 단일 목적 인공지능과, 자체 코드를 다시 쓰면서 복수의 목적에 적응할 수 있는 인공일반지능Artificial General Intelligence, AGI(2030년까지 등장할 것으로 기대한다), 인간과 독립적으로 자체 목표를 설정할 수 있는 초인공지능Artificial Super Intelligence, ASI(공상과학 소설에서 경고하고 있는 대상)이다. 지금도 단일 목적 인공지능이 가져온 실업 효과는 일부 관찰되고 있지만 인공일반지능이 탄생하면 실업뿐 아니라 경제, 문화에 미치는 영향이 훨씬 더 커질 것이다.

전 세계 인간들과 센서들이 수많은 인풋을 통해 참여하게 되면 인공지능이 생산한 인공지능의 지적재산권은 누가 소유하게 될까? 인공지능이 어떻게 작동하는지 더 이상 인간이 완벽하게 이해할 수 없을 때, 어떻게 관련된 기준과 인증, 시험 등이 인공지능을 따라잡을 수 있을까? 이는 생각해볼 문제다.

한편 '모든 것의 원격화'tele-everything는 계속 심화되고 있다. 2016년에는 700곳이 넘는 대학에서 5,800만 명의 학생들을 대상으로 6,850건의 원격 온라인 교육(무크)을 제공했다. 글로벌 원격 의료의 가치는 2016년 조사에서 약 182억 달러에 이르렀고, 2022년까지 약 380억 달러에 이를 것으로 예상된다.

아시아 국가들의 정보통신 기술 도입 현황

아시아 지역은 세계 인터넷 사용자의 45퍼센트가 살고 있지만 인터넷 보급률은 26퍼센트밖에 되지 않는다. 중국의 인터넷 사용자는 2016년에 약 7억 1,000만 명으로 처음으로 7억 명을 돌파했고 보급률도 51.7퍼센트였다. 인터넷에 연결된 휴대전화 개수는 8억 개 안팎이었다(2014년에는 인터넷 사용자가 6억 3,200만 명, 보급률 47퍼센트였다). 중국은 인터넷에 비공개된 소식들을 전송하는 등의 '소문 퍼뜨리기'rumor spreading에 엄격한 벌칙을 부과한다. 중국 정부는 반중국적인 내용들을 싣고 있다고 여겨지는 웹사이트에 대해 디도스 공격을 할 수 있는 기술인 '만리 대포'Great Cannon를 도입했다. 북한에는 상황에 대한 보고를 온라인에 올릴 수 있는 전화기가 밀반입된다.

방글라데시는 BBC가 2018년까지 2,500만 명의 영어 사용 능력을 증진하겠다는 계획을 세웠고 신문과 TV, 사용자 속도별 맞춤형 옵션이 있는 휴대전화로 교육 과정을 제공하고 있다. 파키스탄은 글 읽기를 가르치고 사람을 구하는 곳에 학생들을 연결해주는 프로그램이 있다. 인도는 시골 마을에 e-정부 기지국을 설립 중이다. 휴대전화의 성장 덕분에 카스트 중심의 소셜 미디어 커뮤니티가 발전하고 있다.

정보통신 기술 융합을 위한 방안

전 세계가 문명사회를 이룩하고 누구나 슈퍼컴퓨터와 인공지능을 이용할 수 있는 기반을 만들기 위한 작업이 전 세계적으로 이뤄지고 있다. 전세계 사람들이 인터넷을 이용할 수 있게 하려는 구글의 룬 프로젝트나 페이스북의 인터넷닷오그internet.org(페이스북이 낙후 지역을 인터넷으로 연결하기 위해 진행하는 프로젝트―옮긴이) 같은 노력을 비롯해 2010년에 핀란드가 했던 것처럼 인터넷 이용을 시민의 권리로 만들기 위한 움직임 등이 좀 더 적극적으로 이뤄져야 한다. 저소득층 지역에서 교육 소프트웨어와 전화를 사용할 수 있도록 손 안에 들어가는 크기의 저가 컴퓨터가 개발되고 있는데, 이런 제품 개발에 그치지 않고 디지털 문해력을 배양하는 것을 최우선순위로 삼아야 한다.

이렇게 슈퍼컴퓨터와 인공지능을 이용할 수 있는 기반을 마련하는 것과 더불어 사물인터넷 보안 기준과 연결 가능성에 대한 국제적 합의, 머신러닝의 활용과 인공지능의 활용에 대한 세계적인 합의가 이뤄져야 한다. 안전한 인터넷 환경을 조성하기 위해 정부 내 사이버 보안 인력과 독립적인 해커들이 협력해야 한다. 또한 인류의 당면한 문제인 물, 에너지, 식량, 과학과 기술 등을 위한 공공 글로벌 집단지성 시스템을 만들고 글로벌 시스템에서 이들을 연결할 필요가 있다. 정부들이 인터넷 보안 기술과 규정을 얼마나 잘 개발하고 서로 조정하느냐에 따라 미래 사이버 공간의 질이 결정된다는 사실을 염두에 두어야 한다.

전 세계 정보통신 기술의 현주소

- 세계 인구의 약 51퍼센트가 인터넷에 연결돼 있다. 전 세계 인구의 약 3분의 2가 휴대전화를 보유하고 있으며 그중 절반 이상이 스마트폰이다.

- 2012~2016년까지 2,250건의 인공지능 사업 계획에 약 150억 달러가 투자된 반면 로보틱스 분야에서는 488건의 사업에 30억 달러가 투자됐다.

- TV보다 인터넷에 들이는 광고비가 늘어났으며 인터넷 트래픽 전체 중 절반이 휴대전화를 통해 이뤄진다.

- 4차 산업혁명이 진화하면서 사업의 모든 구성 요소는 인공지능과 연결되고 점점 더 많은 기업들이 집단지성 시스템으로 바뀔 것이다.

- 단일 목적 인공지능이 가져온 실업 효과가 일부 관찰되고 있지만 인공일반지능이 탄생하면 실업과 경제, 문화에 미치는 영향이 훨씬 더 커질 것이다.

정보통신 기술 융합을 위한 방안

- 전 세계 사람들이 인터넷을 이용할 수 있게 하려는 구글과 페이스북의 노력을 지원한다.

- 인터넷 이용을 시민의 권리로 개발한다.

- 저소득층 지역에서 교육 소프트웨어와 전화를 사용할 수 있도록 저가 컴퓨터를 개발한다.

- 사물인터넷 보안 기준과 연결 가능성에 대한 국제적 합의를 이룬다.

- 안전한 인터넷 환경을 만들기 위해 정부 내 사이버 보안 인력과 독립적인 해커들의 협력을 이끌어낸다.

다면적 빈곤과
세계 빈부 격차 해소

어떻게 하면 윤리적 시장경제를 장려해 빈부 격차를 줄일 수 있을까? 중국과 인도의 비약적인 소득 성장 덕분에 극빈층의 비율은 1981년의 51퍼센트에서 2012년에는 13퍼센트로, 현재는 10퍼센트 미만으로 줄어들었다. 하지만 전 세계에서 불평등이 가장 심한 국가들 중 5분의 4가 아프리카에 있는 만큼, 아프리카의 불평등은 미래 안정성에 심각한 위협으로 남아 있다.

유엔개발계획UNDP이 개발도상국 102개국을 대상으로 산출한 다면빈곤지수Multidimensional Poverty Index(건강, 교육, 생활수준 복합지수)에 따르면 다면적인 빈곤 속에 살고 있는 사람들은 대략 15억 명에 이른다. 세계 리더들은 2030년까지 극도의 빈곤 퇴치라는 유엔지속가능개발목표를 달성하자는 데 합의했다.

한편 부의 집중은 심화되고 있으며(수십 억 달러를 가진 단 여덟 명의 부가 인류의 가난한 절반에 해당하는 36억 명의 사람들이 가진 부와 맞먹는다) 소득 격차는 점점 더 벌어지고 있다. 고용 없는 경제성장이 이어지고 있으며 노동에 대한 투자수익률보다는 자본과 기술에 대한 투자수익률이 대체로 더 높게 나타나고 있다. 미래에는 기술이 인간 노동의 많은 부분을 대체하게 된다. 따라서 경제와 일의 본질에 대한 새로운 접근 방법이 생겨나지 않는 한 구조적인 장기 실업은 불가피하다. 역사적으로 불평등의 해결은 전쟁이나 혁명, 부채 감면, 법률 시스템 개혁, 세제 조정, 토지 재분배와 같은 메커니즘을 통해 이뤄져왔다.

인공지능은 재생산이 가능하고 인간보다 빨리 학습하는 만큼 전 세계적으로 보편화될 것이다. 자동차 운전, 안면 인식, 복잡한 게임은 물론 심지어 의료 진단의 일부 유형에서도 인공지능 알고리즘은 인간의 성과를 이미 앞서고 있다. 이런 차세대 기술이 교육과 교통, 의료 케어의 비용을 낮추고 로봇 기술 등에 세금을 매기면 새로운 세원이 창출돼 2030년이 되면 보편적 기본소득 제도는 재정적으로 지속 가능해질 것이다. 핀란드, 캐나다를 비롯해 일부 국가들은 보편적 기본소득 실험을 시범적으로 시행하고 있다.

비록 부자와 빈자 사이의 개인별 소득 격차는 벌어지고 있지만 국가 간의 격차는 줄어들 것이다. 선진국은 2퍼센트에 가까운 성장세를 보이고 있는 반면 신흥 시장과 개발도상국들은 매년 약 4~5퍼센트씩 성장하고 있다. IMF는 2018년에 세계 경제가 3.6퍼센트 성장할 것으로 기대한다(GDP는 정보 경제보다 산업 경제에 더 유용한 측정 도구일 수도 있다. 예를 들어 수십 억 개의 컴퓨터 페이지를 검색하는 수백만 명의 사람들을 합하면 검색 건수는 연간 1조 건이 넘지만 이는 GDP 계산에 포함되지 않는다). 인구는 1.11퍼센트씩 성장하고 있는 가운데 1인당 글로벌 소득은 매년 2.39퍼센트 성장하고 있다.

아시아 국가들의 빈부 격차 현황

아시아 경제 규모는 EU나 북미자유무역협정NAFTA을 추월했으며, 성장의 속도와 규모가 줄어들기 시작했음에도 불구하고 계속해서 지정경제학적 변혁에 중요한 요인으로 자리 잡고 있다. 현재 5억 명에 이르는 아시아 중산층은 2020년이 되면 17억 5,000만 명으로 늘어날 것이다. 아시아 지역의 재정 수입은 4조 달러이며 민간 저축이 6조 달러에 이른다. 2013년에 아시아 최고 부자는 35조 달러에 이르는 금융자산을 보유했다.

중국은 이제 구매력 평가 기준으로 세계에서 경제 규모가 가장 큰 국가이지만 IMF는 중국의 경제성장률이 (세계 금융위기 이래 평균 9퍼센트였던 것에 비하면 성장이 느려져) 2020년에는 6.3퍼센트가 될 것으로 예상한다. 반면 이코노미스트 경제 정보 부문에서는 중국의 경제성장이 2018년에 5.9퍼센트로 둔화될 것을 예상하고 있다. 이는 일자리를 원하는 수요는 물론 2020년까지 모든 도시와 시골 거주자들을 포함해 1인당 GDP와 소득을 두 배로 늘리려는 중국 지도자들의 목표에는 미치지 못하는 수준일 것이다. 9,000억 달러 규모의 '일대일로' 사업One Belt, One Road은 중국에서 추진하는 최초의 주요한 국제개발사업계획이다.

중국에는 100만 명이 넘는 백만장자가 있으며 어떤 나라보다 더 많은 수의 백만장자가 탄생하고 있다. 중국은 역사상 가장 많은 사람들을 극심한 빈곤에서 끌어낸 국가다. 1981년에는 인구의 84퍼센트였던 극빈층의 비율을 현재 12퍼센트까지 감소시켰지만 여전히 약 8,080만 명이 다면적 빈곤 속에 살고 있으며, 다면적 빈곤 상태에 가깝게 살고 있는 사람들도 인구의 19퍼센트에 이른다.

하루 1.9달러로 살아가는 세계에서 가장 가난한 사람들의 26퍼센트가 살고 있는 인도에는 다면적 빈곤 상태에 있는 사람들이 6억 3,200만 명에 이른다. 하지만 인도의 중산층은 3억 명이 넘는 규모로 성장했으며 실업률은 5퍼센트밖에 되지 않는다. 약 4,500만 명의 사람들이 실업 상태에 있으며, 220만 명의 사람들을 직접 고용하고 800만 명의 사람들을 간접 고용하고 있는 정보통신 분야는 급속히 성장하고 있다. 인도의 경제성장률은 구조개혁의 결과로 2014년에는 7.4퍼센트, 2015년에는 7.8퍼센트, 2016년에는 8.2퍼센트로 높아졌으며 계속해서 높아질 전망이다.

인도는 일이 필요한 마을 사람에게 최소 임금으로 1년에 100일간의 일을 보장해주는 전국 농촌 고용 보장 계획을 운용하고 있다. 이 프로그램은 시행된 지 10년이 됐으며 인도 정부는 2006~2016년 동안 이 프로그램에 520억 달러 정도의 비용을 지출했다. 국제노동기구는 중국과 인도에 있는 노동자들의 90퍼센트 이상이 상용근로계약이 없이 일한다는 사실을 지적한다.

중국, 일본, 한국은 자유무역협정FTA을 협상 중이다. 이 협정이 체결될 경우 동북아시아 지역은 전체 아시아 GDP의 70퍼센트, 전 세계 GDP의 20퍼센트를 차지하며 전 세계 무역의 35퍼센트(5조 4,000억 달러)를 차지하는 가장 규모가 큰 자유무역지역이 될 것이다. 아세안과 함께 더 큰 규모의 아시아 경제 통합을 위해 아시아금융연합Asian Monetary Union, 아시아연합Asian Union도 논의되는 중이다. 더 저렴한 비용의 노동을 찾는 움직임과 중국의 제조업 아웃소싱이 시작되면서 지역 내 구조조정이 계속 진행되고 있다.

비공식적 경제는 아시아 전역에 걸쳐 널리 퍼져 있는 상태로 유지되고 있으며, 남아시아 및 동남아시아 일부 국가에서는 그 비율이 전체 고용의 90퍼센트에 이른다. 더 많은 개발과 투자를 지원하려면 금융 구조 개혁이 필요하다. 부패와 조직화된 범죄, 환경오염, 빈부 격차의 심화, 물, 에너지, 식량 부족의 심화 가능성과 함께 아시아 지역에서 증가하고 있는 지정학적 긴장은 이 지역의 빈곤 퇴치를 어렵게 하고 있다. 더불어 자연재해와 기후변화는 이 지역의 발전은 물론 존재 자체를 위협하고 있다. 그래서 전체적으로 볼 때 앞으로 아시아 경제가 중산층 소득 수준을 넘어설 수 없다는 추측도 나오고 있다.

빈부 격차 문제를 해결하기 위한 방안

세계는 빈부를 막론하고 평등한 경제개발을 위한 장기적인 전략을 세워야 한다. 더 가난한 지역은 원자재에 의존하면서 더 진보된 기술로 도약하기보다 수출용 완제품을 개발하고 현지 가치사슬을 확대하는 데 더 투자하도록 지원받아야 한다. 또한 최저 임금을 인상하고 임원들의 급여 문제를 해결해야 한다. 부유세나 상속세법 개정과 같이 점진적으로 균등 분배를 실현할 새로운 수단을 심각하게 고려해야 한다.

차세대 기술이 구조적인 장기 실업을 가져올 수 있는 만큼 소득 보장 프로그램을 모색하고 보편적 기본소득의 재정적 안정성을 탐색하는 데 필요한 현금 흐름을 추정할 필요가 있다. 또한 사회 복지 시스템을 위한 새로운 수입원으로 차세대 기술에 세금을 부과하고, 대기업들과 부유한 개인들이 정당한 자기 몫을 지불하는 세제 시스템을 만들어야 한다. 그리고 자격을 갖춘 노동자들이 기술직 요건에 부합하는 일자리로 옮겨갈 수 있도록 이민이나 이주 장벽을 극복할 수 있는 글로벌 인적자원 소싱 해결책을 탐색하는 것도 중요하다.

창업에 필요한 자본은 점점 감소하고 있다. 유튜브, 페이스북, 우버 등을 생각해보면 더욱 명확하다. 이럴 때일수록 과학과 기술, 엔지니어링, 수학 교육과 평생교육, 재교육을 더욱 강조해야 한다. 자영업자들이 3D 프린팅과 인공지능/로보틱스, 인공지능 앱과 같은 차세대 기술에 접근할 수 있고 교육을 받을 수 있는 커뮤니티 센터 설립을 지원해야 한다. 또한 트럭 운전사가 자율주행 트럭을 관리하고 투자하는 경우처럼, 자신의 일자리를 대체할 자동화에 투자하는 사람들을 도울 수 있는 방안도 마련해야 한다.

세계의 빈부 격차 양상

- 중국과 인도의 소득 성장 덕분에 극빈층의 비율은 1981년의 51퍼센트에서 현재는 10퍼센트 미만으로 줄어들었다.

- 전 세계에서 불평등이 가장 심한 국가들 중 5분의 4가 있는 아프리카의 불평등은 미래 안정성에 심각한 위협으로 남아 있다.

- 부의 집중은 심화되고 있다(수십 억 달러를 가진 여덟 명의 부가 가난한 36억 명의 부와 맞먹는다).

- 2030년이 되면 보편적 기본소득 제도는 재정적으로 지속 가능해질 것이다.

- 부자와 빈자 사이의 개인별 소득 격차는 넓어지고 있지만 국가 간의 격차는 줄어들 것이다.

- IMF는 2018년에 세계 경제가 3.6퍼센트 성장할 것으로 기대한다. 인구는 1.11퍼센트씩 성장하고 있으며 1인당 글로벌 소득은 매년 2.39퍼센트 성장하고 있다.

극심한 빈부 격차를 해결하기 위한 방안

- 더 가난한 지역은 수출용 완제품을 개발하고 현지 가치사슬을 확대하는 데 더 투자하도록 지원받아야 한다.

- 사회 복지 시스템을 위한 새로운 수입원으로 차세대 기술에 세금을 부과하고, 대기업들과 부유한 개인들이 정당한 자기 몫을 지불하는 세제 시스템을 만든다.

- 자영업자들이 3D 프린팅과 인공지능, 로보틱스와 같은 차세대 기술을 교육받을 수 있는 커뮤니티 센터를 설립한다.

질병의 진화와
세계적 대응

　　　　　어떻게 하면 새롭게 출현하는 질병
과 내성을 가진 미생물로부터 인류의 건강을 지킬 수 있을까? 인류의 건
강은 계속해서 나아지고 있다. 1950년에 46세였던 출생 시 예상수명은
2010년에는 67세로, 2015년에는 71.5세로 늘어났다. 감염성 질병으로
인한 전체 사망률은 1998년에는 25퍼센트였지만 2015년에는 15.9퍼센
트로 떨어졌다. 어린이들의 면역 상황도 역사상 가장 높은 수준이다. 아
메리카 대륙에서는 토착성 홍역과 풍진이 사라졌고 동남아시아에서는
산모와 신생아의 파상풍이 사라졌다. 말라리아 발병 사례는 2000~2015
년 사이에 41퍼센트 감소했다.

그러나 세계가 노령화되면서 만성질환(뇌졸중, 심장병, 암)으로 인한 사망은 증가하고 있다. WHO가 확인한 바에 따르면 지난 5년간 발생한 전염병은 1,100건이 넘었고 항균제 내성과 영양실조, 비만이 늘어나고 있다. 결핵은 전 세계적으로 사망을 일으키는 가장 주요한 감염 원인이며 약에 대한 내성이 증가하고 있다.

앙골라와 콩고 공화국의 도시 황열병은 아프리카에서 사상 최대의 비상 예방접종 캠페인을 촉발시켰으며 3,000만 명이 성공적으로 예방접종을 받은 반면, 아메리카 대륙의 지카바이러스, 예멘과 아이티의 콜레라는 계속해서 퍼져나가고 있다. WHO는 약 50개국에서 조류 독감을 모니터링하면서 세계가 심각한 전염병에 대한 준비가 되어 있지 않음을 계속해서 경고하고 있다.

가장 진보된 말라리아 백신은 2018년에 가나와 케냐, 말라위에서 시험됐지만 인간을 대상으로 하는 인간면역결핍바이러스HIV 백신 실험은 아직 진행 중이다. HIV/AIDS는 계속해서 감소하고 있다. 1999년에는 540만 명이 감염됐지만 2016년에는 그 숫자가 약 180만 명으로 감소했다. 2010년에는 200만 명이 HIV 관련 질병으로 사망했지만 2016년에는 그 수가 100만 명으로 줄었다. HIV로 계속 치료를 받고 있는 사람은 2015년 1,710만 명에서 1,950만 명(53퍼센트)으로 증가했다.

배아 유전자 조작은 이미 시작됐고, 이는 궁극적으로 감염성 질병을 포함해 유전적 질병 성향도 배아 상태에서 제거할 수 있음을 의미한다. 하지만 인간의 신체 기능을 증진시키는 이런 조작은 상당한 논쟁의 대상이 되고 있으며 최근 미국국립과학원National Academy of Sciences의 한 자문가는 그런 연구를 하지 말 것을 권고하기도 했다. 아무튼 재생의학은 생명을 연장시키고 살아서 기능하는 세포들과 조직들을 만들어낼 수 있는 잠재력을 가지고 있다. 유전자 가위 기술을 비롯한 다른 장수 연구들도 계속 이어지고 있다.

하지만 새로운 항생제에 대한 투자 및 개발은 전 세계에 존재하거나 잠재하는 항생제의 내성을 해결하지는 못하고 있다. 새로운 등급의 항생제가 시장에 나오지 않은 지가 25년이 넘었으며 현재 항생제에 내성이 있는 슈퍼버그(mcr-1 유전자를 가진)가 여러 대륙에 존재한다. 최근에는 치료 요구 시간을 줄여 약이 잔존하는 것을 방지하기 위해 항생제를 훨씬 강하게 만드는 방안을 연구하고 있다. 또한 새로운 버전의 질병에 대한 백신을 만드는 과정이 늦어지는 것을 대신해 면역 시스템을 높일 보편적인 백신을 개발 중이다. 게놈 백신은 DNA나 RNA를 세포 속으로 주입해 선택된 병원균을 제거하도록 면역 시스템을 훈련시키는 일을 돕는 실험에 사용된다.

하지만 이런 투자 및 개발 자금에 우선순위를 어떻게 부여해야 할까? 현재 질병에 감염된 사람의 숫자가 기준이 돼야 할까, 혹은 경제적 영향이나 감염의 잠재력, 감염 시 사망률이 기준이 돼야 할까? 더 부유한 국가의 노령화되고 있는 인구가 의료 예산을 고갈시킬 것으로 예측되는 만큼 중국이나 인도, 다른 성장 중인 국가들이 그 부담을 짊어지게 될까?

그러는 사이에 에볼라 창궐 시 따로 떼어둔 긴급 자금 수십 억 달러를 제외하면 보건 연구에 대한 글로벌 투자는 2009년 이래로 정체되거나 줄어들고 있다. 건강에 대한 글로벌 지출은 2000~2009년까지 매년 평균적으로 11.4퍼센트 증가했지만 2010~2016년까지는 매년 1.8퍼센트씩 줄어들고 있다. 미국의 새 행정부는 국립보건원과 질병통제예방센터CDC 두 기관에 대한 국내 자금 지원을 줄이고, 세계 보건을 위한 자금 역시 24퍼센트 감축할 것을 고려 중이다.

아시아 국가들의 의료 보건 현황

아시아 태평양 지역은 지난 20년간 건강 측면에서 가장 큰 진전을 이뤘다. 그럼에도 불구하고 이 지역은 새롭게 등장하는 전염병의 진원지로 남아 있으며 데이터 수집 및 평가와 관련해서는 우려할 만한 국가들이 많다.

대부분의 통계는 이 지역 내 30개국만을 대상으로 하고 있다. 1990~2012년 사이에 아시아 태평양 지역의 신생아 사망률은 6.4퍼센트에서 3.1퍼센트로 52퍼센트 감소했다. 하지만 출산 후 산모가 사망하는 경우가 극적으로 감소했음에도 불구하고 이 수치는 아동 건강 분야의 밀레니엄개발목표Millennium Development Goals, MDG에 미치지 못하고 있다. 이 지역 산모 사망률(10만 건의 출산 대비 임신 기간이나 출산 중 사망한 여성의 숫자)은 전 세계 평균인 46퍼센트보다 더 빨리 감소해 61퍼센트 하락했다. 에이즈에 걸린 채 살고 있는 사람들의 숫자는 점진적으로 증가해왔으며 타이, 캄보디아, 미얀마에 가장 널리 퍼져 있다.

보고에 따르면 중국에서 HIV/AIDS에 걸린 사람의 숫자는 2012년 초에는 78만 명이었지만 2014년 초에는 43만 7,000명으로 줄어들었다. 그 중 57퍼센트가 감소한 인도와 79퍼센트가 감소한 파푸아뉴기니를 포함한 일부 국가들의 에이즈 발병률은 2001년 이래 반 이상 줄어들었다. 치료 범위는 지역별로 상당히 다양하다. HIV를 보유한 채 항레트로바이러스 요법ART을 받으면서 살고 있는 성인과 어린이의 비율은 아프가니스탄의 5퍼센트에서 캄보디아의 67퍼센트까지 다양하다.

여러 질병에서 놀라운 감소세를 보이고 있기는 하지만 아시아 태평양 지역의 결핵 발병률은 아직까지도 높은 수준으로 나타나고 있다. 결핵 발병률은 저소득 국가가 고소득 국가보다 네 배 이상 높은 수준을 유지한 반면, 저소득 국가의 결핵 유병률은 고소득 국가의 다섯 배를 넘어섰다.

일본과 싱가포르는 아시아에서 기대수명이 가장 긴 국가들이다. 일본의 기대수명은 84.7세로 여성은 87세, 남성은 80세였다(2015년 추정 기준). 싱가포르의 기대수명은 84.68세였다(2015년 추정 기준). 1990년 이래 건강 기대수명이 가장 많이 개선된 국가들 중에는 싱가포르, 한국, 타이를 포함해 아시아 국가들이 몇 곳 있다.

만일 아시아 가금류 농장주들이 수많은 바이러스의 원천인 생물 시장 사업을 냉동 제품 시장으로 대체하고 인센티브를 받는다면 매년 발생하는 생명 손실과 경제적 손실은 줄어들 것이다. 중국은 걱정스러운 대기 질과 수질 때문에 환경 위생에 더 큰 관심을 기울일 것이다(베이징의 공기 질은 위험 수준보다 세 배나 더 높은 수치를 기록했고, 인도의 루디아나는 이보다 상황이 더 나쁘다). 중국은 향후 2년간 건강 관련 새로운 인프라에 1,270억 달러를 투자할 계획이다. 파키스탄은 보건 서비스에 GDP의 2퍼센트밖에 지출하지 않는다.

의료 보건 문제를 해결하기 위한 방안

세계 곳곳에서 계속 발생하는 질병의 위협을 줄이려면 의료 기반의 확립과 세계적 질병 탐지, 감시, 치료 시스템이 자리 잡아야 한다. WHO의 세계백신실천계획Global Vaccine Action Plan이 그중 하나다. 이 계획에는 다음과 같은 내용들이 담겨 있다. 약에 대한 내성을 예측하고 대항하기 위한 지원을 늘려야 하며 새로운 종류의 항생제를 개발하고, 시장 출시를 방해하는 요인들에 대응하기 위한 전략을 실행한다. 또한 조기 발견, 정확한 보고, 신속한 격리, 투명한 정보, 소통 기반에 초점을 맞추고 온라인 자가진단, 인공지능, 전문가 소프트웨어를 포함한 원격 진료를 독려한다. 헬스케어에 대한 전인적 접근을 위해 기업 및 NGO와 파트너십을 맺고 약, 의료기기, 생물학 제품, 의료 및 수술 절차, 지원 시스템, 조직적 시스템 등 건강과 관련된 현재의 기술을 최대한으로 활용한다.

기존에 매년 약 10퍼센트씩 증가해온 세계 보건을 위한 자금 조달 역시 늘려야 한다. 세계의 가난한 지역에는 보건 분야의 근로자 부족 현상이 계속 악화되고 있는 만큼 원격 의료와 인공지능 진단을 확대하고 깨끗한 식수, 위생 관리, 손 씻기를 위한 투자를 늘려야 한다. 그리고 기후변화와 글로벌 환경 변화는 질병의 발생 위험 및 강도와 패턴에 변화를 유발하므로 모니터링과 감시에 더 많은 투자가 이뤄져야 할 것이다.

세계의 의료 보건 환경

- 인류의 건강은 계속해서 나아지고 있다. 세계 전체 인구를 기준으로 출생 시 예상수명은 2015년에 71.5세로 늘어났다.

- 어린이들의 면역 상황은 역사상 가장 높은 수준이다.

- 지난 5년간 발생한 전염병은 1,100건이 넘었고 항균제 내성과 영양실조, 비만이 늘어나고 있다.

- 배아 유전자 조작은 이미 시작됐으며 궁극적으로 감염성 질병을 포함해 유전적 질병도 제거할 것이다.

- 새로운 항생제에 대한 투자나 개발은 전 세계에 존재하는 항생제의 내성을 해결하지 못하고 있다.

의료 환경 개선을 위한 방안

- WHO의 세계백신실천계획을 실행한다.

- 새로운 종류의 항생제를 개발하고 시장 출시를 방해하는 요인들에 대응하기 위한 전략을 실행한다.

- 조기 발견, 정확한 보고, 신속한 격리, 투명한 정보, 소통 기반에 초점을 맞춘다.

- 헬스케어에 대한 전인적 접근을 위해 기업 및 NGO와 파트너십을 맺고 현재의 건강 관련 기술을 적극적으로 활용한다.

- 세계의 가난한 지역에는 보건 분야의 근로자 부족 현상이 계속 악화되고 있는 만큼 원격 의료와 인공지능 진단을 확대한다.

인공지능 기술로
변화하는 교육 환경

어떻게 하면 교육과 학습을 통해 지구촌의 도전 과제들을 해결하기에 충분한 지식을 갖춘, 지적이며 현명한 인류가 될 수 있을까? 이를 위한 최선의 교육은 무엇이며, 우리가 배울 필요가 있거나 배우기를 원하는 것은 무엇인지 파악하기 위한 인공지능이 개발되고 있다.

가령 안경이 눈의 기능을 증강시켜 더 선명하게 볼 수 있게 했듯이, 두뇌의 기능을 증강시키면 천재들을 만들 수도 있을 것이다. 일론 머스크가 설립한 미국의 신경기술 기업 뉴럴링크는 이식할 수 있는 두뇌-컴퓨터 인터페이스를 개발하고 있다. 몇몇 기업은 사물인터넷에 연결할 수 있는 증강현실 안경과 스마트 콘택트렌즈를 시험하고 있다. 이 모두는 학습의 속도를 높이고 잘못된 의사소통을 줄이며 교육을 훨씬 더 흥미롭게 만들 것이다. 오늘날 인류 대다수는 다양한 형태의 온라인 교육을 통해 직접적으로, 또는 매개체를 이용해 세계 지식의 많은 부분에 접근할 수 있다.

구글과 위키피디아에서는 거의 모든 것을 검색할 수 있으며, 합성생물학부터 기초적인 산수까지 자신의 진도에 맞춰 학습할 수 있는 무료 온라인 과정들이 나오고 있다. 페이스북과 구글은 지구상에 있는 모든 사람을 인터넷에 연결시키기 위해 경쟁하고 있다. 노트북과 스마트폰의 가격은 계속해서 저렴해지고 데이터 분석 능력을 갖춘 사물인터넷은 실시간으로 정밀한 지능을 제공한다. 하지만 이 모든 자원들을 성공적으로 적용해 단순한 정보 나열이 아닌 지혜를 개발하는 일은 엄청난 도전 과제다.

뇌의 능력을 개선하는 작업에 대한 더 장기적인 접근 방식의 연구로는 미국, EU, 중국에서 진행 중인 국가 두뇌 프로젝트처럼 뇌에 대한 분해공학reverse engineering, 응용후성유전학epigenetics, 유전공학genetic engineering, 합성생물학으로 만든 미생물에 대한 연구 등이 있다.

한편 혁신은 전 세계에 걸쳐 교실 안팎에서 일어나고 있다. 핀란드에서는 교과목 대신 사건과 현상을 가르치는 다학제적 접근 방식을 적용할 계획이다. 중국은 2년 이내에 40만 곳의 초등학교에 3D 프린터를 보급할 계획이다. 한국은 영어를 가르치는 데 원격으로 소통하는 원어민과 함께 원격현장감telepresence을 제공하는 로봇들을 활용하고 있다. 두바이는 몰입 학습을 위해 3D 안경과 홀로그램, 가상현실을 활용하고 있다. 신경과학과 심리학이 발전하면서 여기서 나오는 연구 결과들은 교육 전략에 영향을 미칠 수 있다.

개인에게 허용되는 기술적 역량이 과거보다 훨씬 증가할 것이기 때문에 윤리, 가치, 시민으로서의 책임, 고귀한 행위에 더 많은 관심을 기울여야 한다. 그리고 인류가 점점 더 가깝게 연결되고 글로벌화될 것이므로 각자 고유의 문화와 문명을 배우는 한편 세계와 거시적인 역사에도 특별한 관심을 가져야 한다.

아시아 국가들의 교육 현황

전 세계 성인 인구 중 문맹자들의 반이 남아시아와 서아시아에 살고 있다. 이 지역의 성인 중 글을 읽을 수 있는 사람은 63퍼센트밖에 되지 않는다. 하지만 유네스코가 수집한 데이터에 따르면 동아시아와 태평양 지역의 성인들은 95퍼센트가 글을 읽고 쓸 수 있으며 중앙아시아는 이 비율이 100퍼센트다. 청소년들의 식자율 역시 중앙아시아가 100퍼센트, 동아시아 태평양 지역이 99퍼센트로 가장 높다. 남아시아와 서아시아 청소년의 식자율은 81퍼센트다. 대학생이 될 나이에 고등교육 기관에 등록한 사람들의 비율은 1978년에 1.4퍼센트였지만 오늘날은 20퍼센트 이상으로 증가했다.

문제는 이런 교육 확대가 성별과 경제적 상황에 좌우된다는 점이다. 유네스코의 보고에 따르면 동아시아와 서아시아는 2015년 현재 읽고 쓸 줄 아는 남성 100명당 읽고 쓸 줄 아는 여성의 숫자는 76명 정도다. 삼성경제연구소는 서울에 사는 가구들의 70퍼센트가 자녀들의 사교육 지출을 하고 있다고 보고했다. 시장조사기관 민텔에 따르면 중국 중산층 가족에 속한 어린이들의 90퍼센트가 방과 후에 유료 교육 프로그램에 참여하며, 87퍼센트의 중국 부모들은 자녀들이 해외에서 추가로 교육을 받도록 하는 데 기꺼이 돈을 쓸 생각이 있다. 2013~2014년에 미국에 있는 외국 학생들의 31퍼센트가 중국에서 온 학생들이었고, 그다음으로 많은 수의 학생들을 보낸 나라는 인도와 한국이었다.

교육의 격차를 해결하기 위한 방안

미래의 환경이 바뀌는 만큼 미래의 교육 환경도 이에 따라 바뀔 필요가 있다. 교육의 방식은 한 가지 직업을 마스터하는 데서 다양한 조합의 기술을 마스터하는 방향으로 이동하고 있다. 따라서 노령화 사회와 기술 변화를 대비해 온라인 평생학습을 독려해야 한다. 또한 인공지능과 인간이 공생하는 진화에 대한 연구개발 자금 지원을 늘리고 STEM(과학, 기술, 공학, 수학) 교육과 병행해 창의력, 비판적 사고, 인간관계, 사회정서적 능력, 철학, 기업가정신, 예술, 자영업, 윤리 등에 더 많은 중점을 두고 자기실현을 목적으로 스스로 진도를 조절할 수 있는 질의 기반 학습을 만들어내야 한다.

교사들을 교육시키는 학교에서는 학생을 가르칠 때 다양한 교수 전략이 두뇌의 신경 활동에 미치는 영향을 fMRI나 다른 도구를 통해 보여줄 수 있어야 한다. 교육과 학습의 대안 모델을 끊임없이 탐색하는 과정도 필요하다.

세계의 교육과 학습 환경의 변화

- 페이스북과 구글은 지구상의 모든 사람을 인터넷에 연결시키기 위해 경쟁하고 있다.

- 뇌공학의 발전으로 뇌의 능력을 개선하는 작업이 여러 기업들에 의해 시도되고 있다.

- 전 세계의 학습 현장에서 3D 안경, 3D 프린터와 가상현실 등을 활용한 몰입 학습이 이뤄지고 있다.

강화된 지능을 지닌 현명한 인류로 나아가기 위한 방안

- 노령화 사회와 기술 변화를 대비해 온라인 평생학습을 독려한다.

- 인공지능과 인간이 공생하는 진화에 대한 연구개발 자금 지원을 늘린다.

- STEM 교육과 병행해 자기실현을 목적으로 스스로 진도를 조절할 수 있는 질의 기반 학습을 만들어낸다.

- 교육과 학습의 대안 모델을 탐색한다.

테러리즘의 위협과
글로벌 안보 전략

어떻게 하면 인종 갈등과 테러리즘, 대량살상 무기의 사용을 줄일 수 있을까? 전 세계 대부분의 사람들은 평화롭게 살고 있다. 70년이 넘는 기간 동안 주요한 패권 전쟁은 한 번도 일어나지 않았다. 하지만 이제는 초국가적이고 지역적인 테러리즘, 내전에 대한 국제적인 개입, 공개적으로는 부인하는 사이버 정보 전쟁이 우리를 위협한다. 세계의 절반에 해당하는 지역이 언제든 불안정해질 수 있으며 6,560만 명이 자신의 집에서 강제로 쫓겨났다(2,250만 명은 현재 피난민이 됐다). 북한의 대륙간탄도미사일ICBM과 수소폭탄 실험은 유엔안전보장이사회의 규탄을 받고 있다.

비록 1990~2010년 사이에 갈등이 극적으로 줄어들었지만 그 후로는 증가하고 있다. 무장 분쟁 건수는 2015년의 52건에서 2016년에 49건으로 약간 줄어들었고 2016년의 전투 현장 사망자는 2015년에 비하면 14퍼센트, 2014년에 비하면 22퍼센트 줄어들었다. 세계 군비 지출 규모는 1998~2011년에는 비교적 비슷했고 2011~2014년에는 약간 감소했다. 군비 예산은 2015~2016년 사이에 약간 증가해 2016년에는 1.7조 달러를 기록했다. 이는 글로벌 GDP의 2.2퍼센트에 해당한다.

2017년에 나온 세계평화지수Global Peace Index에 따르면 세계는 전년도보다 조금 더 평화로워졌다. 68개국에서는 상황이 악화된 반면 48억 명이 살고 있는 93개국에서는 상황이 개선됐다. 분쟁으로 인한 사망은 16만 7,000명에서 15만 7,000명으로 줄어들었다. 하지만 2016년 세계테러리즘지수Global Terrorism Index는 6퍼센트 악화된 것으로 나타났다. 테러리즘으로 인한 사망자 수도 약간 줄어들었음에도 말이다.

2017년 취약국가지수Fragile States Index에 따르면 지난 10년간 더 취약해진 국가는 75개국이며 더 개선된 국가는 99개국이었다. 최근 이 지수는 취약도에서 '경고' 단계와 '매우 심각한 경고' 단계 사이의 국가가 34개국이라고 평가했다. OECD의 2016년 취약 국가 현황에 따르면 전 세계의 50퍼센트가 직간접적으로 일정한 형태의 정치적 폭력의 영향을 받고 있으며 56건의 취약한 상황이 발생했고, 현재 극도로 취약한 국가는 15개국에 이른다. 지난 10년 동안 폭력은 전반적으로 증가해 2015년 형태와 관계없이 폭력 때문에 소요된 비용은 13조 6,000억 달러에 이른다. 또한 기후변화가 미치는 영향 때문에 2050년까지 2,500만 명에서 10억 명의 환경 이주민이 발생할 수 있으며 이는 분쟁 상황을 더욱 확산시킬 가능성이 있다.

한편 '정보 전쟁'Information Warfare(컴퓨터와 소프트웨어를 공격하고 통제 시스템을 지배하는 '사이버 전쟁'과는 다른 의미다)은 목표 대상이 깨닫지 못하는 사이에 그들이 신뢰하는 정보를 조작함으로써 그들이 자기 이익에는 반하면서 오히려 정보 전쟁을 일으킨 사람들에게 이익이 되는 의사결정을 하도록 만들 것이다. 대중이 어떻게 방어해야 할지 알지 못하는 사이에 봇들과 비디오, 다른 형태의 정보 전쟁에서 등장하는 가짜 뉴스가 진실을 조작하는 경우도 늘어나고 있다.

정부가 사이버 공격을 하거나 다른 정부 및 기업을 대상으로 조직화된 범죄가 발생하는 경우도 증가할 것이다. 비대칭적인 사이버 전쟁은 권력 분석의 전통적인 균형을 바꿔놓는다. 다른 기업들이 제품의 결함에 대해 책임을 지는 만큼 소프트웨어 기업들도 제품의 해킹에 대해 책임을 지도록 만들 합리적인 방법이 있을까? 그리고 나토NATO 조약 제5조(집단 안보에 대한 조항으로, 한 회원국이 공격당하면 모든 회원국에 대한 공격으로 간주해 공동 방어에 나선다는 내용을 담고 있다―옮긴이)를 촉발시키려면 어떤 규모와 영향력을 지닌 사이버 공격이 이뤄져야 할까? 어떤 대응이 여기에 상응하는 대응에 해당할까? 정보 전쟁에 상응하는 대응은 어떤 것일까? 미국 정보기관은 분쟁을 종결하고 다른 분쟁을 예방한다는 목적으로 530억 달러를 지원받았다.

분쟁 예방 전략은 일부 다음과 같은 방법들이 포함된다. 모든 집단이 정부 서비스를 받을 수 있게 하고, 투명하고 책임 있는 지배구조를 구축하고, 불만 사항을 해결하기 위해 포용적인 회의를 개최하고, 공동의 목표를 수립하고, 부패를 줄이고, 정보의 자유로운 흐름을 촉진하고, 통상 금지령과 다른 경제 제재를 활용하고, 눈에 띄지 않게 중재를 시도하고, 소수자의 권리를 개선하고, 증오 연설을 통제하고, 경제 원조를 제공하고, 종교 간 대화를 개최하고, 국제사법재판소를 활용하는 것 등이다.

일부 분쟁 해결 전략에는 국가 간 대화, 국제 협상, 시민사회 주요 인물들을 협상 과정에 포함시키기, 군사적 개입, 비무장지대, 유엔평화유지활동, 경제적 인센티브, 종교 지도자의 이니셔티브 등이 포함된다.

전쟁 재발 방지 전략에는 전 전투원들과 추방된 사람들의 재통합, 유엔평화유지활동(특히 여성들이 포함된 팀), 진실과 화해 위원회, 기관들의 재건, 피난민, 국제 실향민, 이민자들의 안전한 귀환 촉구, 자금에 대한 접근권을 포함해 모든 당사자들과 함께하는 경제 개발 등이 있다.

아시아 국가들의 분쟁 상황

중국과 베트남, 인도네시아, 말레이시아, 브루나이, 필리핀이 작은 섬들과 경제수역을 두고 다투고 있는 남중국해에서 에너지 자원 분쟁들을 해결하려면 장기적이고 글로벌한 관점은 물론 국제 개입까지 필요할 수도 있다. 아세안 내부의 동맹들은 미국 혹은 인도와 함께 긴장 지역의 범위를 더 확대시킬 수도 있다.

중국은 미래에 일어날 수도 있는 분쟁을 예방하려면 물과 에너지, 인구 통계, 도시화, 소득 격차, 원주민들을 몰아내는 개발 프로젝트 등을 둘러싼 내부 문제들을 잘 관리해야 할 것이다. 남서부의 심각한 이슬람 위구르족 긴장 사태는 조금도 수그러들지 않은 채 여전히 지속되고 있지만, 티베트에서는 상황이 개선되고 있다는 신호가 조금씩 나오고 있다. 중국은 중앙아시아의 다섯 공화국 중 네 곳과 주요한 경제 파트너가 되면서 이쪽으로 진출하고 있으나 일본에 대해서는 국민들 사이에 적대감을 조성하고 있다.

2016년 중국의 공식적인 군사 예산은 아시아 총 지출의 33퍼센트 이상을 차지했다. 중국은 세계적으로 중요한 해군 세력을 형성하고자 시도하고 있으며, 특히 공군의 역량은 서구 군사 기술의 우위에 점점 더 위협이 되고 있다. 또한 중국은 아프리카와 라틴아메리카를 대상으로 더 진보된 군사 시스템 판매를 점점 더 확대하고 있다.

한편 북한 핵 프로그램과 관련해 국제적으로 받아들여질 만한 해결책은 아직 부족하다. 일본은 해외 군사 작전에서 일본의 방어 역할을 크게 확대할 일련의 안보 관련 법안들을 도입하려고 하는 중이다. 필리핀은 민다나오Mindanao(필리핀에서 자원이 가장 풍부한 섬으로 이슬람 반군단체들이 독립을 요구하며 40년 넘게 무장투쟁을 벌여왔다. 2012년에 내전 종식을 위한 평화협정이 체결됐고 이슬람 자치정부가 세워질 예정이다 — 옮긴이)가 마침내 오랜 폭력투쟁 끝에 일정한 수준의 자치권을 확보했다.

파키스탄의 불안정한 국내 정세와 파키스탄, 인도, 아프가니스탄 사이의 복잡한 전략적 관계는 이 세 나라 모두에서 평화 유지와 반극단주의를 위한 노력을 방해하고 있다. 지난 5년 동안 파키스탄에 제공된 75억 달러의 민간 원조는 대부분 효과가 없었으며 미국과 파키스탄의 관계는 매우 불안정하다. 그리고 여전히 비 이슬람 교도에 대한 박해가 계속되고 있다. 인도는 퍼져나가고 있는 마오이스트Maoist(모택동 사상주의자―옮긴이)들의 폭력에 직면했다.

아프가니스탄에서 벌어지는 국제적인 전투 임무 규모가 줄어들면서, 그 핵심에 6만여 명의 전사가 자리 잡고 있는 탈레반의 위협이 증가하고 이는 주로 파키스탄을 포함한 이웃 국가들로 확대되고 있다. 입증하기는 어렵지만 2001년 이래 약 2만~3만 명의 탈레반과 2만 명이 넘는 아프가니스탄 민간인들이 살해당한 것으로 추정된다. 최근에는 전투가 격화되고 있기 때문에 매일 평균적으로 12명의 탈레반 전사들이 아프가니스탄 경찰과 군대 조직에게 살해당하고 있다. 유엔난민기구는 약 370만 명의 아프가니스탄 사람들이 추방당했거나 보호 대상자에 해당한다고 추정한다. 아프가니스탄의 풍부한 미네랄과 농업 자원을 통제하려고 정부와 군 지도자, 반란군이 경쟁하는 가운데 새롭게 정비된 안보 부문이 위험을 받을 것으로 예상된다. 지역 관료들과 군 지도자들 중 많은 이들이 점점 더 번성하는 마약 네트워크의 소유주로 알려져 있으며, 이들은 아프가니스탄 지역 경찰 내부에 있는 그들 조직의 도움을 받으며 고문이나 살인과 같은 끔찍한 인권 침해를 자행하고 있다. 아프가니스탄의 인도주의적 요구들은 만연한 부패로 곤경에 처한 국가 재건에 밀려 무시당하고 있다.

어쩌면 중국이 이 지역의 안정화를 위한 핵심적인 중개인 역할을 할 수도 있다. 그리고 파키스탄과 아프가니스탄의 정보기관들이 테러리즘에 대항해 협력하기로 한 합의 역시 탈레반에 대항해 통일된 전선을 제시하고, 국경 간 안보를 재고하고, 두 이웃 사이의 관계를 개선할 기회를 만들어내면서 아프가니스탄의 미래 안보 환경에 커다란 영향을 미칠 것이다.

세계적 평화와 분쟁 문제를 해결하기 위한 방안

새로운 비대칭적 위협에 대응하는 외교, 외국 정책, 군사, 법률 시스템을 개발하기 위해 전 세계적인 온라인 공공 집단지성 시스템을 만들 필요가 있다. 무기의 공급원과 목적지를 추적하는 시스템, 공격자들을 잡아내기 위해 사이버 함정과 반 전파 방해 시스템을 구축해야 한다. 또한 분쟁 지표를 모니터하고 비군사적 자원의 신속한 전개를 위한 전략을 논의하고 연결할 수 있도록 NGO 네트워크를 마련할 필요가 있다.

사실은 폭력의 증가를 막는 것보다 폭력이 발생하는 근본 원인을 해결하는 것이 보다 근원적인 해결 방법이며 비용도 적게 든다. 취약 국가와 분쟁 국가에서는 더 많은 공적 개발 원조를 평화 구축과 국가 형성 쪽으로 돌려야 한다. 또한 모든 집단이 정부 서비스를 받을 수 있도록 하고 투명하고 책임 있는 지배구조를 구축해야 한다. 잠재적인 테러리스트를 발견하며 그들이 테러리스트가 되는 것을 방지할 수 있도록 가족과 지역사회를 위한 교육 프로그램을 시행해야 한다.

다양성 용인하기, 분쟁의 평화적 해결, 타협, 공감대라는 평화적인 해결 방법을 강조하도록 학교 교육과정을 조정할 필요가 있다. 또한 사이버 보안과 관련해 각자 도맡아야 할 역할을 교육한다. 참여적인 절차들을 활용해 분쟁 사례의 대안들을 보여주는, 재구성된 평화 시나리오를 만들어내는 것도 방법이다.

글로벌 테러와 안보의 현재

- 오늘날에는 초국가적이고 지역적인 테러리즘, 내전에 대한 국제적인 개입, 공개 적으로는 부인하는 사이버 정보 전쟁이 인류를 위협한다.

- 세계의 절반에 해당하는 지역이 언제든 불안정해질 수 있으며 6,560만 명이 자 신의 집에서 강제로 쫓겨났다(2,250만 명은 현재 피난민이 됐다).

- 무장 분쟁 건수는 2015년의 52건에서 2016년에 49건으로 약간 줄어들었고, 2016년 전투 현장 사망자는 2014년에 비하면 22퍼센트 줄어들었다.

- 2017년 세계평화지수에 따르면 세계는 전년도보다 조금 더 평화로워졌다. 68개 국에서는 상황이 악화된 반면 93개국에서는 상황이 개선됐다.

- 정부가 사이버 공격을 하거나 다른 정부 및 기업을 대상으로 조직화된 범죄가 발생하는 경우도 증가하고 있다.

글로벌 테러 근절과 세계 평화를 위한 방안

- 무기의 공급원과 목적지를 추적하는 시스템을 구축한다.

- 잠재적인 테러리스트를 발견하고 그들이 테러리스트가 되는 것을 방지할 수 있 도록 가족과 지역사회를 위한 교육 프로그램을 시행한다.

- 다양성 용인하기, 분쟁의 평화적 해결, 타협, 공감대라는 평화적인 해결 방법을 강조하도록 학교 교육과정을 조정한다.

세계 여성의 인권 및
지위 향상

과연 여성의 지위 변화는 인류의 상황을 개선하는 데 도움이 될까? 지난 세기 동안 여성의 역량 증진은 사회 진화의 가장 강력한 동인 중의 하나로서, 인류가 직면한 모든 지구촌 도전 과제들을 해결하는 데 핵심이 된다고 여겨졌다.

오늘날 7개국을 제외한 모든 국가에서 국제여성권리장전international women's bill of rights(유엔여성차별철폐협약CEDAW)이 비준된 한편, 양성 평등은 세계인들의 의식 속에 자리 잡았고 전 세계 국가의 84퍼센트가 이를 헌법으로 보장하고 있다. 여성의 투표권은 사실상 보편화됐다. 국가별 입법기구 구성원의 23.5퍼센트를 여성이 차지하고 있으며 이는 1997년의

12퍼센트에서 증가한 수치다. 지난 50년간 여성이 국가수반이었던 국가는 52개국에 이른다. 그럼에도 불구하고 오늘날 10세 아동의 50퍼센트 이상이 양성 불평등 수준이 높은 나라에서 살고 있는 만큼, 2030년까지 양성 평등을 이루고 모든 여성과 소녀들의 역량을 증진시킨다는 유엔지속가능개발목표 5를 달성하려면 더 많은 노력이 필요하다.

여성은 세계 노동의 52퍼센트에 기여하고 있지만 노동시장 참여율은 남성들이 76퍼센트인 데 비해 여성들은 49퍼센트밖에 되지 않으며, 남성들의 수입에 비해 여성들의 수입은 최대 35퍼센트 더 적다. 여성은 전 세계 기업의 이사회 의석 15퍼센트를 차지하고 있는데 이는 2010년 이래 54퍼센트가 증가한 수치다.

미래를 위한 사회 진보를 위해서는 끊임없이 지속되는 차별적 사회 구조에 도전해야 한다. 국제구호단체 옥스팜OXfarm은 여성의 유보수 취업률이 남성과 같다면 15개 주요 개발도상국에서 1인당 소득이 2020년까지 14퍼센트가 증가하고 2030년까지는 20퍼센트 증가한다고 지적한다. 하지만 현재의 속도라면 G20 국가에서 동일 업무에 대한 동일 임금을 달성하는 데만 해도 75년이 더 걸릴 것이다.

적절한 사회안전망 시스템이 부족해서 여성들이 더 많은 부담을 지고 있음에도 불구하고, 새로운 업무 형태를 창조하면서 1인 사업가가 될 가능성은 남성보다 여성이 더 높다. 여성들에게 동등한 기회가 주어진다면 더 높은 창의성과 기업가정신을 발휘할 것이다. 이는 교육 격차가 일반적으로 줄어들었고, 일부 국가에서 중등교육 이후로 여성이 남성보다 더 뛰어난 성과를 보이기 때문이다. 또한 모든 소비자 구매의 70~80퍼센트를 여성이 좌우하는 만큼 여성에게 책임 있는 소비에 대한 교육을 한다면 인류가 처한 다른 도전 과제들 중 일부를 해결할 수도 있을 것이다.

건강상의 성 격차는 일반적으로 줄어들고 있는 반면, 여전히 전 세계적으로 여성의 재생산 권리 인정과 효과적인 가족계획 제공은 보장되지 않고 있다. 여성은 계속해서 2류 시민으로 다뤄지고 있으며 여성 할례와 같은 야만적인 관행은 매년 수백만 명의 소녀들에게 엄청난 폭력을 가하고 있다. 2030년까지 추가적인 잠재 희생자는 8,600만 명에 이를 것으로 예상된다.

여성에 대한 폭력은 전 세계적으로 가장 보고가 덜 되는 범죄로서 많은 가해자들이 처벌을 받지 않은 채 계속해서 폭력을 행사하고 있다. 가정 폭력을 처벌하는 법이 있는 국가가 119개국임에도 불구하고 평생 물리적, 성적 폭력을 경험하는 여성이 거의 35퍼센트에 이른다. 6억 명이 넘는 여성들이 살고 있는 15개 국가에서는 아직 가정 폭력이 범죄로 다뤄지지 않는다. 그러나 한 밀레니엄 프로젝트 연구는 향후 수십 년 동안 성별에 따른 스테레오타입에 느리지만 거대한 변화가 일어날 것이라는 결론을 내렸다.

아시아 국가들의 여성 인권 현황

일본과 같은 나라들은 소득과 교육 수준이 높아지면서 전통적인 가족 구조가 위협을 받기 시작했다. 일본은 여성이 남성과 동등하게 경제에 참여한다면 GDP가 16퍼센트 늘어날 것이라는 예상 아래 여성 리더의 비율을 현재의 9퍼센트에서 2020년에는 30퍼센트까지 늘린다는 목표를 설정했다. 한국과 더불어 일본은 여성들의 직업 기회를 개선하기 위한 양성 평등 태스크포스를 출범시켰다. 그럼에도 불구하고 2014년 세계 성 격차 보고서Global Gender Gap Report에 따르면 일본은 104위를 차지했고 한국은 117위를 차지했다.

아시아에서 가장 성 격차가 적은 나라는 9위를 차지한 필리핀이고, 그 뒤를 이어 뉴질랜드가 13위, 오스트레일리아가 24위를 차지했다. 반면 이란은 137위, 파키스탄은 141위로 가장 나쁜 성적을 기록했다. 동아시아 태평양 지역은 초등학교, 중고등학교, 3차 교육기관에 등록하는 여학생과 남학생 사이의 격차가 거의 없어졌고 일부 국가에서는 여학생들이 남학생들보다 더 성과가 좋았다. 하지만 유네스코 보고서에 따르면 남아시아 국가들 중 스리랑카와 방글라데시만이 초등학교 교육에서 양성 평등에 도달했다.

남아시아 모든 국가들이 '여성에 대한 모든 형태의 차별 철폐에 관한 협약'Convention on the Elimination of All Forms of Discrimination Against Women을 비준했음에도 불구하고 유엔개발계획의 보고에 따르면 성 불평등은 이 지역의 인력 개발에 60.1퍼센트의 손실을 초래했다. 반면 국제구호단체 액션에이드는 임금과 고용에서 나타나는 격차를 줄인다면 소득이 73퍼센트 증가할 것이며, 이는 약 4.3조 달러의 가치가 있을 것이라고 추정한다.

2017년 현재 입법부 내 여성 대표 비율은 아시아의 경우 19.4퍼센트, 태평양 지역의 경우 17.4퍼센트다. 정치적 쿼터 시스템을 도입한 후 중앙아시아 국가들의 국회에서 여성이 차지하는 비율은 전무한 수준에서 20퍼센트 이상으로 증가했다. 물론 여전히 남아 있는 가부장적 구조와 씨름

해야 하지만 말이다.

WHO는 아시아 지역에서 전 세계 모성 사망의 30퍼센트가 발생하며 이는 세계에서 두 번째로 높은 수준임을 지적한다. 주로 이원화된 법률, 민간, 종교 시스템 때문에 많은 아시아 지역에서 조기 결혼 및 강제 결혼, 폭력, 상속 및 토지 소유와 관련된 차별, 지참금 문제, 명예 살인이 만연하며 가해자가 처벌도 받지 않는 상황이 지속되고 있다.

아프가니스탄은 형법에서 가정폭력과 조기 결혼, 강제 결혼에 대한 처벌을 금지하고 있으나 여성에 대한 폭력을 금지하는 법률이 이슬람교에 상충된다는 이유로 번복돼야 한다는 요구가 있기도 했다. '소셜 미디어를 통한, 청년들의 여성에 대한 폭력 예방 활동 참여'라는 프로젝트는 아시아 태평양 지역에서 소셜 미디어를 활용해 성별에 기반한 폭력을 끝내는 것을 목표로 삼는다.

한편 많은 아시아 국가에서 나타나는 남아 선호는 계속해서 우려의 대상이 되고 있다. 2011년 인도에서 시행된 인구 조사에서 아동 성비는 남아 1,000명당 여아는 914명밖에 되지 않았다. 인도는 양성 격차 지수 Gender Gap Index, GGI에서 114위를 차지했지만 100만 명이 넘는 여성들이 현재 마을협의회(지역 마을의회) 구성원으로 참여하면서 여성에 대한 비윤리적 관행이 변화할 것으로 기대된다. 중국의 한 자녀 정책은 출산율을 낮추는 역할을 했지만 공산당 지도부는 이 정책을 종결하고 결혼한 부부에게 두 자녀를 갖도록 허용했다.

여성의 인권 신장과 지위 향상을 위한 방안

여성의 권리 침해는 반드시 기소되고 국제적 제재를 받아야 한다. 여성의 권리를 보호하는 협약의 시행과 처벌, 여성의 권리 존중을 조건부로 원조를 제공하는 국제 프로그램을 만들어야 하며 여성의 권리에 대한 국제 협약을 준수하지 않을 경우 제재를 적용해야 한다. 또한 2급 시민으로 여성을 대하는 것, 여성에 대한 폭력, 가부장적 태도, 여성 할례 및 명예 살인과 같은 야만적인 관행에 반대하는 법을 만들고 실행해야 한다. 폭력과 강간에 대한 처벌에는 연령 제한을 없애야 한다.

여성들이 결혼과 출산 후에도 직업적 커리어를 쌓을 수 있도록 사회 구조를 바꾸기 위한 정책을 수립해야 한다. 취학 전 아동 및 어린이들을 위한 돌봄 서비스를 국가가 제공해야 하며, 다른 사람을 돌보는 일을 다른 전문적 업무와 유사하게 평가함으로써 직업 및 부문 간 차별을 철폐하고 성별에 따른 스테레오타입 문제를 해결해야 한다. 또한 동등한 가치의 업무에 동등한 보상을 하도록 법으로 보장해야 한다. 대학을 졸업한 여성들이 자기 사업을 시작하도록 독려하는 정부 정책을 추진하며 미디어에서 성별에 따른 스테레오타입을 조성하지 않도록 언론사 여성 임원의 비율을 높여야 한다.

세계 여성 인권의 현주소

- 여성은 세계 노동의 52퍼센트에 기여하고 있지만 노동시장 참여율은 49퍼센트밖에 되지 않는다. 남성들의 수입에 비해 여성들의 수입은 최대 35퍼센트 더 적다.

- 여성은 전 세계 기업 이사회 의석의 15퍼센트를 차지하고 있는데 이는 2010년 이래 54퍼센트가 증가한 수치다.

- 여성은 계속해서 2류 시민으로 다뤄지고 있으며 할례와 같은 야만적인 관행은 매년 수백만 명의 소녀들에게 엄청난 폭력을 가하고 있다.

- 평생 물리적, 성적 폭력을 경험하는 여성이 35퍼센트에 이르며 6억 명이 넘는 여성들이 살고 있는 15개 국가에서는 가정 폭력이 범죄로 다뤄지지 않고 있다.

여성 인권 신장을 위한 방안

- 여성의 권리에 대한 국제 협약을 준수하지 않을 경우 제재를 적용한다.

- 여성들이 일과 가정에서 균형을 이룰 수 있도록 사회 구조를 바꾸고 이를 위한 정책을 수립한다.

- 동등한 가치의 업무에 동등한 보상을 하도록 법으로 보장해야 한다.

- 대학을 졸업한 여성들이 자기 사업을 시작하도록 독려하는 정부 정책을 추진한다.

초국가적 조직범죄와
국제적 대응

어떻게 하면 초국가적 조직범죄가
더 강력한 복합조직이 되지 않도록 막을 수 있을까? 매년 조직범죄가 벌
어들이는 돈은 3조 달러가 넘는다. 이는 모든 국가의 연간 군사 예산을
합한 금액의 두 배에 해당한다. 전 세계 불법 거래 시장을 분석하는 하보
스코프 닷컴Havocscope.com은 (105개국을 제외한) 91개국에서 50개 범주에 걸
쳐 존재하는 암시장의 가치를 1조 8,100억 달러로 추정한다. 착취와 갈
취, 부패, 자금세탁은 여기 들어가지 않았다. 사이버 범죄도 들어가지 않
았지만 2019년이 되면 기업들은 사이버 범죄 때문에 2조 달러의 손실을
볼 수도 있다.

게다가 정부와 로비스트, 조직범죄 네트워크가 각국 선거 정보전과 사이버전에서 결탁해 선거에 영향을 미치는 것이 아니냐는 혐의를 받는 경우가 점점 증가하고 있다. 조직범죄와 반란, 테러리즘 사이의 구분이 흐려지기 시작하면서 조직범죄에 새로운 시장을 제공하고 민주주의와 국가 발전, 안보에 대한 위협이 증가하고 있다.

여기에 더해 불법 의약품과 가짜 약을 놓고 벌어지는 전 세계 갱들의 전쟁도 심각한 수준에 이르렀다. WHO의 추산에 따르면 온라인을 통해 구매된 모든 약의 50퍼센트가 가짜이며, 이 가짜 약들은 매년 2,000억 달러에 이르는 수익을 범죄조직에 가져다주는 것으로 추산된다. 오프라인을 통한 전달도 늘어나고 있다. 2016년에는 9억 달러어치의 가짜 약과 불법 의약품들이 아프리카의 여러 나라 국경에서 압수됐다.

2003년 유엔초국가적 조직범죄 방지협약Convention against Transnational Organized Crime이 발효됐음에도 불구하고 국제적인 기소 전략은 아직 등장하지 않았다. 또한 OECD의 국제 자금세탁 방지기구Financial Action Task Force는 자금세탁에 대항하기 위해 40가지의 훌륭한 제안을 내놓았고, 2008년 5월에는 유럽위원회 자금세탁 방지협약Council of Europe's Convention on Laundering이 발효됐지만 그 효과는 아직 분명하지 않다. 관련된 정부 고위 관료들의 밀레니엄 프로젝트 인터뷰가 있은 지 수년이 지난 후에야 초국가적 조직범죄에 대항할 국제 전략의 윤곽이 드러나고 있는 정도다.

금융 관련 기소 시스템은 초국가적 조직범죄를 다루는 관련 조직들을 보완하기 위해 새로운 기관으로 설립될 수도 있다. 새로운 시스템은 이들 기관과의 협력 과정에서 한 번에 한 군데씩 기소할 수 있도록 (세탁된 자금의 규모에 따라 규정된) 최고의 범죄 집단들에 대한 우선순위를 파악하고 정립할 것이다.

이 시스템에서는 법적 소송을 준비하고, 동결할 수 있는 용의자의 자산을 확인하고, 용의자들의 현재 위치를 확인하고, 현지 당국의 체포 가능성을 평가한 후 미리 선택한 법정 중 한 곳으로 사건을 보낸다. 이들 법정은 유엔평화유지군처럼 설립되어 교육과정을 거친 후 즉각적으로 임무를 수행할 준비를 갖춘다. 사건에 대한 조사가 완료되면 범죄자들을 체포하기 위한 영장이 발부되고, 그들이 자산에 접근할 수 있는 통로가 차단되며, 해당 사건을 위한 법정이 열린다. 그 후에는 우선순위에서 그다음 위치에 있는 초국가적 조직범죄 집단이나 개인을 대상으로 같은 과정을 반복한다.

기소는 기소된 자의 고국이 아닌 나라에서 이뤄질 것이다. 유엔 초국가적 조직범죄 방지협약을 통해 본국 송환이 받아들여지긴 하지만 유엔 평화유지군을 대행해 군대들이 역할을 맡는 것처럼, 대행할 법원들을 위한 새로운 프로토콜이 필요해질 것이다. 법정이 필요할 때는 지원하는 국가들을 대상으로 추첨 시스템을 활용해 선택할 수 있다. 이 시스템은 처음에는 정부들을 통해 자금을 조달하지만 그 후로는 조직범죄의 뇌물에 취약할 수 있는 정부들의 기여금에 의존하기보다 유죄로 결정된 범죄자들의 동결된 재산에서 자금을 지원받을 것이다. 즉, 범죄자들을 체포한 국가와 공소를 제기한 법원들은 동결된 재산에서 비용을 상환받는다.

아시아 국가들의 조직범죄 현황

전 세계적으로 노예의 숫자는 아시아가 가장 많다. 국제노동기구에 따르면 인신매매의 59퍼센트가 아시아와 중동에서 발생한다. 전 세계 노예의 40퍼센트에 해당하는 4,580만 명이 인도에 있다. 중국은 전 세계 불법 시장가치의 13퍼센트를 보유하고 있으며 이는 2,610억 달러로 세계에서 두 번째로 큰 규모다. 이란은 마약 중독률이 2퍼센트로 세계에서 가장 높으며 그 대응에 매년 10억 달러를 지출한다.

유엔마약범죄사무소UNODC는 아프가니스탄의 마약 거래에 관여하는 사람들 전체에게 돌아가는 연간소득이 30억 달러에 가깝다고 추정한다. 마약 거래상에게 돌아가는 지분으로는 가장 큰 금액이며, 거래 규모는 계속 증가할 것으로 예측된다. 유엔과 세계은행은 아프가니스탄의 아편 문제를 퇴치하는 데 수십 년이 걸릴 것이라고 언급했다.

중국은 EU로 수입되는 짝퉁 상품들의 주된 공급처다. 중국에는 여성이 상대적으로 부족하다 보니 결혼을 목적으로 주변국 여성들을 인신매매하는 문제가 발생하고 있다. 인도는 가짜 약의 주요 생산 국가이며, 북한은 핵무기에 의존하면서 무기, 위조지폐, 성노예, 마약, 다양한 가짜 물품들의 불법 거래에 관여하고 있는 조직범죄 국가로 인식되고 있다. 미얀마는 이민자들을 타이와 말레이시아로 추방시켜 그곳에서 착취당하게 한다는 비난을 받고 있다. 이 지역은 상아 무역과 코끼리 밀수의 중심지로 알려져 있기도 하다.

아시아 대부분이 아직 개발되지 않은 거대한 코카인 시장으로서 초국가적 조직범죄 집단의 목표가 되고 있다. 미얀마와 중국은 계속해서 아시아의 불법 마약 중에서도 가장 위협적인 암페타민 유형 각성제의 주된 공급원이 되고 있으며, 라오스는 아편 생산을 거의 제거했지만 최근 그 문제가 다시 불거지고 있다. 미얀마의 아편 재배는 2013년에 13퍼센트 증가했고 7년 연속으로 증가세를 보이고 있다. (특히 중국에서) 높게 평가받는 미얀마 제품은 빠르게 아프가니스탄의 생산량을 추월하고 있다.

유엔마약범죄사무소와 중앙아시아 5개국은 2015~2019년 사이에 조직범죄에 대항하기 위해 700억 달러를 지출하기로 약속했다. 오스트레일리아와 미국이 자금을 대는 패트롤PATROL 프로젝트는 내륙 국경과 항구, 공항에서 중국 및 동남아시아 모든 국가의 현장 관리들과의 작업을 통해 국경 보안을 개선하려고 노력 중이다. 트라이보더 이니셔티브 프로젝트Tri-Border Initiative Project는 인도네시아, 말레이시아, 필리핀 사이의 주요한 해로들을 해적 행위로부터 보호하고 있지만 해적들은 말라카 해협으로 돌아오고 있다. 러시아 마피아들은 피지에서 넓은 지역의 토지를 구매했다. 한 보고서에 따르면 오스트레일리아에는 수십 억 달러 규모의 마약 회사가 있으며 불법적인 각성제 소비자가 세계에서 가장 많다. 극빈한 사람들에게서 인간 장기를 사서 부자들에게 판매하는 불법 국제 무역도 번성하고 있다.

초국가적 조직범죄 퇴치를 위한 방안

초국가적 조직범죄에 대응하기 위해서는 효과적인 글로벌 전략과 합의가 필요하며 전략에 대한 타당성 조사가 이뤄져야 한다. 그리고 조직범죄를 국제형사재판소가 인정하는, 인간성에 반하는 범죄행위에 포함시켜야 한다. 이를 위해 불법적인 마약 밀매, 불법 광산 채취, 갈취와 함께 지속적으로 무장 반란을 일으켰던 콜롬비아 무장혁명군을 진압한 사건에서 교훈을 얻을 수 있다. 2016년 부정부패 근절을 목표로 인도가 단행한 폐화demonetization 정책(인도 경제발전을 가로막는 지하경제의 양성화를 위해 실시한 극단적 화폐개혁 정책으로, 고액권 화폐 2종을 사용 중지시킴으로써 하룻밤 사이에 시중 현금의 86퍼센트가 무효화된 바 있다—옮긴이)의 확대 가능성에 대해 연구해볼 필요도 있다. 또한 금융 관련 기소 시스템을 오늘날 초국가적 조직범죄의 다양한 부분을 다루는 관련 조직들을 보완하기 위해 새로운 기관으로 다시 세울 수도 있다.

국제 조직범죄의 현주소

- 매년 조직범죄가 벌어들이는 돈은 3조 달러가 넘는다. 이는 모든 국가의 연간 군사 예산을 합한 금액의 두 배에 해당한다.

- 2019년에 기업들은 사이버 범죄 때문에 2조 달러의 손실을 볼 수도 있다.

- 조직범죄와 반란, 테러리즘 사이의 구분이 흐려지기 시작하면서 조직범죄에 새로운 시장을 제공하고 있다.

- 온라인을 통해 구매된 모든 약의 50퍼센트가 가짜이며, 여기서 발생하는 수익은 매년 2,000억 달러에 이르는 것으로 추산된다.

국제 조직범죄 해결을 위한 방안

- 조직범죄에 대항할 글로벌 전략을 수립하기 위해 타당성 조사를 실시한다.

- 조직범죄를 국제형사재판소가 인정하는, 인간성에 반하는 범죄행위에 포함시킨다.

- 불법적인 마약 밀매, 불법 광산 채취, 갈취와 함께 지속적으로 무장 반란을 일으켰던 콜롬비아 무장혁명군을 진압한 사건에서 교훈을 얻는다.

에너지 수요 증가와
장기적 목표 달성

증가하는 에너지 수요를 안전하고
효율적으로 충족시킬 수 있는 방법은 무엇일까? 오늘날 태양광과 풍력
에너지는 석탄과 함께 쓰일 경우 비용 문제를 해소할 수 있다(특히 비용 외
부효과를 감안할 때). 그리고 최저 소요 전력을 생산할 재생에너지를 보조
하기 위해 거대한 리튬 이온 배터리 생산 공장이 건설되고 있다. 2016년
에는 138.5기가와트의 전기, 즉 모든 신규 발전량의 55.3퍼센트가 재생
가능한 발전을 통해 나왔다.

OECD에 따르면 G20 국가들의 경우 추가적으로 계획된 발전 용량 중
22퍼센트는 석탄에서 나오지만 거의 70퍼센트가 재생에너지원에서 나

온다. 2015년 중국은 독일을 제치고 태양광 에너지를 가장 많이 생산하는 국가가 됐으며, 2020년까지 재생 가능 발전 분야에 2.5조 위안(3,610억 달러)을 투자할 계획이다.

석탄 사용은 2016년에 극적으로 줄어들었다. 건설 전 계획 단계에 있는 석탄 전력 용량은 2016년 1월에는 1,090기가와트였지만 2017년 1월에는 48퍼센트가 하락해 570기가와트가 됐다. 2016년에 중국 13개 성은 용량을 초과한다는 이유로 석탄 공장의 신규 승인을 중지하라고 명령했다. 결과적으로 신규 승인은 85퍼센트 감소했다. 게다가 15개 성들은 이미 승인받은 석탄 공장의 건설을 중지하라는 명령을 받았다. 중국과 인도는 현재 100개 이상의 프로젝트 현장에서 68기가와트 규모에 해당하는 건설 작업이 동결된 상태다. 전 세계적으로 본다면 이전 해에 건설에 착수한 현장보다 동결 상태에 있는 현장이 더 많다. 석탄 공장 폐쇄가 전례 없는 속도로 일어나고 있으며, 지난 2년간 64기가와트 규모의 공장이 주로 EU와 미국에서 가동을 멈추고 폐쇄됐다.

정부가 의료 서비스 비용과 환경 손상, 화석연료 산업에서 발생하는 그 외의 다른 외부효과에 대처하기 위해 치러야 할 비용은 화석연료 가격에 포함되지 않는다. IMF는 이들 비용이 포함된다면 화석연료 산업은 매년 5.3조 달러의 보조금을 받고 있는 셈이라고 추정했다. 그리고 세계는 여전히 주요 에너지의 80퍼센트를 화석연료에 의존하고 있다.

핵발전의 경우 30개국에 있는 449개 발전소가 전 세계 전기의 약 10퍼센트를 생산하고 있으며(만일 대만을 국가에 포함시킨다면 31개국이 되며 건설 중인 발전소의 숫자는 16개가 된다), 이들 중 거의 60퍼센트가 30년의 수명을 초과한 상태로 현장에 핵폐기물을 저장하고 있다. 약 50개 발전소가 해체 중에 있으며 17개 발전소만이 완전하게 해체된 상태다. 현재 15개 국가에서 약 60개의 발전소를 건설하고 있다.

전기자율주행 자동차와 플러그인 하이브리드 자동차, 수소와 천연가스 자동차 분야가 계속해서 발전하고 있는 상황에서 석유의 미래도 확실하지 않다. 에너지 기업들은 2050년까지 34억 명(현재 에너지를 사용할 수 없는 12억 명과 인구 성장에 따른 22억 명)이 쓸 안전한 에너지를 생산하기 위해 경쟁하고 있다. 재생에너지를 100퍼센트 사용하자는 움직임이 전 세계에서 빠르게 등장하고 있다.

이와 관련된 아이디어 중에는 창문에 스프레이로 뿌릴 수 있는 태양광 셀, 고층 건물들을 에너지 순 생산자로 만들기, 체온과 몸의 움직임으로 충전되는 작은 배터리, 이산화탄소를 포집해서 재사용하기 위해 석탄 공장 개조하기, 태양광 패널 도로와 지붕 타일, 전기 그리드·사물인터넷·교통의 효율성을 극적으로 개선할 수 있는 인공지능, 합성생물학을 통해 식물에서 이산화탄소 대신 수소 생산하기, 스털링 엔진에 초점을 맞춘 태양광 농장, 높은 고도(500미터~2킬로미터)에서의 풍력 에너지 생산, 시추된 열암 심부 지열 시스템, 액화 공기를 통한 에너지 저장 시스템 등이 있다. 고온 또는 저온 핵융합과 지구 위 혹은 근거리 우주 어느 곳에나 에너지를 쏠 수 있는 태양광발전 위성처럼 온실가스가 없는 에너지를 풍부하게 공급할 수 있는 장기적인 옵션들도 추진되고 있다.

아시아 국가들의 에너지 사용 현황

아시아 국가들의 인구 성장 및 경제의 성장은 에너지 부족과 비용 증가로 이어지고 있다. 아시아개발은행에 따르면 아시아 태평양 지역의 에너지 수요는 2030년까지 두 배로 늘어날 수 있으며, 2035년이 되면 이 지역에서 전 세계 연간 에너지 생산량의 56퍼센트를 소비할 것이라고 한다. 게다가 현재 이 지역에는 전기를 사용할 수 없는 사람들이 10억 명에 이른다. 인도만 해도 전기 없이 생활하는 사람들이 2억 8,900만 명이다.

아시아 지역의 약 20억 명은 요리를 할 때 바이오매스 연료에 의존한다. 일본은 태양광발전의 경우 2030년까지 설치되는 태양전지가 생산할 용량이 전기 수요의 11.2퍼센트에 이르는 100기가와트가 될 수도 있다. 현재는 후쿠시마 해변에서 멀리 떨어진 곳에 대규모 연안 풍력발전 단지를 건설 중이다. 한편 일본은 후쿠시마 핵 위기 이후 대중들의 반대에도 불구하고 2030년까지 핵발전을 활용해 전기 수요의 5분의 1을 공급할 계획이다. 한국은 원자력 산업 내 부패 문제가 원자력의 장기적인 잠재력을 축소시키고 있다.

중국은 2020년까지 핵발전 용량을 3배로 확대할 계획이다. 풍력은 석탄과 수력에 이어 세 번째로 규모가 큰 중국의 전기 에너지원이다. 중국은 2030년까지 전기 수요의 57퍼센트를, 2050년에는 전기 수요의 86퍼센트를 재생에너지원을 통해 공급할 수 있을 것이다. 석탄 생산은 2014년에 2.5퍼센트 감소했는데, 10년이 넘는 기간 동안 연간 수치가 하락한 경우는 처음이다. 하지만 약 37억 톤에 이르는 연간 석탄 소비는 중국 에너지 수요의 약 66퍼센트를 차지한다. 오염과 배출물을 줄이기 위해 중국은 2020년까지 석탄 생산을 1억 6,000만 톤 이상 줄일 계획이다.

인도는 재생에너지를 통해 1만 7,000메가와트의 발전 용량을 더 확보할 수 있도록 370억 달러를 투자할 계획이다. 등유에 대해 정부가 보조금을 지급하고 있음에도 불구하고 전력망에 연결되지 않은 인도에서 태양광 조명은 이미 비용 대비 효과적인 옵션이 됐다. 라오스는 2025년까지 재생에너지원에서 에너지 소비의 30퍼센트를 공급하는 것을 목표로 하고 있다. 카스피 해 지역에서 석유와 가스 생산은 2030년까지 상당한 규모로 증가할 것이다. 카자흐스탄과 투르크메니스탄이 각각 석유와 가스 부문의 성장을 이끌고 있다. 인도에는 현재 가동 중인 20기의 원자로가 있으며 7기는 건설 중이다. 싱가포르는 2030년까지 건물들의 에너지 효율을 80퍼센트 높일 계획이다.

에너지 부족 문제를 해결하기 위한 방안

재생에너지원이 화석연료를 대체할 수 있다는 데는 의문의 여지가 없다. 문제는 새로운 에너지 전략에 대한 합의다. 재생에너지에 대한 보조금을 늘리고 화석연료에 대한 보조금을 줄이는 것부터 시작해야 한다. 나사와 같은 연구개발 시스템을 갖추고 미국과 중국이 수립한 '아폴로처럼' 같은 10년 에너지 목표에 헌신하는 방법도 있다.

에너지 분야에서 글로벌 집단지성 시스템을 반드시 구축해야 한다. 파리협약에 따른 국가별 진전을 정기적으로 공개하고, 좀 더 예측 가능한 투자 조건을 위한 기준과 규정의 조화를 이루기 위해 국제재생에너지기구와 함께 작업할 필요가 있다.

세계의 에너지 생산 현황

- 138.5기가와트의 전기, 즉 모든 신규 발전량의 55.3퍼센트가 재생 가능한 발전을 통해 나왔다.

- 핵발전의 경우 30개국에 있는 449개 발전소가 전 세계 전기의 약 10퍼센트를 생산하고 있다.

- 에너지 기업들은 2050년까지 34억 명(현재 에너지를 사용할 수 없는 12억 명과 인구 성장에 따른 22억 명)이 쓸 안전한 에너지를 생산하기 위해 경쟁하고 있다.

에너지 수요를 충족하기 위한 방안

- 재생에너지에 대한 보조금을 늘리고 화석연료에 대한 보조금을 줄인다.

- 나사와 같은 연구개발 시스템을 갖추고 미국과 중국이 수립한 '아폴로처럼' 같은 10년 에너지 목표에 헌신한다.

- 에너지 분야에서 글로벌 집단지성 시스템을 구축한다.

- 파리협약에 따른 국가별 진전을 정기적으로 공개한다.

과학 기술의 혁신에
따르는 문제들

과학 기술 분야의 발전은 어떻게 인류의 상황을 개선하는 작업을 가속화할까? 인류의 상황을 개선하기 위한 과학적 돌파구와 기술적 응용의 속도는 계산과학과 엔지니어링, 인공지능, 데이터베이스 공통 프로토콜, 무어의 법칙, 닐슨의 인터넷 대역폭 법칙(통신 네트워크의 대역폭이 매년 50퍼센트, 10년 동안 약 57배 증가한다는 이론—옮긴이)에 의해 가속화되고 있다. 그리고 합성생물학과 3D/4D 프린팅, 인공지능, 로보틱스, 원자 정밀 제조와 다른 형태의 나노테크놀로지, 모든 것의 원격화tele-everything, 드론, 증강현실과 가상현실, 재생에너지 시스템의 가격 하락, 집단지성 시스템 덕분에 다가올 25년에 비하면 지난 25년은 느리게 느껴질 것이다.

중국은 주기 궤도 위성과 지구 간 '양자 얽힘'quantum entanglement(한번 짝을 이룬 두 입자는 아무리 서로 떨어져 있다 하더라도 서로의 상태에 영향을 미친다는 이론—옮긴이)을 시연했고, 베이징과 상하이 사이에 양자 통신 네트워크를 구축하고 있다. HP의 레이저 융합 3D 프린터는 초당 3,000만 백셀(3D 픽셀)을 프린트할 수 있다. 체코, 프랑스, 인도네시아, 슬로바키아, 아랍에미리트 공화국, 미국은 하이퍼루프의 적합성 연구를 진행하고 있다. IBM의 왓슨은 의사들보다 더 빨리 암을 진단하고, 로봇은 아기들보다 더 빨리 걷는 법을 배우며, 구글의 알파고는 바둑 챔피언을 물리쳤다. 전 세계 로봇 중 중국의 점유율은 2015년의 27퍼센트에서 2019년에는 거의 40퍼센트에 이를 것이다.

미국과 한국은 각각 GDP의 2.83퍼센트와 4.29퍼센트를 연구개발에 쓰고 있는 한편, 세계적으로는 2017년 연구개발 지출이 글로벌 GDP의 1.71퍼센트였다. 2017년 6월 기준으로 중국의 타이후 라이트와 톈허 2호가 전 세계에서 가장 빠른 컴퓨터였으며, 스위스의 피츠 데인트Piz Daint가 그 뒤를 따르고 있다. 그다음으로 빠른 컴퓨터 세 개는 미국이 보유하고 있다. 하지만 일본은 130페타플롭스의 새 컴퓨터로 이 모두를 곧 추월할 수도 있다. 미국도 이제 막 슈퍼컴퓨터 개발에 자금을 추가 투자했다.

한편 캐나다의 양자 컴퓨터 시스템 소프트웨어 기업인 디웨이브는 양자 컴퓨팅과 양자 인공지능을 만들어내는 기계학습의 영역을 탐색하고 있다. 단일 분자에 데이터를 저장하는 작업은 데이터 저장 밀도가 100배 늘어날 수 있음을 의미한다. 2050년까지는 누구든 언제 어디서나 거의 모든 것에 대해 클라우드 양자/인공지능에 접근할 수 있을 것이다.

하지만 이는 자율주행 자동차와 비행기, 배에 대한 해킹부터 뇌/컴퓨터 인터페이스와 나노의약까지 모든 것이 잠재적으로 취약하다는 의미이기도 하다. 합성생물학 분야의 발명들은 그들이 속한 환경을 벗어나 자연에 중대한 손상을 야기할 수 있다. 나노 기술의 '잿빛 덩어리'gray goo 문제(자기복제가 가능한 나노 기계가 무한 증식을 통해 지구 전체를 뒤덮을 수 있다는 가상의 지구 종말 시나리오—옮긴이)를 해결할 수 있는 방법은 아직 없다. 미래의 인공일반지능은 인간의 통제와 이해를 넘어서는 수준으로 진화할 수 있다. 진화의 자연스러운 다음 단계가 인공지능이라고 생각하는 과학 철학자들도 일부 있다.

산업 시대와 정보 시대에는 없어진 일자리보다 새로 만들어진 일자리가 더 많았다. 하지만 다가오는 기술적 변화의 속도와 역량, 시너지, 범위, 글로벌 역동성 때문에 이번에는 그렇게 되기가 어려울 수도 있다. 전 세계가 이 문제에 대해 진지하고 구체적인 대화를 더 빨리 할수록, 과학과 기술의 가속화가 인구에게 혜택을 제공할 가능성도 더 높아질 것이다.

한편 컴퓨터가 중재하는 뇌와 뇌 사이의 기초적인 소통은 이미 시연됐다. 자율 로봇(그리고 반자율 로봇)은 수술을 집도하기도 했다. 생식세포와 인간 배아 유전자 편집과 관련된 실험들은 유전질환은 물론 다른 질병의 발병 가능성을 사전에 차단할 수 있다. 줄기세포는 세포 조직을 보수하고 잠재적으로 노화 과정을 바꾸는 데 사용돼왔다. 그리고 멀리 떨어진 공간이나 행성에 생명체를 공간 이동시킬 수 있는 기술을 시연하면서 유전자 코드가 디지털 형태로 전송돼 바이러스를 프린트하기도 했다.

노르웨이에서는 최초로 승무원 없이 배터리로 움직이는 로봇 화물선
이 출범했다. 새로운 형태의 에너지와 물질을 만들어내고, 아울러 기후
변화를 되돌리는 일을 돕기 위해 자연보다 더 효율적으로 대기 중 이산화
탄소를 흡수하는 광범위한 인공광합성이 개발되고 있다. 나사의 케플러
망원경은 외행성을 거의 1,300개나 발견해 외계 생명체와의 미래 접촉
가능성을 높이고 있다.

그렇다면 그다음은 무엇일까? 물질과 에너지의 새로운 합성이 산업혁
명을 불러온 것처럼, 유전학적 분자 및 생명체의 새로운 합성과 조작으로
바이오 혁명이 이뤄질 것이다. 원자 정밀 제조는 물리적 생산의 효율성에
대변혁을 일으킬 수 있는 기계를 만들어낸다. 그리고 바이오센서가 내장
된 마이크로 로봇이 인체 내부에서 바깥으로 가상현실 이미지를 전송하
면서 건강을 진단하고 치료법을 제공한다.

지구와 정지 궤도 사이를 오가는 우주 엘리베이터는 저비용으로 우주
여행을 하는 접근 방법을 제공할 것이다. 또한 물질−반물질 반응(물질과
반물질이 만나면 상호작용을 통해 엄청난 에너지를 방출하면서 소멸하기 때문에 이
를 이용해 우주선을 빠른 속도로 이동시킬 수 있다는 가설이 나오기도 한다 — 옮긴
이), 용융, 이온 드라이브, 광자 추진체(빛을 방출시켜 그 에너지를 추력으로
사용하는 추진체 — 옮긴이), 플라즈마 방출, 태양광 항해 등 우주여행을 위
한 장기적인 옵션들도 탐색되고 있다. 하지만 직경 1센티미터 이상의 파
편 75만 개 이상이 시간당 2만 7,400킬로미터의 속도로 지구 주위를 돌
고 있어 우주에 대한 접근이 쉽지만은 않다.

과학과 기술 분야의 일부 가속화된 발전과, 전 세계의 전통적인 뉴스

에서 다루거나 정치인들이 토론하거나 학교에서 가르치거나 대중들의 마음을 사로잡은 대상 사이에는 거의 관련이 없다. 과학과 기술의 역사는 발전이 혜택도 가져오지만 의도하지 않은 부정적인 결과도 가져올 수 있다는 사실을 알려주었다. 그런 이유로 과학과 기술의 발전을 추적하고 결과를 예측하고 다양한 관점을 기록할 수 있는 글로벌 집단지성 시스템이 필요하다. 이를 통해 누구나 미래 과학과 기술의 잠재적인 결과를 이해하며 우리가 직면한 도전 과제를 해결할 수 있는 과학 기술을 장려하는 정책을 세워야 한다.

이 모든 변화들과, 아직 등장하지 않은 또 다른 변화들의 결과로 더 많은 개인들이 파워 엘리트들의 통제를 옛날보다 덜 받으면서 전 세계의 더 많은 역량에 접근할 수 있을 것이다. 그리고 이를 위한 훨씬 더 강력한 도구를 더 낮은 비용으로 더 많이 이용할 수 있을 것이다.

아시아 국가들의 과학 기술 발전 현황

중국 특허청은 2011년에 전 세계에서 가장 규모가 큰 특허청이 됐다. 일본의 연구개발 지출은 GDP의 약 3퍼센트에 이른다. 중국이 2퍼센트로 약간 더 적기는 하지만 중국의 연간 연구개발 예산은 매년 약 12퍼센트씩 늘어나고 있으며 정부 연구개발 예산으로는 전 세계에서 두 번째로 큰 규모다. 중국은 지난 5년간 특허 등록이 500퍼센트 증가했으며, 미국보다 청정에너지 기술에 더 많은 돈을 투자하고 있다. 두 자릿수 경제성장을 보이는 다른 아시아 국가들은 연구개발 지출에서도 두 자릿수의 성장을 경험하고 있다. 인도에서는 법과대학에서 한 명이 졸업할 때 엔지니어

20명이 졸업한다. 오스트레일리아는 국립나노제조연구소에 엄청난 투자를 하고 있다.

과학 기술의 혁신에 따르는 문제들을 해결하기 위한 방안

인간이 처한 상황을 개선하고 앞으로 기술이 가져올 결과를 이해하려면 글로벌 집단지성 시스템이 필요하다. 인류의 니즈는 물론 닥쳐올 위협과 연구 주제를 연결할 수 있는 글로벌한 도구를 만들어야 한다. 여기에는 유네스코와 같은 국제단체가 아닌, 온라인상에서 일반인들도 접근 가능한 집단지성 시스템으로서 일종의 국제 과학 기술 조직을 설립하는 방법이 있다.

또한 인간의 이해관계에 반해서 진화하는 미래의 초인공지능을 방지하기 위한 연구를 지원하고 '인간에게 해가 되는 행동을 하지 않겠다'는 의사들의 히포크라테스 선서처럼 과학자들도 이와 유사한 선서를 하도록 해야 한다. 과학 지식을 가진 개인들이 파괴적인 목적으로 사용할 수 있는 자료들과 과학 기술 정보에 대한 접근을 제한할 수 있는 방법도 모색해야 한다. 그리고 기만적인 특허 소송 건들을 취하하도록 '특허 괴물' patent trolls (아무것도 만들지 않으면서 단순히 착취를 위해 특허 소송을 제기하는 기업들)을 처벌하는 법을 통과시키는 것도 필요하다.

세계 과학 기술의 발전 상황

- 미국과 한국은 각각 GDP의 2.83퍼센트와 4.29퍼센트를 연구개발에 쓰는 한편, 세계적으로는 연구개발 지출이 글로벌 GDP의 1.71퍼센트에 이른다.

- 컴퓨터가 중재하는 뇌와 뇌 사이의 기초적인 소통은 이미 시연됐다.

- 유전학적 분자 및 생명체의 새로운 합성이나 조작이 발전해 바이오 혁명이 이뤄질 것이다.

과학 기술이 가져올 문제를 해결하기 위한 방안

- 유네스코와 같이 온라인상에서 일반인들도 접근 가능한 집단지성 시스템인 일종의 국제 과학 기술 조직을 설립한다.

- 인간의 이해관계에 반해서 진화하는 미래의 초인공지능을 방지하기 위한 연구를 지원한다.

- 의사들의 히포크라테스 선서처럼 과학자들도 이와 유사한 선서를 하도록 한다.

- 개인들이 파괴적인 목적으로 사용할 수 있는 자료들과 과학 기술 정보에 대한 접근을 제한할 수 있는 방법을 모색한다.

윤리적 의사결정과
새로운 사회 계약

어떻게 하면 글로벌 의사결정에 윤리적 고려를 좀 더 일상적으로 반영할 수 있을까? 오늘날은 의사결정이 인공지능에 의해 이뤄지는 경우가 늘어나고 있다. 그들의 알고리즘은 윤리적으로 중립이 아니기 때문에, 윤리적 의사결정의 미래는 부분적으로 소프트웨어 내부의 윤리적 가정들을 감독하는 일에 영향을 받을 것이다. 또한 사람들의 인식을 오염시키고 왜곡하는 정보 채널의 홍수도 영향을 미칠 것이다.

정보 전쟁은 각국 선거를 대상으로 전투를 벌여왔다. 정치적 왜곡 전문가들은 진실을 추구하는 소리가 들리지 않도록 만든다. 우리는 정보 전쟁과 가짜 뉴스를 예방하고 거기에 대항하는 법을 배울 필요가 있다.

한편에서는 더 많은 교육을 받고 인터넷과 연결된 세대가 권력 남용에 항의하고 책임질 것을 요구하면서 봉기하는 경우가 늘어나고 있다. 2016년 4월에 공개된 파나마 페이퍼스(역외 금융 서비스를 전문으로 하는 파나마의 최대 로펌 모색 폰세카가 보유한 약 1,150만 건의 비밀문서로, 20만 개 이상의 역외 회사에 관한 금융 및 고객 정보가 들어 있다—옮긴이)는 전 세계의 부패를 밝혀냈다.

인공지능과 연결된 사물인터넷의 원격 감시 가능성이 비윤리적 의사결정을 억제할 수도 있다. 새로운 기술 덕분에 더 많은 사람들이 과거 어느 때보다 빠른 속도로 연결돼 그들이 옳다고 생각하는 일에 참여할 수 있게 되었다. 전 세계적으로 증가하는 시위의 숫자는 파워 엘리트들이 내리는 비윤리적 의사결정을 용인하지 않겠다는 의지를 보여준다.

경제적으로 '내가 먼저'라는 근시안적인 태도가 전 세계에 만연해 있지만 수많은 초국가적 정치 운동과 종교 간 대화, 유엔 기구들, 국제 자선 활동, 올림픽 정신, 난민 구호, 가난한 나라들을 위한 개발 프로그램, 국경 없는 의사회 같은 NGO들, 국제 언론 등의 규범 속에 인류에 대한 사랑과 연대 및 글로벌 양심 역시 명백히 드러나고 있다. 시민의식 규범을 규정하는 ISO 기준과 국제 조약의 진화를 통해 전 세계적으로 글로벌 윤리가 등장하고 있다. 세계인권선언은 글로벌 윤리와 정의에 대한 대화를 지속적으로 촉진할 뿐만 아니라 윤리와 종교, 이데올로기의 장벽을 넘어 의사결정에 영향을 미치고 있다. 국제형사재판소는 40명이 넘는 리더를 기소했고, 상설 국제사법재판소는 국가 간 분쟁과 관련해 126건의 판결을 내렸다. 기업의 사회적 책임 프로그램, 윤리적 마케팅, 사회적 투자가 증가하고 있다. 유엔글로벌 콤팩트는 사업 의사결정에서 윤리를 강화시키고 있다.

국제투명성기구의 2016년 부패인식지수Corruption Perception Index를 보면 지난 몇 년간 부패를 척결하는 데 있어 후퇴했음을 보여준다. 이 지수에 따르면 평가한 176개국 중 3분의 2 이상이 (0은 매우 부패함을, 100은 매우 청렴함을 의미하는 척도에서) 50점 미만의 점수를 기록했다. 세계노예지수에 따르면 2016년 기준 167개국에서 일종의 현대적인 노예 상태에 있는 사람들이 4,580만 명에 이르는데 그중 58퍼센트는 인도, 중국, 파키스탄, 방글라데시, 우즈베키스탄 5개국에 있는 것으로 나타난다. 하지만 인구 대비 비율로 가장 수치가 높은 곳은 북한과 우즈베키스탄, 캄보디아, 인도, 카타르였다.

지난 10년간 언론의 자유는 줄어들고 부의 글로벌 집중도는 터무니없을 정도로 높아졌다. 2008년 금융위기와 2009년 세계 경제침체를 초래한 비윤리적 의사결정들은 경제적 결과와 윤리의 상호 의존성을 분명하게 보여준다.

국가적, 제도적, 정치적, 종교적, 이데올로기적 경계를 뛰어넘고, 오늘날 글로벌 도전 과제를 해결하기 위해 협업하겠다는 도덕적 의지에는 글로벌 윤리가 필요하다. 세속주의의 성장으로 종교적 형이상학에 바탕을 둔 사회적 윤리관이 매일 도전을 받으면서, 많은 사람들이 의사결정의 윤리적 기반에 대해 확신하지 못하고 있다. 길잡이를 찾아 오래된 전통으로 돌아서고 있는 사람들이 많아지면서 오늘날 많은 지역에서 근본주의 운동이 일어나고 있다. 불행히도 도덕적 우위를 주장하는 종교와 이데올로기는 전 세계에서 발생하고 있는 분쟁에서 등장하는 '우리 대 그들'이라는 구분을 반복한다.

과학과 기술 진보의 가속화는 도덕적 판단의 전통적인 기준을 벗어난 것으로 보인다. 우리가 스스로를 복제하거나 공룡을 되살려내거나 합성 생물학을 통해 수천 개의 새로운 생명체를 만들어낸다면 이는 윤리적인 일일까? 매일 일어나는 과학 기술의 발전을 평가할 시간이 거의 없는 만큼, 지금은 예측을 통한 윤리 시스템을 개발해야 할 때인가? 법률에 길잡이 역할로 의지할 수 있는 판례들이 있는 것처럼, 우리도 가능한 미래 사건들에 대비한 도덕적 판단 자원들이 필요할까?

예를 들어 예측 가능한 미래에는 개인들이 단독으로 대량살상 무기를 만들고 배치하는 것이 가능할 수도 있다. 이런 가능성을 방지하기 위해 정부는 시민들의 프라이버시를 희생해야 할까? 정신적으로 더 건강하고 도덕적인 사람들을 키워내는 데 가족과 지역사회가 더 효과적일 수 있을까? 공적인 건강 및 교육 시스템이 조기 발견과 개입 전략을 만들어낼 수 있을까? 사회가 도덕적이고 정신적으로 건강한 사람들을 길러내는 데 실패할 경우 그 결과는 과거보다 미래에 더 심각해질 것이다. 비윤리적 행동의 확대를 허용하기에는 개인, 기관, 정부가 이용할 수 있는 기술이 너무 강력하고 다양해졌기 때문이다.

아시아 국가들이 직면한 윤리 문제 현황

유네스코는 처음으로 '모두를 위한 윤리 교육: 함께 살기를 배우는 새로운 패러다임 찾기'라는 주제로 아시아 태평양 컨퍼런스를 조직했다. 이 컨퍼런스는 윤리 교육에서 글로벌 정의와 커리큘럼, 미래 트렌드에 초점을 맞췄다. 중국 과학자들의 배아 게놈 조작은 모든 미래 세대들을 위한 유전학을 바꿔놓으면서 윤리 문제를 제기했다. 태풍 하이얀Haiyan의 피해 복구를 위해 필리핀에 쏟아진 수백만 달러의 지원은 부패로 이어졌고, 이로써 자연 재해 복원 계획에는 책임과 투명성을 포함시켜야 한다는 사실을 기억하게 했다.

앞으로 중국은 글로벌 의사결정에서 맡을 역할이 커지면서 전통적인 가치와 서구적인 가치 사이에서 갈등할 것이다. 중국은 중요한 반부패 캠페인을 시작했고, 성공할 경우 이 지역에 있는 다른 국가들에도 영향을 미칠 수 있다. 아시아인들 중에는 도시화와 경제적 성장의 속도가 너무나 빨라서 아시아에서는 글로벌 윤리를 고려하기가 어렵다고 믿는 사람들이 있는 반면, 공통적인 글로벌 윤리가 존재한다고 믿지 않으며 이를 만드는 일이 서구적 개념이라고 주장하는 사람들도 일부 있다.

올바른 윤리관을 확립하기 위한 방안

세계적인 의사결정에서 윤리를 우선시할 수 있는 정책들을 만들고 학교에서 윤리와 집단책임에 대한 교육을 실시한다. 가정에서는 가치에 대한 의식을 정립하기 위해 부모의 지도를 장려한다. 또한 국제투명성기구가 추천한 조치들과 같이 부패를 줄이고 투명성 정책이 실행될 수 있는 방법을 모색해야 한다.

부패한 관료의 여행 비자는 반드시 금지시켜야 하며 글로벌한 결정을 내릴 때 윤리를 고려하도록 더 나은 인센티브를 주는 방법을 고안해야 한다. 또한 사이버 및 정보 전쟁을 억제하기 위해 IAEA와 같은 국제 시스템을 구축하고, 테러리즘을 예방하기 위해 시민의 권리 및 책임과 정부 사이에 새로운 사회적 계약을 수립해야 한다.

전 세계 윤리 환경의 변화

- 의사결정이 인공지능에 의해 이뤄지는 경우가 늘어나고 있다.

- 더 많은 교육을 받고 인터넷과 연결된 세대가 권력 남용에 항의하고 책임질 것을 요구하면서 봉기하는 경우가 늘어나고 있다.

- 세계인권선언은 글로벌 윤리와 정의에 대한 대화를 지속적으로 촉진하고 윤리와 종교, 이데올로기의 장벽을 넘어 의사결정에 영향을 미치고 있다.

- 과학과 기술 진보의 가속화는 도덕적 판단의 전통적인 기준을 벗어난 것으로 보인다.

올바른 윤리관을 확립하기 위한 방안

- 국제투명성기구가 추천한 조치들처럼 부패를 줄일 수 있는 방법을 모색한다.

- 사이버 및 정보 전쟁을 억제하기 위해 IAEA와 같은 국제 시스템을 구축한다.

- 테러리즘을 예방하기 위해 시민의 권리 및 책임과 정부 사이에 새로운 사회적 계약을 수립한다.